JN060074

公益財団法人 全国商業高等学校協会 主催
文部科学省 後援

令和５年度　第９７回
簿記実務検定試験
第１級　原価計算

（令和６年１月２８日実施）

時間　１３時１０分から１４時４０分（制限時間９０分）

注　意　事　項

1　監督者の指示があるまで，問題を開いてはいけません。

2　問題用紙は１ページから７ページまであります。

3　問題用紙の落丁や印刷が不鮮明である場合には，挙手をして監督者の指示に従いなさい。なお，問題についての質問には応じません。

4　解答はすべて解答用紙に記入しなさい。

5　途中退室は原則できません。

6　試験終了後，問題用紙も回収します。

受　験　番　号

1 次の各問いに答えなさい。

(1) 次の文の ［　　］ にあてはまるもっとも適当な語を，下記の語群のなかから選び，その番号を記入しなさい。

標準原価計算では，直接材料費差異を価格差異と数量差異とに分析する。このうち，価格差異は標準単価と実際単価の差額に ［ア］ をかけて計算する。この差異は ［イ］ の原因によって発生する場合が多いので管理不能差異とよばれる。

1．標準消費数量　2．製造現場外　3．実際消費数量　4．製造現場内　5．完成品数量

(2) 北海道製作所における当期（令和5年1月1日から令和5年12月31日まで）の下記の貸借対照表（一部）と資料により，次の製造原価報告書の（　ア　）から（　ウ　）に入る金額を求めなさい。

製造原価報告書

北海道製作所　令和5年1月1日から令和5年12月31日まで　(単位：円)

Ⅰ 材料費	（　ア　）
Ⅱ 労務費	（　イ　）
Ⅲ 経費	（　　　）
当期製造費用	（　　　）
期首仕掛品棚卸高	（　　　）
合計	（　　　）
期末仕掛品棚卸高	（　　　）
当期製品製造原価	（　ウ　）

貸借対照表（一部）

北海道製作所　令和5年12月31日　(単位：円)

材料	213,900	未払賃金	270,000
仕掛品	748,000		

資料

① 素材	期首棚卸高	¥ 341,000	当期仕入高	¥1,870,000
	期末棚卸高	¥ 198,000		
② 工場消耗品	期首棚卸高	¥ 62,400	当期仕入高	¥ 305,000
	期末棚卸高	¥ ［　　］		
③ 賃金	前期未払高	¥ 287,000	当期支払高	¥1,429,000
	当期未払高	¥ 270,000		
④ 従業員賞与手当	当期消費高	¥ 331,000		
⑤ 健康保険料	当期消費高	¥ 420,000		
⑥ 外注加工賃	前期前払高	¥ 34,000	当期支払高	¥ 372,000
	当期未払高	¥ 39,000		
⑦ 電力料	当期支払高	¥ 165,000	当期測定高	¥ 163,500
⑧ 減価償却費	当期消費高	¥ 102,000		
⑨ 仕掛品	期首棚卸高	¥ 678,000	期末棚卸高	¥ ［　　］

(3) 新潟製作所は，単純総合原価計算によって総合原価を計算したあと，等級別製品の原価を計算している。次の資料によって，2級製品の製造原価を求めなさい。

ただし，等価係数は，各製品の1個あたりの重量を基準としている。

資　料

① 仕掛品勘定（製造勘定を意味している）

仕　掛　品

前月繰越	350,000	諸　口	(　　　　)
材　料	1,078,000	**次月繰越**	**275,000**
労務費	1,985,000		
経　費	427,000		
	3,840,000		3,840,000

② 製品1個あたりの重量　1級製品　700g　2級製品　560g

③ 完成品数量　1級製品　1,500個　2級製品　2,000個

(4) 単純総合原価計算を採用している富山製作所の次の資料から，完成品単価を求めなさい。

ただし，i　素材は製造着手のときにすべて投入され，加工費は製造の進行に応じて消費されるものとする。

ii　月末仕掛品原価の計算は平均法による。

iii　正常減損は製造工程の終点で発生しており，正常減損費は完成品のみに負担させる。

資　料

① 生産データ

月初仕掛品	300kg	（加工進捗度40%）
当月投入	5,700kg	
合　計	6,000kg	
月末仕掛品	400kg	（加工進捗度50%）
正常減損	100kg	
完成品	5,500kg	

② 月初仕掛品原価

素材費　¥　219,000

加工費　¥　150,000

③ 当月製造費用

素材費　¥4,401,000

加工費　¥7,506,000

(5) 標準原価計算を採用している福井製作所の当月における下記の資料により，次の仕掛品勘定の（　a　）から（　c　）の金額を求めなさい。なお，仕掛品勘定は製造勘定を意味している。

ただし，i　直接材料は製造着手のときにすべて投入されるものとする。

ii　仕掛品勘定への記帳方法は，パーシャル・プランによっている。

仕　掛　品

借方		貸方	
前月繰越	1,360,000	製品	（　a　）
材料	（　b　）	材料消費価格差異	109,000
労務費	4,968,000	材料消費数量差異	35,000
製造間接費	3,898,000	作業時間差異	（　c　）
賃率差異	207,000	予算差異	21,000

資　料

① 標準原価カード（一部）

A製品　　標準原価カード

	標準単価	標準消費数量	金額
直接材料費	¥ 350	8kg	¥ 2,800
	標準賃率	標準直接作業時間	
直接労務費	¥ 1,250	3時間	¥ 3,750
製品1個あたりの標準原価			¥ 9,400

② 生産データ

月初仕掛品	250個	（加工進捗度40％）
当月投入	1,350個	
合計	1,600個	
月末仕掛品	280個	（加工進捗度50％）
完成品	1,320個	

③ 実際直接材料費

実際単価　¥360

実際消費数量　10,900kg

④ 実際直接労務費

実際賃率　¥1,200

実際直接作業時間　4,140時間

公益財団法人 全国商業高等学校協会主催・文部科学省後援

第97回　簿記実務検定　1級　原価計算　〔解 答 用 紙〕

1

(1)

ア	イ

(2)

ア	¥	イ	¥
ウ	¥		

(3)

¥

(4)

¥

(5)

a	¥	b	¥
c	¥		

(6)

ア	円	イ	個
ウ	円		

1 得点		2 得点		3 得点		4 得点		総得点	

試　験　場　校	受　験　番　号

2

(1)

組別総合原価計算表

令和○年／月分

摘　　要		A　組	B　組
組直接費	素材費		
	加工費		
組間接費	加工費		
当月製造費用			
月初仕掛品原価	素材費	1,127,400	580,000
	加工費	564,000	456,000
計			
月末仕掛品原価	素材費		295,000
	加工費	690,000	
完成品原価			
完成品数量		個	個
製品単価		￥	￥

(2)　※A組仕掛品勘定はA組製造勘定を意味している。

A　組　仕　掛　品

前月繰越	1,691,400	(　　　　)	(　　　　)
素材	4,340,100	次月繰越	(　　　　)
労務費	(　　　　)		
経費	(　　　　)		
(　　　　)	(　　　　)		
	(　　　　)		(　　　　)

2 得点	

第97回　全商簿記実務検定　第1級原価計算

解答編

実教出版

公益財団法人 全国商業高等学校協会主催・文部科学省後援

第97回 簿記実務検定 1級 原価計算 〔解 答〕

1

採点基準は，当社の設定によるものです。 @３点×12＝36点

(1)

ア	イ
3	2

❶

（注意）枠の中が２つとも合っている場合に正答とする。

解説

❶ 標準原価計算における直接材料費差異のうち，価格差異については解答のとおりである。数量差異は標準消費数量と実際消費数量の差に標準単価をかけて計算する。この差異は製造現場内で材料のむだづかいや，生産方法に変更があったことにより発生する場合が多いので，管理可能差異とよばれる。

(2)

ア	￥ 2,364,500 ❷	イ	￥ 2,163,000 ❸
ウ	￥ 5,168,000 ❹		

解説

❷ 当期材料費＝期首棚卸高＋当期仕入高－期末棚卸高（素材＋工場消耗品）
￥2,364,500＝(￥341,000＋￥62,400)＋(￥1,870,000＋￥305,000)
－￥213,900（貸借対照表残高）

❸ 当期労務費＝賃金実際消費高（当期支払高－前期未払高＋当期未払高）
＋従業員賞与手当当期消費高＋健康保険料当期消費高
￥2,163,000＝(￥1,429,000－￥287,000＋￥270,000)＋￥331,000＋￥420,000

❹ 当期製品製造原価＝期首仕掛品棚卸高＋当期製造費用－期末仕掛品棚卸高(貸借対照表残高)
￥5,168,000＝￥678,000＋(❷￥2,364,500＋❸￥2,163,000＋￥710,500*)－￥748,000
＊当期経費＝外注加工賃消費高（前期前払高＋当期支払高＋当期未払高）
＋電力料当期測定高＋減価償却費当期消費高
￥710,500＝(￥34,000＋￥372,000＋￥39,000)＋￥163,500＋￥102,000

●ポイント

素　材

期首棚卸高 341,000	当期消費高 2,013,000
当期仕入高 1,870,000	期末棚卸高 198,000

外注加工賃

前期前払高 34,000	当期消費高 445,000
当期支払高 372,000	
当期未払高 39,000	

電　力　料

	当期消費高 163,500

減価償却費

	当期消費高 102,000

工場消耗品

期首棚卸高 62,400	当期消費高 351,500
当期仕入高 305,000	期末棚卸高 15,900

賃　金

当期支払高 1,429,000	前期未払高 287,000
当期未払高 270,000	実際消費高 1,412,000

従業員賞与手当

	当期消費高 331,000

健康保険料

	当期消費高 420,000

仕　掛　品

期首棚卸高 678,000	当期製品製造原価 ❹5,168,000
当期材料費 ❷2,364,500	
当期労務費 ❸2,163,000	
当期経費 710,500	期末棚卸高 748,000

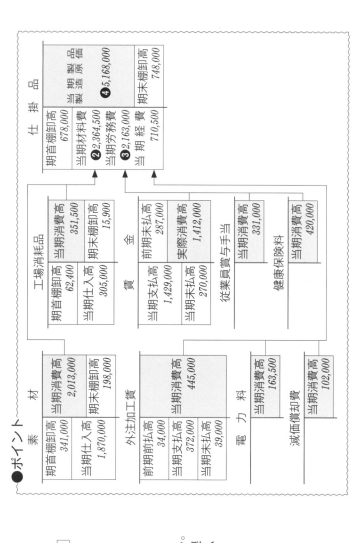

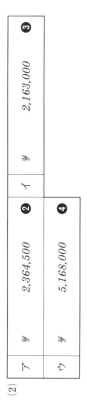

(3)

¥	*1,840,000*	❺

解説

完成品原価（等級別製造原価）＝月初仕掛品＋当月製造費用－月末仕掛品

¥3,565,000＝*¥350,000*＋（*¥1,078,000*＋*¥1,985,000*＋*¥427,000*）－*¥275,000*

○等級別総合原価計算表の作成をおこなう。

① 各等級製品の等価係数＝(700 g ：560g＝ 5 ： 4)

② 1 級製品の積数7,500＝① 5 ×1,500 個

③ 2 級製品の積数8,000＝① 4 ×2,000 個

④ 1 級製品の製造原価*¥1,725,000*＝完成品原価*¥3,565,000* $\times \frac{\text{②7,500}}{\text{積数合計15,500}}$

⑤ 2 級製品の製造原価❺*¥1,840,000*＝完成品原価*¥3,565,000* $\times \frac{\text{③8,000}}{\text{積数合計15,500}}$

●ポイント

等級別総合原価計算表

等級別製品	重量	等価係数	完成品数量	積　数	等級別製造原価	製品単価
1 級 製 品	700 g	5 ①	1,500 個	7,500②	*1,725,000*④	*¥1,150*
2 級 製 品	560 〃	4	2,000 〃	8,000③	*1,840,000*⑤❺	〃 *920*
				15,500	*3,565,000*	

(4)

¥	*2,128*	❻

解説

正常減損が製造工程の終点で発生しているため，正常減損費は完成品がすべて負担する。よって，正常減損は完成品に含めて計算する。

❻ 完成品単価*¥2,128*＝完成品原価*¥11,704,000*[*1]÷完成品数量5,500kg

＊1 完成品原価＝月初仕掛品原価＋当月製造費用－月末仕掛品原価[*2]

¥11,704,000＝*¥219,000*＋*¥150,000*＋*¥4,401,000*＋*¥7,506,000*－*¥572,000*

＊2 月末仕掛品原価*¥572,000*＝素材費*¥308,000*[*3]＋加工費*¥264,000*[*4]（平均法）

＊3 素材費＝(月初素材費＋当月素材費) $\times \frac{\text{月末仕掛品数量}}{\text{完成品数量＋正常減損＋月末仕掛品数量}}$

¥308,000＝(*¥219,000*＋*¥4,401,000*) $\times \frac{\text{400kg}}{\text{5,500kg＋100kg＋400kg}}$

＊4 加工費＝(月初加工費＋当月加工費) $\times \frac{\text{月末仕掛品完成品換算数量}}{\text{完成品数量＋正常減損＋月末仕掛品完成品換算数量}}$

¥264,000＝(*¥150,000*＋*¥7,506,000*) $\times \frac{\text{400kg×0.5}}{\text{5,500kg＋100kg＋400kg×0.5}}$

●ポイント

仕掛品（素材費）

月初仕掛品 *219,000*	完成品 5,500kg
当月素材費 *4,401,000*	正常減損 100kg
	月末仕掛品 400kg （*308,000*）

仕掛品（加工費）

月初仕掛品 *150,000*	完成品 5,500kg
当月加工費 *7,506,000*	正常減損 100kg
	月末仕掛品 400kg×0.5 （*264,000*）

(5)

a	¥	*12,408,000*	❼	b	¥	*3,924,000*	❽
c	¥	*75,000*	❾				

解説

❼ 仕掛品勘定の完成品原価＝製品 1 個あたりの標準原価×完成品数量

¥12,408,000＝@*¥9,400*×1,320 個

❽ 仕掛品勘定の実際直接材料費＝実際単価×実際消費数量

¥3,924,000＝@*¥360*×10,900kg

❾ 仕掛品勘定の作業時間差異＝標準賃率×(標準直接作業時間－実際直接作業時間)

－*¥75,000*（不利差異）＝@*¥1,250*×(4,080時間*－4,140時間)

（仕掛品勘定に記入する場合は，不利差異のため貸方に*¥75,000*となる。）

＊標準直接作業時間4,080時間＝ 3 時間×(1,320 個－250 個×0.4＋280 個×0.5)

●ポイント

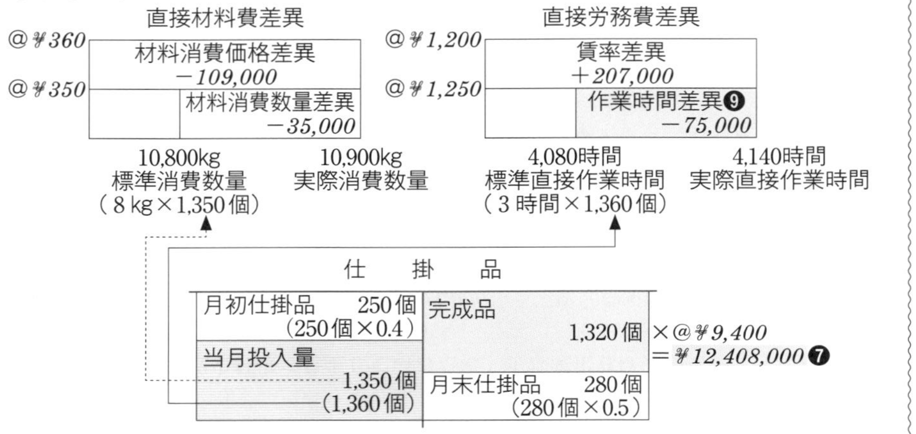

(6)

ア	650,000 円 ❿	イ	150 個 ⓫
ウ	100,000 円 ⓬		

解説

❿ 先月の営業利益

¥650,000＝貢献利益¥2,990,000－固定費¥2,340,000

⓫ 先月と比較した今月の損益分岐点における販売数量の増加分

＝今月の損益分岐点における販売数量[*1]－先月の損益分岐点における販売数量[*2]

150個＝1,950個－1,800個

＊1　1,950個＝今月の損益分岐点における売上高¥4,875,000[*3]÷@¥2,500（販売単価）

＊2　1,800個＝先月の損益分岐点における売上高¥4,500,000[*5]÷@¥2,500（販売単価）

＊3　¥4,875,000＝固定費¥2,340,000÷今月の貢献利益率0.48[*4]

＊4　0.48＝貢献利益¥2,760,000÷売上高¥5,750,000

（または0.48＝1 個の貢献利益（¥2,500－¥1,100－¥200）÷ 1 個の売上高¥2,500）

1 個の変動製造費（¥1,000＋¥100）

＊5　¥4,500,000＝固定費¥2,340,000÷先月の貢献利益率0.52[*6]

＊6　0.52＝貢献利益¥2,990,000÷売上高¥5,750,000

⓬ 月間の目標営業利益¥520,000を達成するための固定費の削減金額

¥100,000＝今月の固定費¥2,340,000－目標営業利益達成の固定費¥2,240,000[*7]

＊7　目標営業利益達成の固定費¥2,240,000＝貢献利益¥2,760,000

－目標営業利益¥520,000

●ポイント

直接原価計算による損益計算書

損益計算書	（先月）	（今月）	（先月）	（今月）
Ⅰ 売上高	5,750,000×0.52	5,750,000×0.48	4,500,000[*5]	4,875,000[*3]
Ⅱ 変動売上原価	2,300,000	2,530,000		
変動製造マージン	3,450,000	3,220,000		
Ⅲ 変動販売費	460,000	460,000		
貢献利益	2,990,000	2,760,000	2,340,000÷0.52[*6]	2,340,000÷0.48[*4]
Ⅳ 固定費	2,340,000	2,340,000	2,340,000	2,340,000
営業利益	650,000❿	420,000	0	0
			損益分岐点	損益分岐点

¥4,875,000÷@¥2,500（販売単価）＝1,950個[*1]（今月の損益分岐点における販売数量）

¥4,500,000÷@¥2,500（販売単価）＝1,800個[*2]（先月の損益分岐点における販売数量）

貢献利益	2,760,000		2,760,000	（今月の貢献利益）
固定費	2,340,000	－⓬100,000 →	2,240,000[*7]	（目標営業利益達成の固定費）
営業利益	420,000		520,000	（月間の目標営業利益）

2

●印@4点×5＝20点

(1)

組別総合原価計算表

令和○年/月分

摘要		A組	B組
組直接費	素材費	4,340,100	2,655,000
	加工費	● 5,064,000	3,796,400
組間接費	加工費	❶ 594,000	❷● 396,000
当月製造費用		9,998,100	6,847,400
月初仕掛品原価	素材費	1,127,400	580,000
	加工費	564,000	456,000
計		11,689,500	7,883,400
月末仕掛品原価	素材費	❸● 943,500	295,000
	加工費	690,000	❹ 178,400
完成品原価		10,056,000	● 7,410,000
完成品数量		2,400個	2,000個
製品単価		¥ 4,190	¥ 3,705

(2) ※A組仕掛品勘定はA組製造勘定を意味している。

A組仕掛品

前月繰越	1,691,400	(A組製品)	(10,056,000) ●
素材	4,340,100	次月繰越	(1,633,500)
労務費	(4,752,000)		
経費	(312,000)		
❶(組間接費)	(594,000)		
	(11,689,500)		(11,689,500)

解説

❶ A組への組間接費配賦額＝組間接費*×

$$\frac{\text{A組の直接労務費}}{\text{A組の直接労務費＋B組の直接労務費}}$$

$$¥594,000＝¥990,000×\frac{¥4,752,000}{¥4,752,000＋¥3,168,000}$$

＊組間接費¥990,000＝材料費¥89,000＋労務費¥684,000＋経費¥217,000

❷ B組への組間接費配賦額＝組間接費×

$$\frac{\text{B組の直接労務費}}{\text{A組の直接労務費＋B組の直接労務費}}$$

$$¥396,000＝¥990,000×\frac{¥3,168,000}{¥4,752,000＋¥3,168,000}$$

❸ A組月末仕掛品素材費＝当月素材費×
(先入先出法)

$$\frac{\text{月末仕掛品数量}}{\text{(完成品数量－月初仕掛品数量)＋月末仕掛品数量}}$$

$$¥943,500＝¥4,340,100×\frac{500個}{(2,400個－600個)＋500個}$$

❹ B組月末仕掛品加工費＝当月加工費
(先入先出法)

$$×\frac{\text{月末仕掛品完成品換算数量}}{\text{(完成品数量－月初仕掛品完成品換算数量)＋月末仕掛品完成品換算数量}}$$

$$¥178,400＝(¥3,796,400＋¥396,000)×\frac{200個×0.4}{(2,000個－400個×0.5)＋200個×0.4}$$

●ポイント

❸ A組仕掛品(素材費)

月初仕掛品	月初仕掛品 600個	完成品 2,400個
組直接費 4,340,100	→ 当月製造費用 1,800個	
	→ 月末仕掛品 500個 (943,500)	

❹ B組仕掛品(加工費)

月初仕掛品	月初仕掛品 400個×0.5	完成品 2,000個
組直接費 3,796,400	→ 当月製造費用 1,800個	
組間接費 396,000	→ 月末仕掛品 200個×0.4 (178,400)	

3

●印@３点×８＝24点

(1)

	借方		貸方		
/月/7日	仕掛品（製造）	1,588,000	素材	1,588,000	❷●

(2) ※仕掛品勘定は製造勘定を意味している。

仕掛品

	1/1 前月繰越	3,210,000	1/31 製品	7,515,000	❻
❶	8 素材	1,890,000	〃 次月繰越	9,848,000	
❷	17 素材	1,588,000			
❹●	31 賃金	7,930,000			
❺	〃 製造間接費	2,745,000			
		17,363,000		17,363,000	

製造間接費

❸	1/31 工場消耗品	276,000	1/31 仕掛品	2,745,000	❺
❹	〃 賃金	585,000	〃 製造間接費配賦差異	9,000	❼
	〃 健康保険料	351,000			
●	〃 諸口	1,542,000			
		2,754,000		2,754,000	

(3) 製造指図書＃/　原価計算表

直接材料費	直接労務費	製造間接費	集計 摘要	金額	
2,184,000	756,000	270,000	直接材料費	2,184,000	
	❹ 3,198,000	❺● 1,107,000	直接労務費	3,954,000	
	3,954,000	1,377,000	製造間接費	1,377,000	
			製造原価	7,515,000	❻●
			完成品数量	50個	
			製品単価	￥ 150,300	

製造指図書＃2　原価計算表

直接材料費	直接労務費	製造間接費	集計 摘要	金額
❶ 1,890,000	❹● 2,756,000	❺ 954,000	直接材料費	
			直接労務費	

(4) ￥ 932,000 ❽●

(5) ￥ 11,000（借方・(貸方)）❾●

※（借方・貸方）のいずれかを○で囲むこと

〈取引の仕訳〉

		借方		貸方		
1月8日		(借)仕掛品	1,890,000	(貸)素材	1,890,000	❶
10日		(借)素材	4,134,000	(貸)買掛金	4,392,000	
		工場消耗品	258,000			
17日		(借)仕掛品	1,588,000	(貸)素材	1,588,000	❷
25日		(借)賃金	8,528,000	(貸)所得税預り金	654,000	
				健康保険料預り金	351,000	
				当座預金	7,523,000	
31日	①	(借)製造間接費	276,000	(貸)工場消耗品	276,000	❸
	②	(借)仕掛品	7,930,000	(貸)消費賃金	8,515,000	❹
		製造間接費	585,000			
	③	(借)仕掛品	2,745,000	(貸)製造間接費	2,745,000	❺
	④	(借)製造間接費	351,000	(貸)健康保険料	351,000	
	⑤	(借)製造間接費	1,542,000	(貸)電力料	680,500	
				保険料	154,000	
				減価償却費	620,000	
				雑費	87,500	
	⑥	(借)製品	7,515,000	(貸)仕掛品	7,515,000	❻
	⑦	(借)製造間接費配賦差異	9,000	(貸)製造間接費	9,000	❼

解説

❶ 8日　月初棚卸高より　@￥3,150×600個＝￥1,890,000

❷ 17日　素材消費高（移動平均法）

消費単価　@￥3,176

$$=\frac{\text{月初棚卸高の残高（￥2,520,000－￥1,890,000）＋10日仕入分￥4,134,000}}{\text{月初棚卸数量の残高（800個－600個）＋10日仕入数量1,300個}}$$

消費高　￥1,588,000＝消費単価@￥3,176×消費数量500個

❸ 31日①　工場消耗品消費高（棚卸計算法）

消費数量　2,300個＝前月繰越350個＋10日仕入数量2,150個－月末棚卸数量200個

工場消耗品消費高　￥276,000＝@￥120×2,300個

❹ 31日②　賃金実際消費高＝1時間あたりの実際平均賃率@¥*1,300*×作業時間

消費賃金勘定　¥*8,515,000*

- 製造指図書＃1　@¥*1,300*×2,460時間＝¥*3,198,000*
- 製造指図書＃2　@¥*1,300*×2,120時間＝¥*2,756,000*　　（上記＃1～＃3の計）¥*7,930,000*（仕掛品勘定）
- 製造指図書＃3　@¥*1,300*×1,520時間＝¥*1,976,000*
- 間　接　作　業　@¥*1,300*×　450時間＝¥　*585,000*（製造間接費勘定）

❺ 31日③　製造間接費予定配賦額の計算（ただし書きⅳ参照）

製造間接費予定配賦率　$@¥450=\dfrac{\text{年間製造間接費予定額}¥33{,}480{,}000}{\text{年間予定直接作業時間}74{,}400\text{時間}}$

製造間接費予定配賦額

- 製造指図書＃1　@¥*450*×2,460時間＝¥*1,107,000*
- 製造指図書＃2　@¥*450*×2,120時間＝¥　*954,000*　　（上記＃1～＃3の計）¥*2,745,000*（仕掛品勘定）
- 製造指図書＃3　@¥*450*×1,520時間＝¥　*684,000*

❻ 31日⑥　A製品の製造原価（製造指図書＃1の原価計算表の製造原価を仕訳に使用する）

❼ 31日⑦　製造間接費配賦差異＝31日③予定配賦額－製造間接費実際発生額

－¥*9,000*（借方差異）＝¥*2,745,000*－（31日①¥*276,000*＋31日②¥*585,000*
＋31日④¥*351,000*＋31日⑤¥*1,542,000*）

❽ 1月末の賃金未払高　¥*932,000*＝前月未払高¥*945,000*＋31日②当月実際消費高¥*8,515,000*
－25日実際支払高¥*8,528,000*

❾ 予算差異＝（変動費率×実際直接作業時間＋固定費予算額）－製造間接費実際発生額

＋¥*11,000*（貸方差異）＝（@¥*250*×6,100時間＋¥*1,240,000*）－¥*2,754,000*

〈参考〉操業度差異＝固定費率×（実際直接作業時間－基準操業度）

－¥*20,000*（借方差異）＝@¥*200*＊×（6,100時間－6,200時間）

＊固定費率＝$\dfrac{\text{固定費予算額}}{\text{基準操業度}}$　　$@¥200=\dfrac{¥1{,}240{,}000}{6{,}200\text{時間}}$

●ポイント

❷ 素　　材

前月繰越高　800個（@¥*3,150*）	8日消費高　600個
10日仕入高　1,300個（@¥*3,180*）	

$\dfrac{(¥2{,}520{,}000-¥1{,}890{,}000)+¥4{,}134{,}000}{(800\text{個}-600\text{個})+1{,}300\text{個}}$＝@¥*3,176*（消費単価）

❸ 工 場 消 耗 品

前月繰越高　350個	消費高　2,300個
10日仕入高　2,150個	月末棚卸高　200個

2,300個×@¥*120*＝¥*276,000*（製造間接費）

❼ 製 造 間 接 費

実際発生額	予定配賦額 ❺
31日①　*276,000*	31日③*2,745,000*
31日②　*585,000*	
31日④　*351,000*	
31日⑤*1,542,000*	配賦差異　*9,000*

製造間接費配賦差異

製造間接費　*9,000*	

❽ 賃　　金

当月支払高　*8,528,000*	前月未払高　*945,000*
当月未払高　*932,000*	31日②消費高　*8,515,000*

❾

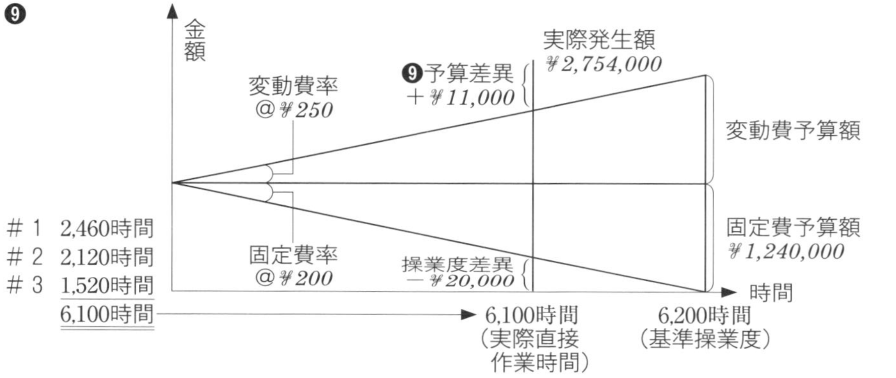

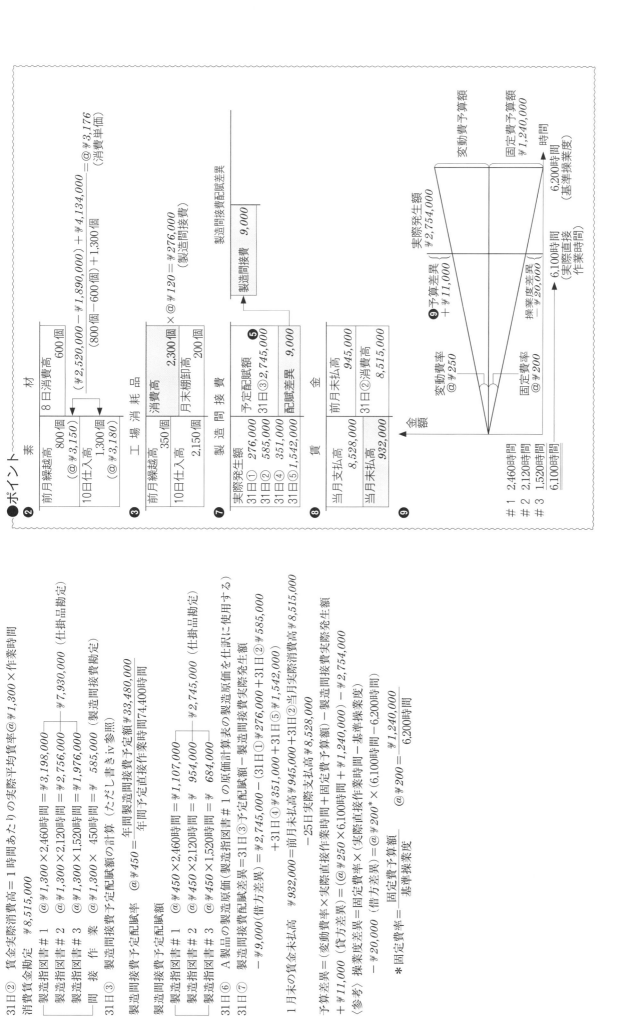

4

@４点×５＝20点

	借　方		貸　方		
a	棚卸減耗損 （または棚卸減耗費）	*53,800*	素　材	*53,800*	❶
b	売上原価	*9,000*	賃率差異	*9,000*	❷
c	第１製造部門費 第２製造部門費	*564,000* *273,000*	動力部門費 工場事務部門費	*609,000* *228,000*	❸
d	第１工程半製品 第２工程仕掛品 製　品	*2,810,000* *2,529,000* *4,512,000*	第１工程仕掛品 第１工程半製品 第２工程仕掛品	*2,810,000* *2,529,000* *4,512,000*	❹
e	減価償却費 工　場	*613,000* *1,680,000*	建物減価償却累計額	*2,293,000*	❺

d．別解

（借）第１工程半製品　*2,810,000*　（貸）第１工程製造　*2,810,000*
　　　第２工程製造　*2,529,000*　　　　第１工程半製品　*2,529,000*
　　　製　品　*4,512,000*　　　　第２工程製造　*4,512,000*

解説

❶ 消費単価@¥*2,690*＝$\dfrac{\text{前月繰越高¥}1{,}060{,}000+\text{当月仕入高（¥}3{,}216{,}000+\text{¥}3{,}794{,}000\text{）}}{\text{前月繰越数量400kg＋仕入数量（1,200kg＋1,400kg）}}$
（総平均法）
棚卸減耗損¥*53,800*＝消費単価@¥*2,690*×（帳簿棚卸数量300kg*－実地棚卸数量280kg）
＊帳簿棚卸数量300kg＝前月繰越数量400kg＋当月仕入数量（1,200kg＋1,400kg）
－当月消費数量（1,000kg＋1,700kg）

❷ 賃率差異は，消費賃金勘定（賃金勘定）の借方に実際消費高を，貸方に予定消費高を記入して，その差異を求める。

❸ 補助部門費から各製造部門への配賦である。

❹ 第１工程仕掛品→第１工程半製品，第１工程半製品→第２工程仕掛品，第２工程仕掛品→製品

❺ 工場の仕訳　（借）減価償却費　*1,680,000*　（貸）本　社　*1,680,000*

●ポイント

❶ 素　材

借方		貸方	
前月繰越高 400kg（@¥*2,650*）		当月払出高 12日　1,000kg 24日　1,700kg	
当月受入高 10日　1,200kg（@¥*2,680*） 20日　1,400kg（@¥*2,710*）	帳簿 300kg	減耗 20kg	×@¥*2,690*＝¥*53,800*（棚卸減耗損）
		実地 280kg	

❷ 消費賃金

借方	貸方
実際消費高 *780,000*	予定消費高 *732,000*
	賃率差異へ *48,000*

賃率差異

借方	貸方
消費賃金より *48,000*	前月繰越高 *39,000*
	売上原価へ *9,000*

売上原価

借方	貸方
賃率差異より *9,000*	

（消費賃金の賃率差異へ *48,000* → 賃率差異の消費賃金より *48,000*；賃率差異の売上原価へ *9,000* → 売上原価の賃率差異より *9,000*）

❸ (1)　第１製造部門費への配賦　¥*564,000*＝¥*420,000*＋¥*144,000*

a．動力部門費

¥*420,000*＝¥*609,000*×$\dfrac{\text{（70kW×400時間）}}{\text{（70kW×400時間）＋（45kW×280時間）}}$

b．工場事務部門費

¥*144,000*＝¥*228,000*×$\dfrac{\text{12人}}{\text{12人＋７人}}$

(2)　第２製造部門費への配賦　¥*273,000*＝¥*189,000*＋¥*84,000*

a．動力部門費

¥*189,000*＝¥*609,000*×$\dfrac{\text{（45kW×280時間）}}{\text{（70kW×400時間）＋（45kW×280時間）}}$

b．工場事務部門費

¥*84,000*＝¥*228,000*×$\dfrac{\text{７人}}{\text{12人＋７人}}$

3

(1)

	借　　方	貸　　方
1月17日		

(2) ※仕掛品勘定は製造勘定を意味している。

仕　　掛　　品

1/1	前月繰越	3,210,000	

製　造　間　接　費

(3) 製造指図書#1

原　価　計　算　表

直接材料費	直接労務費	製造間接費	集計 摘要	集計 金額
2,184,000	756,000	270,000	直接材料費	
			直接労務費	
			製造間接費	
			製造原価	
			完成品数量	個
			製品単価	¥

製造指図書#2

原　価　計　算　表

直接材料費	直接労務費	製造間接費	集計 摘要	集計 金額
			直接材料費	
			直接労務費	

(4) ¥

(5) ¥　　　　（借方・貸方）

※（借方・貸方）のいずれかを○で囲むこと

3 得点	

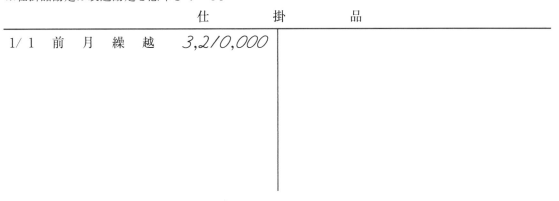

4

	借　　　　方	貸　　　　方
a		
b		
c		
d		
e		

4 得点	

(6) 石川製作所では，直接原価計算をおこない利益計画を立てている。次の先月の資料と月例会議の会話（一部）から，会話文の［　　］にあてはまる適当な金額または数量を記入しなさい。

資　　料

① 販売単価　¥2,500
② 変動製造費（製品／個あたり）¥1,000
③ 変動販売費（製品／個あたり）¥　200
④ 固定製造間接費　¥1,000,000
⑤ 固定販売費及び一般管理費　¥1,340,000
⑥ 月間目標営業利益　¥520,000

月例会議の会話（一部）

【営業部長】 先月の営業実績を報告します。販売数量は2,300個，営業利益は［　ア　］円でした。

【社　　長】 目標営業利益を上回り，売れ行きは好調のようですね。引き続き営業努力をお願いします。

【購買部長】 しかし，困ったことに，今月から物価高騰の影響を受け，材料費が先月に比べ値上がりしています。

【社　　長】 材料費の値上がりはどのように影響しますか。経理部長さん，いかがですか。

【経理部長】 はい。材料費の値上がりにより，製品／個あたりの変動製造費が先月に比べ100円増加する見込みとなります。したがって，今月の販売数量と販売単価が先月と変わらない場合，営業利益が420,000円となり，目標営業利益を下回ることが予想されます。

また，今月の損益分岐点における販売数量は，先月と比べて［　イ　］個増加します。

【社　　長】 そうですか。来月は，月間の目標営業利益を下回りたくないですね。対応として何か良いアイデアはありませんか。

【副 社 長】 それでは，固定費を削減する案はどうでしょうか。

【経理部長】 はい。来月の製品／個あたりの変動製造費が先月に比べ100円増加したままで，販売数量と販売単価が先月と変わらない場合，月間の目標営業利益520,000円を達成するためには，固定費を［　ウ　］円削減する必要があります。しかしながら，現状では固定費の削減は大変困難であるため，来月以降の変動販売費を見直すことや販売単価を値上げするなどの検討が必要だと思われます。

2 三重製作所は，組別総合原価計算を採用し，A組製品とB組製品を製造している。下記の資料によって，

(1) 組別総合原価計算表を完成しなさい。

(2) A組仕掛品勘定（A組製造勘定）を完成しなさい。

ただし，i 組間接費は直接労務費を基準として配賦する。

ii 素材は製造着手のときにすべて投入され，加工費は製造の進行に応じて消費されるものとする。

iii 月末仕掛品原価の計算は先入先出法による。

資　　料

a．月初仕掛品原価

A組 ¥1,691,400（素材費 ¥1,127,400 加工費 ¥564,000）

B組 ¥1,036,000（素材費 ¥ 580,000 加工費 ¥456,000）

b．当月製造費用

	A組直接費	B組直接費	組間接費
材料費	¥4,340,100	¥2,655,000	¥ 89,000
労務費	¥4,752,000	¥3,168,000	¥684,000
経　費	¥ 312,000	¥ 628,400	¥217,000

c．生産データ

	A　組		B　組	
月初仕掛品	600個	（加工進捗度40％）	400個	（加工進捗度50％）
当月投入	2,300個		1,800個	
合　計	2,900個		2,200個	
月末仕掛品	500個	（加工進捗度60％）	200個	（加工進捗度40％）
完成品	2,400個		2,000個	

3 個別原価計算を採用している滋賀製作所の下記の取引によって，次の各問いに答えなさい。

(1) 1月17日の取引の仕訳を示しなさい。

(2) 仕掛品勘定（製造勘定）・製造間接費勘定に必要な記入をおこない，締め切りなさい。なお，勘定記入は日付・相手科目・金額を示すこと。

(3) A製品（製造指図書#1）とB製品（製造指図書#2）の原価計算表を作成しなさい。

(4) 1月末の賃金未払高を求めなさい。

ただし，i 前月繰越高は，次のとおりである。

素　　材　800個　@¥3,150　¥2,520,000
工場消耗品　350〃　〃〃　120　¥　42,000
仕　掛　品（製造指図書#1）　¥3,210,000（原価計算表に記入済み）
賃　　金（未払高）　¥　945,000

ii 素材の消費高の計算は移動平均法により，工場消耗品の消費数量の計算は棚卸計算法によっている。

iii 賃金の消費高の計算は，実際平均賃率を用いている。

iv 製造間接費は直接作業時間を配賦基準として予定配賦している。

年間製造間接費予定額（予算額）	¥33,480,000
年間予定直接作業時間（基準操業度）	74,400時間

(5) 製造間接費配賦差異における次の資料から，予算差異の金額を求めなさい。なお，解答欄の（　）のなかは借方差異の場合は借方，貸方差異の場合は貸方を○で囲むこと。

資　　料

a．製造間接費については，公式法変動予算により予算を設定して予定配賦をおこなっている。

b．月間の基準操業度（直接作業時間）は6,200時間である。

c．月間の製造間接費予算額は，変動費率 ¥250 固定費予算額 ¥1,240,000 である。

d．当月の製造間接費の実際発生額は ¥2,754,000 であった。

取　　引

1月　8日　B製品（製造指図書#2）の注文を受け，素材600個を消費して製造を開始した。

10日　素材および工場消耗品を次のとおり買い入れ，代金は掛けとした。

素　　材　1,300個　@¥3,180　¥4,134,000
工場消耗品　2,150〃　〃〃　120　¥　258,000

17日　C製品（製造指図書#3）の注文を受け，素材500個を消費して製造を開始した。

25日　賃金を次のとおり小切手を振り出して支払った。

賃金総額　¥8,528,000
うち，控除額　所得税　¥654,000　健康保険料　¥351,000

31日　① 工場消耗品の月末棚卸数量は200個であった。よって，消費高を計上した。（間接材料）

② 当月の賃金実際消費高を次の作業時間によって計上した。ただし，当月の実際平均賃率は作業時間1時間あたり ¥1,300 であった。

製造指図書#1　2,460時間　製造指図書#2　2,120時間
製造指図書#3　1,520時間　間接作業　450時間

③ 直接作業時間によって，製造間接費を予定配賦した。

④ 健康保険料の事業主負担分 ¥351,000 を計上した。

⑤ 当月の製造経費消費高を計上した。

電力料　¥680,500　保険料　¥154,000
減価償却費　620,000　雑　費　87,500

⑥ A製品（製造指図書#1）50個が完成した。

⑦ 製造間接費の予定配賦額と実際発生額との差額を，製造間接費配賦差異勘定に振り替えた。

4 下記の取引の仕訳を示しなさい。ただし，勘定科目は，次のなかからもっとも適当なものを使用すること。

製品	第1工程半製品	素材	買入部品
建物減価償却累計額	売上原価	棚卸減耗損 (棚卸減耗費)	減価償却費
仕掛品 (製造)	第1工程仕掛品 (第1工程製造)	第2工程仕掛品 (第2工程製造)	第1製造部門費
第2製造部門費	動力部門費	工場事務部門費	賃率差異
本社	工場		

a．個別原価計算を採用している京都製作所の1月末における素材の実地棚卸数量は280kgであった。よって，次の素材に関する1月の資料にもとづいて，素材勘定の残高を修正した。なお，消費単価の計算は総平均法によっている。

1月 1日	前月繰越	400kg	1kgにつき￥2,650	￥1,060,000
10日	受入	1,200kg	1kgにつき￥2,680	￥3,216,000
12日	払出	1,000kg		
20日	受入	1,400kg	1kgにつき￥2,710	￥3,794,000
24日	払出	1,700kg		

b．大阪工業製作所は，会計期末にあたり，賃率差異勘定の残高を売上原価勘定に振り替えた。なお，賃率差異勘定の前月繰越高は￥39,000（貸方）であり，当月の賃金の予定消費高￥732,000と実際消費高￥780,000との差額は，賃率差異勘定に振り替えられている。

c．個別原価計算を採用している和歌山工業株式会社では，補助部門費を次の配賦基準によって，各製造部門に配賦した。ただし，部門費配分表に集計された補助部門費の金額は，動力部門費￥609,000 工場事務部門費￥228,000であった。

	配賦基準	第1製造部門	第2製造部門
動力部門費	kW数×運転時間数	70kW×400時間	45kW×280時間
工場事務部門費	従業員数	12人	7人

d．工程別総合原価計算を採用している兵庫電器工業所は，月末に工程別総合原価計算表を次のとおり作成し，各工程の完成品原価の計上とともに第1工程の半製品を第2工程（最終工程）へ振り替えた。ただし，各工程の完成品はすべていったん倉庫に保管しており，第1工程の完成品原価をすべて第1工程半製品勘定に振り替えている。

工程別総合原価計算表（一部）
令和○年1月分

摘要	第1工程	第2工程
工程個別費 素材費	976,000	——
前工程費	——	2,529,000
工程完成品原価	2,810,000	4,512,000
工程完成品数量	2,000個	1,600個
工程単価	￥ 1,405	￥ 2,820

e．工場会計が独立している奈良工業株式会社の本社は，決算にさいし，建物の減価償却費￥2,293,000を計上した。ただし，このうち￥1,680,000は工場の建物に対するものであり，建物減価償却累計額勘定は，本社のみに設けてある。（本社の仕訳）

令和６年版　全商簿記実務検定
模擬試験問題集　第１級原価計算

解答編

実教出版

出題形式別練習問題　適語選択・計算の問題

1

(1)

ア	イ
2 ❶	3 ❷

(2)

a	売上高が¥4,500,000のときの営業利益	¥ 565,000	❸
b	損益分岐点の売上高	¥ 2,240,000	❹
c	目標営業利益¥1,300,000を達成するための販売数量	3,720 個	❺

(3)

ア	材料費	¥ 790,400	❻
イ	当期製品製造原価	¥ 1,763,000	❼
ウ	売上総利益	¥ 736,000	❽

(4)

a	月末仕掛品の標準原価	¥ 1,070,000	❾
b	材料消費数量差異	¥ 320,000(不利)	❿
c	賃率差異	¥ 205,000(不利)	⓫
d	能率差異	¥ 100,000(不利)	⓬

(5)

ア		イ	
¥ 1,600	⓭	1,300 個	⓮

解説

(1)

❶ 費目別原価計算の内容で，原価要素を確実に理解する。

❷ 経費は，計算方法の違いにより3種類に分類される。当月の支払高に当月の前払高・未払高を加減（前月前払高は＋，前月未払高は－，当月前払高は－，当月未払高は＋）して算出する。なお，外注加工賃は直接費となるので，仕掛品勘定となる。

●ポイント

原価の分類――発生形態別分類

材　料　費……素材費・買入部品費・工場消耗品費

労　務　費……賃金・給料

経　　　費……減価償却費・賃借料・修繕料・電力料・ガス代・水道料など

※材料費・労務費・経費を原価の三要素という。

(2)

❸ 売上高が¥4,500,000のときの営業利益

¥565,000＝貢献利益¥1,125,000*1－固定費（¥360,000＋¥200,000）

＊1　貢献利益¥1,125,000＝売上高¥4,500,000×貢献利益率0.25*2

＊2　貢献利益率0.25＝貢献利益¥980,000÷売上高¥3,920,000

❹ 損益分岐点の売上高　¥2,240,000＝固定費¥560,000÷貢献利益率0.25

❺ 目標営業利益¥1,300,000を達成するための販売数量

3,720個＝目標営業利益達成の売上高¥7,440,000*÷販売単価@¥2,000

＊¥7,440,000＝（目標営業利益¥1,300,000＋固定費¥560,000）÷貢献利益率0.25

●ポイント

直接原価計算による損益計算書

損益計算書 ❹

Ⅰ 売上高	3,920,000×0.25	2,240,000	7,440,000
Ⅱ 変動売上原価	2,450,000		
変動製造マージン	1,470,000		
Ⅲ 変動販売費	490,000		
貢献利益	980,000	560,000÷0.25	1,860,000÷0.25
Ⅳ 固定費	560,000	560,000	560,000
営業利益	420,000	0	1,300,000
		損益分岐点	目標営業利益

¥7,440,000÷@¥2,000（販売単価）＝3,720個 ❺

(3)

❻ 当期材料費＝期首素材・工場消耗品棚卸高＋当期素材・工場消耗品仕入高
－期末材料棚卸高
¥790,400＝(¥128,000＋¥41,600)＋(¥618,200＋¥158,600)－(¥101,000＋¥55,000)
当期労務費＝賃金消費高＋給料消費高
¥805,600＝(¥662,800－¥25,800＋¥24,200)＋¥144,400

❼ 当期製品製造原価＝期首仕掛品棚卸高＊＋当期材料費＋当期労務費＋当期経費
－期末仕掛品棚卸高
＊期首仕掛品棚卸高¥215,000＝¥2,030,200－当期製造費用
¥1,763,000＝¥215,000＋¥790,400＋¥805,600＋¥219,200－¥267,200
または，¥1,763,000＝¥2,030,200－¥267,200

❽ 売上総利益＝売上高－売上原価(期首製品棚卸高＋当期製品製造原価－期末製品棚卸高)
¥736,000＝¥2,540,000－(¥252,800＋¥1,763,000－¥211,800)

●ポイント

製造原価報告書が消費高を示す点を確認しておく。

ア．当期材料費は，素材と工場消耗品の合算である。そのさい，資料①と②の期首棚卸高と当期仕入高の合計から期末棚卸高を差し引いて求める。

イ．当期製品製造原価は，製造原価報告書にある合計から資料⑤の期末仕掛品を差し引くことにより，算出される。期首仕掛品は，製造原価報告書から逆算して求める。

ウ．資料⑥の期首製品にイで算出した製品製造原価を加算して資料⑥の期末製品を差し引き，売上原価を求める。最後に損益計算書にある売上高から売上原価を差し引く。

材　料　費

期首 材128,000 工 41,600	当期材料費 x
当期仕入 材618,200 工158,600	期末 材101,000 工 55,000

賃　　金

当期支払 662,800	前期末払 25,800
当期末払 24,200	当期賃金 x

＋

給料消費高¥144,400

↓

当期労務費

仕　掛　品

期首 逆算215,000	当期製品製造原価 x
当期 材790,400 労805,600 経219,200	期末 267,200
¥ 2,030,200	¥ 2,030,200

製　　品

期首 252,800	当期売上原価 x
当期	期末 211,800

売上高－売上原価＝売上総利益

(4)

❾ 月末仕掛品の標準原価
¥1,070,000＝¥32,000×25個＋(¥12,000＋¥15,000)×25個×0.4

❿ 材料消費数量差異＝(標準消費数量－実際消費数量)×標準単価
－¥320,000(不利)＝(40kg×140個－6,000kg)×@¥800

⓫ 賃率差異＝(標準賃率－実際賃率)×実際直接作業時間
－¥205,000(不利)＝(@¥400－@¥450)×4,100時間

⓬ 能率差異＝(標準直接作業時間－実際直接作業時間)×標準配賦率
－¥100,000(不利)＝(3,900時間－4,100時間)×@¥500

●ポイント

標準原価計算では，標準原価と実際原価を比較して原価差異を求め，分析することによって，原価管理を効果的におこなうことができる。

〔当月投入量の計算〕

直接材料：140個＝完成品125個＋月末仕掛品25個－月初仕掛品10個

加 工 費：130個＝完成品125個＋月末仕掛品25個×0.4－月初仕掛品10個×0.5

問題の原価差異を分析してみよう

①直接材料費差異

②直接労務費差異

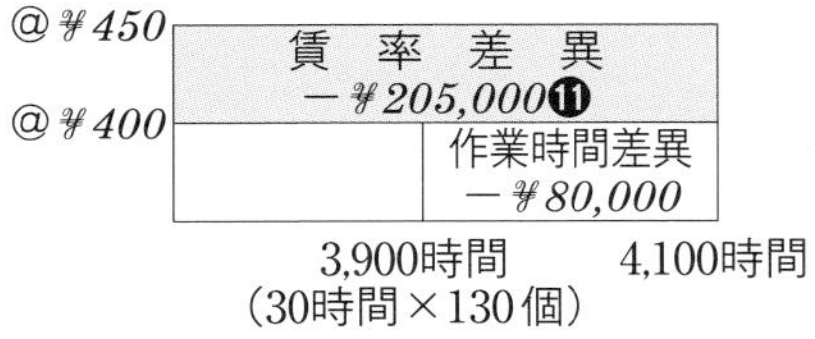

③製造間接費差異

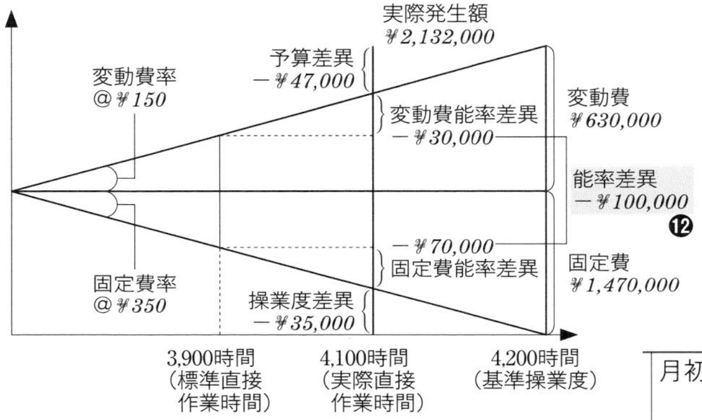

固定費率@¥350は固定費予算額を基準操業度で除して求める。

製　　品

月初棚卸数量 5 個	販売数量 120個
当月完成品数量 125個	月末棚卸数量 10個

(5)

1．重量により等価係数は4：3：2となる。

2．等価係数×完成品数量により，積数は1級製品3,600　2級製品3,300となり，積数合計から差し引き，3級製品積数は2,600となる。

3．等価係数2で割り，完成品数量は1,300個となる。⓮

4．等級別製造原価*￥3,800,000*÷積数合計9,500＝400

5．1級製品製造原価＝積数3,600×400＝*￥1,440,000*

6．1級製品の製品単価＝*￥1,440,000*÷900個＝*￥1,600*⓭

2

(1)

a	当期材料費	￥	*523,400* ❶
b	当期労務費	￥	*618,000* ❷
c	期末仕掛品棚卸高	￥	*102,000* ❸

(2)

ア	イ
2 ❹	1 ❺

(3)

a	月末仕掛品の標準原価	￥	*580,000* ❻
b	予算差異	￥	*15,000*(有利) ❼
c	能率差異	￥	*16,000*(不利) ❽

(4)

a	販売数量が2倍になったときの営業利益	￥	*400,000* ❾
b	損益分岐点の売上高	￥	*500,000* ❿
c	目標営業利益￥700,000を達成するための販売数量		1,500 個 ⓫

(5)

月末仕掛品原価	￥	*237,000* ⓬

解説

(1)

❶ 当期材料費＝素材消費高＋工場消耗品消費高

¥523,400＝¥426,200＋(¥25,800＋¥99,000－¥27,600)

❷ 当期労務費＝賃金消費高＋給料消費高

¥618,000＝(¥506,200－¥34,600＋¥38,800)＋¥107,600

当期経費＝特許権使用料消費高＋電力料測定高＋減価償却費消費高

¥107,800＝¥37,800＋¥43,000＋¥27,000

❸ 期末仕掛品棚卸高＝期首仕掛品＋(当期材料費＋当期労務費＋当期経費)

－当期製品製造原価－作業くず

¥102,000＝¥159,200＋(¥523,400＋¥618,000＋¥107,800)

－(¥700,000＋¥600,000)－¥6,400

●ポイント

仕掛品勘定に示された数値は，消費高のうち，直接費にあたる内容であり，これ以外に製造間接費の数値を合算して消費高を算出する。

a．当期材料費は，素材と工場消耗品の消費高合計である。

b．当期労務費は，賃金と給料の消費高合計である。

c．仕掛品勘定の次期繰越高が，期末仕掛品棚卸高となる。

仕　掛　品

前期繰越	159,200	製　品	1,300,000
素　材	426,200	作業くず	6,400
賃　金	510,400	次期繰越	*x*
特許権使用料	37,800		
製造間接費	274,800		
	1,408,400		1,408,400

a．材料消費高：素材･工場消耗品ともに下記の算式で消費高を算出し，合計して求める。

月初棚卸高

⊕当月仕入高

⊖月末棚卸高

当月消費高

b．賃金消費高：

当月正味支払高

⊕当月所得税その他の控除額

⊕当月未払高

⊖前月未払高

当月消費高

c．製造間接費発生額：製造直接費として集計されるもの以外の原価の発生額を集計することに注意する。

(2)

❹ 製品1単位あたりの原価を計算する一連の計算手続きは，原則として費目別・部門別・製品別の計算を経ておこなわれる。

❺ 標準原価計算は，実際原価計算とともに原価計算をおこなう目的の違いにもとづき分類される。

(3)

❻ 月末仕掛品の標準原価＝直接材料費標準原価＋直接労務費標準原価＋製造間接費標準原価

¥580,000＝@*¥15,000*×20個＋@*¥12,000*×20個×0.5＋@*¥16,000*×20個×0.5

❼ 予算差異＝(変動費率×実際直接作業時間＋固定費予算額)－製造間接費実際発生額

＋*¥15,000*(有利)＝(@*¥350*×1,960時間＋*¥900,000*)－*¥1,571,000*

❽ 能率差異＝標準配賦率×(標準直接作業時間*－実際直接作業時間)

－*¥16,000*(不利)＝@*¥800*×(1,940時間－1,960時間)

＊1,940時間＝20時間×(90個＋20個×0.5－10個×0.3)

●ポイント

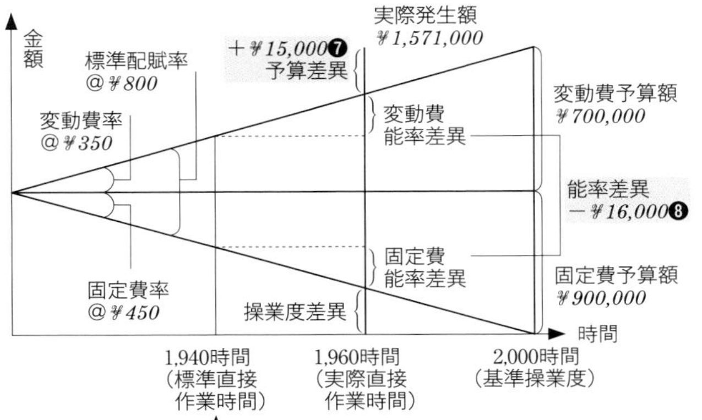

仕　掛　品

月初仕掛品 10個×0.3	完成品 90個
当月投入量 97個	月末仕掛品 20個×0.5

1,940時間＝20時間×97個

(4)

❾　A製品を500個製造・販売したときの売上高・変動売上原価・変動販売費の各金額を2倍すると1,000個のときの値となる。

営業利益¥400,000＝売上高¥1,500,000×貢献利益率0.4*－固定費¥200,000

$$＊貢献利益率0.4＝\frac{\text{貢献利益¥300,000}}{\text{売上高¥750,000}}$$

❿　損益分岐点の売上高　¥500,000＝固定費¥200,000÷貢献利益率0.4

⓫　目標営業利益¥700,000達成の販売数量

$$1{,}500個＝\frac{\text{目標営業利益達成の売上高¥2,250,000}^{*}}{\text{販売単価@¥1,500}}$$

＊目標営業利益¥700,000達成の売上高¥2,250,000

$$＝\frac{\text{目標営業利益¥700,000＋固定費¥200,000}}{\text{貢献利益率0.4}}$$

●ポイント

直接原価計算による損益計算書

損益計算書

			❿	
Ⅰ	売上高	1,500,000×0.4	500,000	2,250,000
Ⅱ	変動売上原価	700,000		
	変動製造マージン	800,000		
Ⅲ	変動販売費	200,000		
	貢献利益	600,000	200,000÷0.4	900,000÷0.4
Ⅳ	固定費	200,000	200,000	200,000
	営業利益	400,000 ❾	0	700,000
			損益分岐点	目標営業利益

¥2,250,000÷@¥1,500(販売単価)＝1,500個 ⓫

(5)

正常減損が製造工程の始点で発生しているため，正常減損費は完成品と月末仕掛品の両方で負担する。よって，正常減損は最初から投入しなかったものとして計算する。

⓬　月末仕掛品原価(平均法)　¥237,000＝素材費¥124,000＋加工費¥113,000

$$素材費＝(月初素材費＋当月素材費)×\frac{\text{月末仕掛品数量}}{\text{完成品数量＋月末仕掛品数量}}$$

$$¥124{,}000＝(¥184{,}000＋¥1{,}490{,}000)×\frac{200\text{kg}}{2{,}500\text{kg}＋200\text{kg}}$$

$$加工費＝(月初加工費＋当月加工費)×\frac{\text{月末仕掛品完成品換算数量}}{\text{完成品数量＋月末仕掛品完成品換算数量}}$$

$$¥113{,}000＝(¥357{,}000＋¥2{,}581{,}000)×\frac{200\text{kg}×0.5}{2{,}500\text{kg}＋200\text{kg}×0.5}$$

●ポイント

仕掛品（素材費）

月初仕掛品 184,000	完成品 2,500kg
当月素材費 1,490,000	正常減損 ~~20kg~~
	月末仕掛品 200kg

仕掛品（加工費）

月初仕掛品 357,000	完成品 2,500kg
当月加工費 2,581,000	正常減損 ~~20kg~~
	月末仕掛品 200kg×0.5

3

(1)

a	当月の2級製品の製造原価	¥	*720,000*	❶
b	当月の3級製品の製品単価	¥	*400*	❷
c	当月の1級製品の売上原価	¥	*597,500*	❸

(2)

ア	イ	
1	3	❹

(3)

月末仕掛品原価	¥	*448,000*	❺

(4)

a	完成品の標準原価	¥	*5,400,000*	❻
b	材料消費価格差異	¥	*165,000*(有利)	❼
c	作業時間差異	¥	*20,000*(不利)	❽

(5)

a	材料の実際消費高	¥	*2,384,000*	❾
b	間接労務費の実際発生額	¥	*2,253,000*	❿
c	売上原価	¥	*7,605,000*	⓫

解説

(1)

❶❷ 原価計算表から算出

	重量	等価係数	完成品数量	積数	等級別製造原価	製品単価
1級製品	30 g	5	600個	3,000	*600,000*	¥*1,000*
2級製品	24 〃	4	900 〃	3,600	❶ *720,000*	〃 *800*
3級製品	12 〃	2	750 〃	1,500	*300,000*	❷ 〃 *400*
				8,100	*1,620,000*	

❸ 1級製品販売数量　590個＝月初数量50個＋当月完成品数量600個－月末数量60個
1級製品の売上原価　¥*597,500*＝50個×@¥*1,150*＋540個×@¥*1,000*

●ポイント

等級別総合原価計算の計算問題を解く鍵は，等級別原価計算表を作成することにある。そのさい，大きさや重さ，品質の一定の比率である等価係数を決める。それに完成品数量を掛けて積数を求め，製造原価を積数の比で配分する。

1級製品(売上原価計算)

月初 50個	売上原価 590個
当月完成 600個	月末 60個

月初数量　50個
完成品数量540個 ──► 売上数量590個

2級製品(月末棚卸計算)

月初 20個	売上原価 905個
当月完成 900個	月末 15個

完成品数量15個 ──► 月末数量15個

(2)

❹ シングルプランでは，仕掛品の金額は貸借ともに標準原価を使用するため，各原価要素勘定の借方に実際発生額，貸方に標準原価を記入し，原価差異を各原価要素ごとに把握する。

(3)

正常減損が製造工程の終点で発生しているため，正常減損費は完成品のみで負担する。

❺ 月末仕掛品原価（先入先出法）

¥448,000＝素材費*¥350,000*＊1＋加工費*¥98,000*＊2

＊1　$\text{素材費}=\text{当月素材費}\times\dfrac{\text{月末仕掛品数量}}{\text{完成品数量}+\text{月末仕掛品数量}+\text{正常減損}-\text{月初仕掛品数量}}$

$¥350{,}000=¥840{,}000\times\dfrac{500\text{kg}}{1{,}000\text{kg}+500\text{kg}+200\text{kg}-500\text{kg}}$

＊2　$\text{加工費}=\text{当月加工費}\times\dfrac{\text{月末仕掛品完成品換算数量}}{\text{完成品数量}+\text{月末仕掛品完成品換算数量}+\text{正常減損}-\text{月初仕掛品完成品換算数量}}$

$¥98{,}000=¥1{,}078{,}000\times\dfrac{500\text{kg}\times0.2}{1{,}000\text{kg}+500\text{kg}\times0.2+200\text{kg}-500\text{kg}\times0.4}$

(4)

❻ 完成品の標準原価＝1個あたりの標準原価×完成品数量

¥5,400,000＝@*¥5,400*×1,000個

❼ 材料消費価格差異＝(標準単価－実際単価)×実際消費数量

＋*¥165,000*(有利)＝(@*¥300*－@*¥240*)×2,750kg

❽ 作業時間差異＝標準賃率×(標準直接作業時間＊－実際直接作業時間)

－*¥20,000*(不利)＝@*¥400*×(4,850時間－4,900時間)

＊標準直接作業時間4,850時間＝5時間×(1,000個＋200個×0.6－300個×0.5)

●ポイント

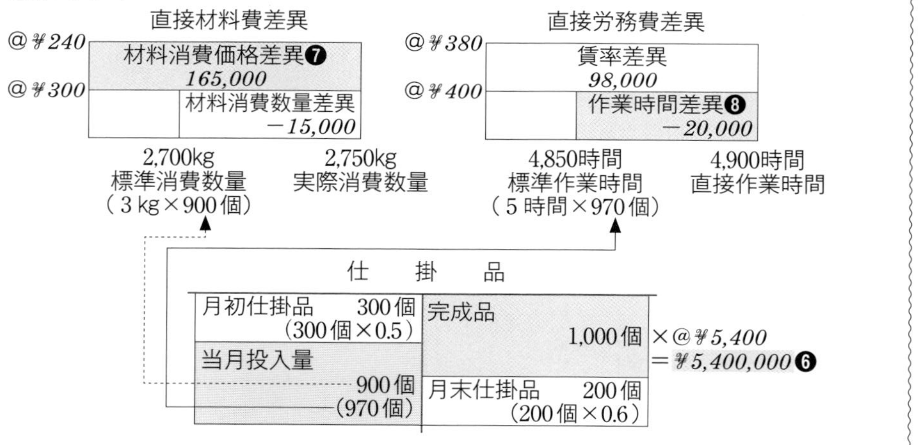

(5)

❾ 材料の実際消費高＝期首棚卸高＋当期仕入高－期末棚卸高（素材＋工場消耗品）

¥2,384,000＝(¥446,000＋¥89,000)＋(¥2,038,000＋¥255,000)－(¥371,000＋¥73,000)

❿ 間接労務費の実際発生額＝間接作業による賃金実際消費高＋給料消費高

＋退職給付費用消費高＋健康保険料消費高

¥2,253,000＝¥240,000＋¥1,493,000＋¥395,000＋¥125,000

⓫ 売上原価＝期首製品＋当期製品製造原価*－期末製品＋製造間接費配賦差異

¥7,605,000＝¥691,000＋¥7,710,000－¥873,000＋¥77,000

＊当期製品製造原価＝期首仕掛品＋素材＋賃金＋外注加工賃＋製造間接費－期末仕掛品

¥7,710,000＝¥473,000＋¥1,797,000＋¥2,280,000＋¥341,000＋¥3,382,000－¥563,000

●ポイント

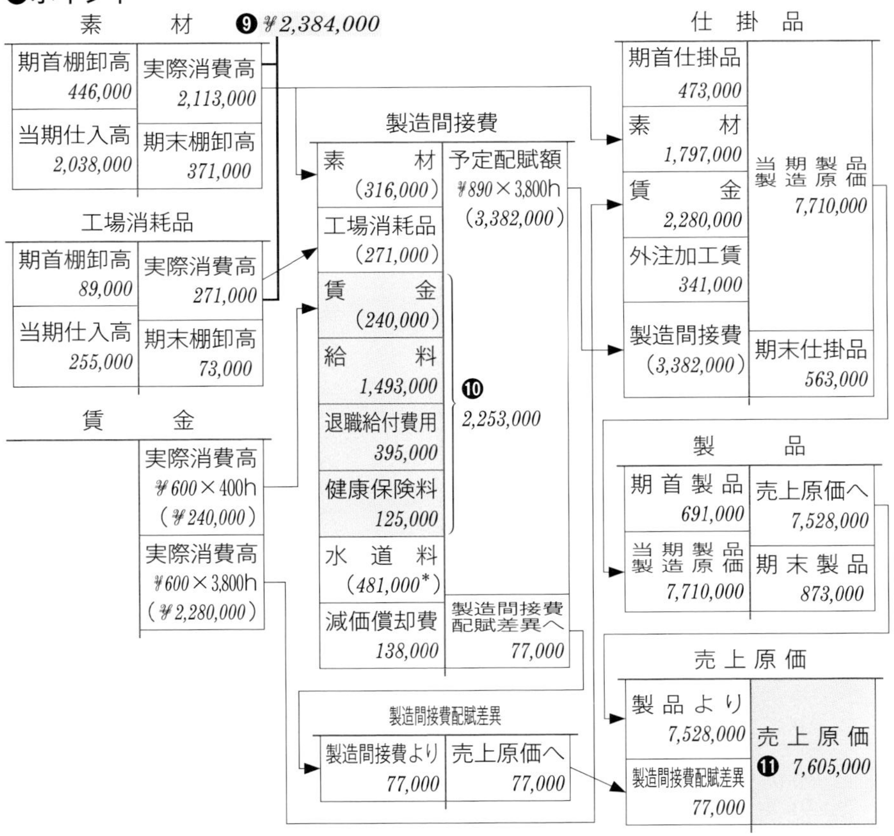

＊水道料＝基本料金＋単価×当期使用料

¥481,000＝¥31,000＋@¥250×1,800㎥

出題形式別練習問題　総合原価計算の問題

1

(1)

単純総合原価計算表

令和○年／月分

摘　　要	素 材 費	加 工 費	合　計
材料費	5,520,000	324,000	5,844,000
労務費	――――	2,668,000	2,668,000
経費	――――	638,000	638,000
計	5,520,000	3,630,000	9,150,000
月初仕掛品原価	1,060,000	280,000	1,340,000
計	6,580,000	3,910,000	10,490,000
月末仕掛品原価	❶ 480,000	❷ 180,000	660,000
完成品原価	6,100,000	3,730,000	9,830,000
完成品数量	2,500個	2,500個	2,500個
製品単価	¥ 2,440	¥ 1,492	¥ 3,932

(2)

仕掛品勘定の電力料（アの金額）	¥ 356,000 ❸

解説

❶ 月末仕掛品素材費　¥480,000＝¥5,520,000×$\frac{200個}{2,500個−400個＋200個}$

❷ 月末仕掛品加工費　¥180,000＝¥3,630,000×$\frac{200個×0.6}{2,500個−400個×0.5＋200個×0.6}$

❸ 仕掛品勘定の電力料（アの金額）＝当月経費－減価償却費－雑費

¥356,000＝¥638,000－¥250,000－¥32,000

●ポイント

先入先出法の考え方

月初仕掛品が先に加工され，すべて完成品になるものと考え，完成品数量から月初仕掛品完成品換算数量を差し引いた数量と，月末仕掛品完成品換算数量とで，当月製造費用を比例配分して，月末仕掛品原価を求める方法。

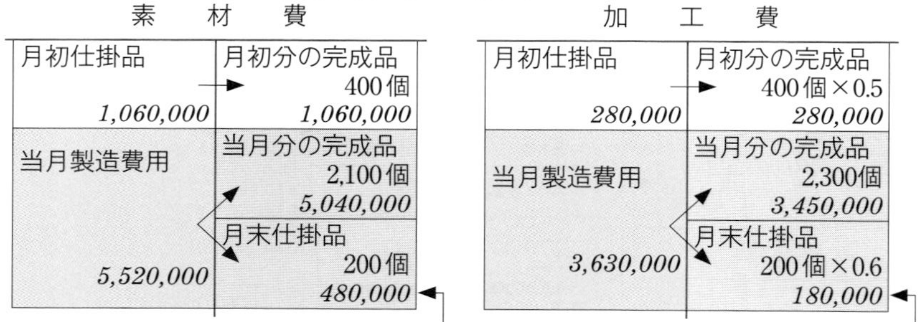

¥5,520,000×$\frac{200個}{2,500個−400個＋200個}$

¥3,630,000×$\frac{200個×0.6}{2,500個−400個×0.5＋200個×0.6}$

2

組別総合原価計算表

令和○年8月分

摘　要		A　組	B　組
組直接費	素材費	4,410,000	3,040,000
	加工費	2,220,000	1,828,000
組間接費	加工費	❶ 2,205,000	❷ 1,520,000
当月製造費用		8,835,000	6,388,000
月初仕掛品原価	素材費	447,000	254,000
	加工費	158,000	94,000
計		9,440,000	6,736,000
月末仕掛品原価	素材費	❸ 735,000	475,000
	加工費	375,000	❹ 216,000
完成品原価		8,330,000	6,045,000
完成品数量		3,400個	3,100個
製品単価		¥ 2,450	¥ 1,950

A　組　仕　掛　品

前月繰越	605,000	(A組製品)	(8,330,000)
素材	4,410,000	次月繰越	(1,110,000)
労務費	1,322,000		
経費	898,000		
❶(組間接費)	(2,205,000)		
	(9,440,000)		(9,440,000)

組　間　接　費

素材	(2,661,000)	諸口	(3,725,000)
労務費	(723,000)		
経費	(341,000)		
	(3,725,000)		(3,725,000)

解説

❶ A組への組間接費配賦額＝組間接費*×$\dfrac{\text{A組の直接材料費}}{\text{A組の直接材料費＋B組の直接材料費}}$

$$¥2{,}205{,}000=¥3{,}725{,}000\times\frac{¥4{,}410{,}000}{¥4{,}410{,}000+¥3{,}040{,}000}$$

＊組間接費¥3,725,000＝材料費¥2,661,000＋労務費¥723,000＋経費¥341,000

❷ B組への組間接費配賦額＝組間接費×$\dfrac{\text{B組の直接材料費}}{\text{A組の直接材料費＋B組の直接材料費}}$

$$¥1{,}520{,}000=¥3{,}725{,}000\times\frac{¥3{,}040{,}000}{¥4{,}410{,}000+¥3{,}040{,}000}$$

❸ A組月末仕掛品素材費＝当月素材費×$\dfrac{\text{月末仕掛品数量}}{\text{完成品数量－月初仕掛品数量＋月末仕掛品数量}}$
（先入先出法）

$$¥735{,}000=¥4{,}410{,}000\times\frac{600\text{個}}{3{,}400\text{個}-400\text{個}+600\text{個}}$$

❹ B組月末仕掛品加工費＝当月加工費
（先入先出法）

×$\dfrac{\text{月末仕掛品完成品換算数量}}{\text{完成品数量－月初仕掛品完成品換算数量＋月末仕掛品完成品換算数量}}$

$$¥216{,}000=(¥1{,}828{,}000+¥1{,}520{,}000)\times\frac{500\text{個}\times0.4}{3{,}100\text{個}-400\text{個}\times0.5+500\text{個}\times0.4}$$

●ポイント

❸ A組仕掛品（素材費）

月初仕掛品	月初仕掛品 400個	完成品 3,400個
組直接費 4,410,000	当月製造費用 3,000個	
	月末仕掛品 600個	

❹ B組仕掛品（加工費）

月初仕掛品	月初仕掛品 400個×0.5	完成品 3,100個
組直接費 1,828,000	当月製造費用 2,900個	
組間接費 1,520,000	月末仕掛品 500個×0.4	

■直前整理――単純総合原価計算の手続き――

原価要素を個々の製品ごとに集計しないので，製造直接費と製造間接費に区別しない(原則)。

↓

① 1か月間に発生したすべての原価要素を集計し，当月製造費用を算出する。

当月製造費用＝当月材料費＋当月労務費＋当月経費

↓

② 当月製造費用と月初仕掛品原価を加算して，総製造費用を算出する。

総製造費用＝月初仕掛品原価＋当月製造費用(上記①)

↓

③ 月末仕掛品原価を計算する（計算法：平均法・先入先出法など)。

素材費と加工費――►月末仕掛品原価を計算する方法の順序として素材と素材以外の消費高に分類する。

↓

④ 総製造費用から月末仕掛品原価を差し引き，完成品原価を算出する。

完成品原価＝総製造費用(上記②)－月末仕掛品原価(上記③)

↓

⑤ 完成品原価を完成品数量で除して，製品単価を算出する。

製品単価＝完成品原価÷完成品数量(上記④)

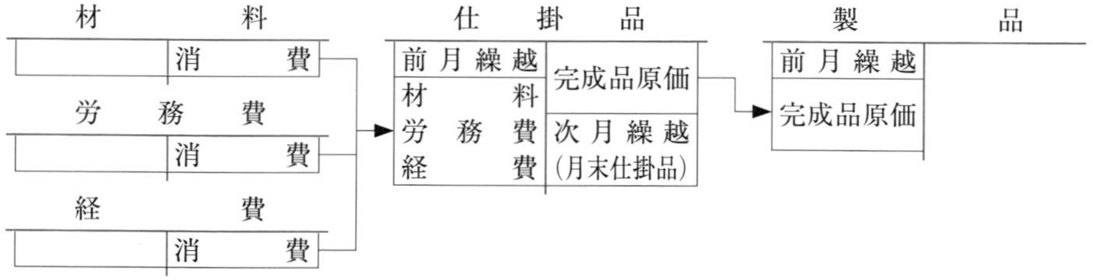

■直前整理――組別総合原価計算の手続き――

原価要素を分類して，製品の種類ごとに組をつくり，組別総合原価計算表のうえで原価計算がおこなわれる。

↓

① 当月製造費用を，各組の製品製造のために直接に発生した組直接費と，共通に発生した組間接費とに分類する。

↓

② 組直接費――►各組に賦課する。

組間接費――►個別原価計算の製造間接費と同様に，適当な配賦基準により各組に配賦する。

(直接材料費法・直接労務費法・直接費法
直接作業時間法・機械運転時間法など)

↓

③ 各組ごとに単純総合原価計算と同じ方法で，完成品原価を算出する。月末仕掛品の計算方法には，平均法・先入先出法などがある。

素材費と加工費――►月末仕掛品原価を計算する方法の順序として，素材と素材以外の消費高に分類する。

↓

④ 各組ごとの完成品原価を，その月に完成した各組製品の完成品数量で除して，製品単価を算出する。

製品単価＝各組完成品原価÷各組完成品数量

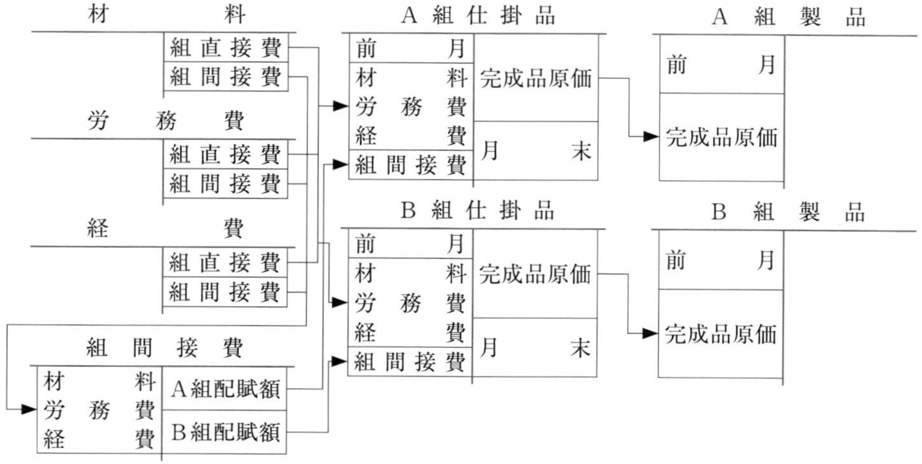

3

(1)

工程別総合原価計算表

令和○年/月分

摘要		第1工程	第2工程
工程個別費	素材費	281,200	――
	前工程費	――	492,800
	労務費	237,500	254,800
	経費	23,700	27,100
部門共通費配賦額		❶ 92,000	❶ 115,000
補助部門費配賦額		❷ 58,800	❷ 58,800
当月製造費用		693,200	948,500
月初仕掛品原価		55,200	76,300
計		748,400	1,024,800
月末仕掛品原価		❸ 31,600	❹ 64,800
工程完成品原価		716,800	❺ 960,000
工程完成品数量		1,600個	1,200個
工程単価		¥ 448	¥ 800

(2)

第1工程仕掛品

前月繰越	55,200	(第1工程半製品)(	716,800)
素材	281,200	次月繰越(	31,600)❸
労務費	237,500		
経費	23,700		
❶ 部門共通費(	92,000)		
❷ 補助部門費(	58,800)		
(	748,400)	(	748,400)

解説

❶ 部門共通費配賦額

第1工程　¥92,000＝(¥74,000＋¥156,000)×0.4

第2工程　¥115,000＝(¥74,000＋¥156,000)×0.5

補助部門　¥23,000＝(¥74,000＋¥156,000)×0.1

❷ 補助部門費配賦額

第1工程・第2工程ともに　¥58,800＝(¥76,400＋¥18,200＋¥23,000)×0.5

❸ 第1工程月末仕掛品　¥31,600＝素材費¥18,400＋加工費¥13,200
（平均法）

素材費　$¥18,400=(¥31,600+¥281,200)\times\frac{100個}{1,600個+100個}$

加工費　$¥13,200=(¥23,600+¥237,500+¥23,700+¥92,000+¥58,800)\times\frac{100個\times0.5}{1,600個+100個\times0.5}$

❹ 第2工程月末仕掛品　¥64,800＝前工程費¥42,000＋加工費¥22,800
（平均法）

前工程費　$¥42,000=(¥53,200+¥492,800)\times\frac{100個}{1,200個+100個}$

加工費　$¥22,800=(¥23,100+¥254,800+¥27,100+¥115,000+¥58,800)\times\frac{100個\times0.6}{1,200個+100個\times0.6}$

❺ 第2工程が最終工程のため，この金額が製品の完成品原価となる。

●ポイント

工程別総合原価計算の考え方

① 工程個別費と部門共通費に分けられ，共通費と補助部門費を一定の配賦基準で配賦する。
② 第1工程の月末仕掛品原価を計算する（素材費と加工費は別計算）。
③ 第1工程から第2工程に投入される金額を第2工程の前工程費に記入する。
④ 第2工程の月末仕掛品原価を計算する（前工程費と加工費は別計算）。
⑤ 第2工程（最終工程）の完成品原価が製品勘定へ振り替えられる。

平均法の考え方

総製造費用（月初仕掛品原価＋当月製造費用）を，完成品数量と月末仕掛品完成品換算数量で比例配分して，月末仕掛品原価を求める方法。

第1工程仕掛品（素材費）

月初仕掛品 31,600	完成品 1,600個 294,400
当月製造費用 281,200	月末仕掛品 100個 18,400

$(¥31,600+¥281,200)\times\frac{100個}{1,600個+100個}$

第1工程仕掛品（加工費）

月初仕掛品 23,600	当月分の完成品 1,600個 422,400
当月製造費用 412,000	月末仕掛品 100個×0.5 13,200

$(¥23,600+¥412,000)\times\frac{100個\times0.5}{1,600個+100個\times0.5}$

出題形式別練習問題　個別原価計算の問題

1

(1)

	借	方	貸	方
/月3/日②	仕　掛　品	745,000	第1製造部門費 第2製造部門費	500,000 245,000 ❸

(2)

部門費振替表

直接配賦法　　令和○年/月分

部門費	配賦基準	金額	製造部門		補助部門		
			第/部門	第2部門	動力部門	修繕部門	工場事務部門
部門費合計		741,000	389,000	196,000	72,000	48,000	36,000
動力部門費	kW数×運転時間数	72,000	54,000	18,000 ❹			
修繕部門費	修繕回数	48,000	30,000	18,000 ❺			
工場事務部門費	従業員数	36,000	24,000	12,000 ❻			
配賦額合計		156,000	108,000	48,000			
製造部門費合計		741,000	497,000	244,000			

(3)

製造指図書#/　　原価計算表

直接材料費	直接労務費	製造間接費				集計	
		部門	時間	配賦率	金額	摘要	金額
828,000	168,000	第/	200	400	80,000	直接材料費	828,000
	❷ 966,000	第1	750	❸ 400	300,000	直接労務費	1,134,000
	1,134,000	第2	400	❸ 350	140,000	製造間接費	520,000
					520,000	製造原価	❼2,482,000
						完成品数量	50個
						製品単価	¥ 49,640 ❼

製造指図書#2　　原価計算表

直接材料費	直接労務費	製造間接費				集計	
		部門	時間	配賦率	金額	摘要	金額
❶ 230,000	❷ 672,000	第1	500	❸ 400	200,000	直接材料費	
		第2	300	❸ 350	105,000	直接労務費	
						製造間接費	
						製造原価	

〈取引の仕訳〉

		借方	金額	貸方	金額	
1月4日		(借)仕掛品	230,000	(貸)素材	230,000	❶
31日	①	(借)仕掛品	1,638,000	(貸)消費賃金	1,680,000	❷
		製造間接費	42,000			
	②	(借)仕掛品	745,000	(貸)第1製造部門費	500,000	❸
				第2製造部門費	245,000	
	③	(借)第1製造部門費	389,000	(貸)製造間接費	741,000	
		第2製造部門費	196,000			
		動力部門費	72,000			
		修繕部門費	48,000			
		工場事務部門費	36,000			
	④	(借)第1製造部門費	108,000	(貸)動力部門費	72,000	❹
		第2製造部門費	48,000	修繕部門費	48,000	❺
				工場事務部門費	36,000	❻
	⑤	(借)製品	2,482,000	(貸)仕掛品	2,482,000	❼

解説

❶ 素材消費高の計算(素材勘定)　¥230,000＝500個×@¥460

❷ 賃金予定消費高の計算(消費賃金勘定)

＃1　1,150時間×¥840＝¥966,000 ┐
＃2　800時間×¥840＝¥672,000 ┘ ¥1,638,000（仕掛品へ）

間接作業50時間×¥840＝¥42,000（製造間接費へ）

❸ 製造部門費予定配賦高

第1製造部門費予定配賦率　$¥400=\frac{¥6,000,000}{15,000時間}$

第2製造部門費予定配賦率　$¥350=\frac{¥2,940,000}{8,400時間}$

第1製造部門費　¥500,000＝(750時間＋500時間)×¥400

第2製造部門費　¥245,000＝(400時間＋300時間)×¥350

❹ 動力部門費配賦額

第1製造部門への配賦額　$¥54,000=¥72,000\times\frac{30kW\times150時間}{30kW\times150時間+15kW\times100時間}$

第2製造部門への配賦額　$¥18,000=¥72,000\times\frac{15kW\times100時間}{30kW\times150時間+15kW\times100時間}$

❺ 修繕部門費配賦額

第1製造部門への配賦額　$¥30,000=¥48,000\times\frac{5回}{5回+3回}$

第2製造部門への配賦額　$¥18,000=¥48,000\times\frac{3回}{5回+3回}$

❻　工場事務部門費配賦額

第1製造部門への配賦額　$￥24,000=￥36,000\times\dfrac{6人}{6人+3人}$

第2製造部門への配賦額　$￥12,000=￥36,000\times\dfrac{3人}{6人+3人}$

❼　A製品(製造指図書＃1)の製品単価は原価計算表(製造指図書＃1)の集計欄より計算する。

製品単価＝(直接材料費＋直接労務費＋製造間接費)÷完成品数量

@￥49,640＝(￥828,000＋￥1,134,000＋￥520,000)÷50個

●ポイント

個別原価計算では，各原価要素別製造原価を計算する方法で各原価要素を消費した場合，製造指図書番号の付いたものは，直接その製品に賦課し，ほかは製造間接費として各製品に配賦する。

計算手続きは，次のとおりである。

① 材料費・労務費・経費などの原価要素について，各々別々に消費高の計算をする。
② 費目別に算出された原価要素を，発生場所（部門別）に分類，集計する。
③ 原価要素を製品の種類ごとに集計し，製品1単位あたりの製造原価を計算する。

問題文の取引については，次のような点について注意する。

4日　素材消費高の計算には，予定価格法が用いられている。したがって，問題文より予定価格を読み取り，個数を乗じて求める。なお，消費材料勘定を用いるか素材勘定のみで処理するかは，問題の指示によることに注意する。

31日①　作業時間1時間あたり予定賃率￥840は，ただし書きⅱに記載されている。製造指図書＃○は，直接費となり，仕掛品勘定で仕訳する。間接作業は製造間接費勘定となる。

31ヨ②　各製造部門の予定配賦額は，ただし書きⅲから各部門の予定配賦率（1時間あたりの予定単価）を求め，各部門別の直接作業時間合計（指図書＃1と＃2の合計）を乗じて算出する。

31日③　部門費配分表で，製造間接費を各部門に配分する。

31日④　部門費振替表を完成することで，補助部門費を各製造部門に配賦する仕訳が完成する。そのさい，配賦基準を問題文中より探して割り振る。

31日⑤　原価計算表の集計欄は，完成品のみに限られるため，製造指図書＃1のみの原価を集計して製造原価を求める。

■直前整理——部門別個別原価計算の手続き——

製造直接費と製造間接費

● 製造直接費——►各製造指図書に賦課する（個別原価計算と同様）。
● 製造間接費——►各部門ごとに集計し，各製造指図書に配賦する。

↓

① 部門個別費と部門共通費に分類する。

↓

② 部門個別費と部門共通費を各部門に集計する。
作成帳票：部門費配分表

↓

③ 補助部門費を各製造部門に振り替える（直接配賦法と相互配賦法がある）。
作成帳票：部門費振替表

↓

④ 製造部門費を各製品に配賦（予定配賦）する。
予定配賦と実際配賦が異なるため，各部門ごとに配賦差異を把握する。
作成帳票：製造部門費予定配賦表

原価計算表を作成し，完成したものは集計欄に記入後，完成品原価と単価を算出する。未完成品は，集計欄には記入しない。

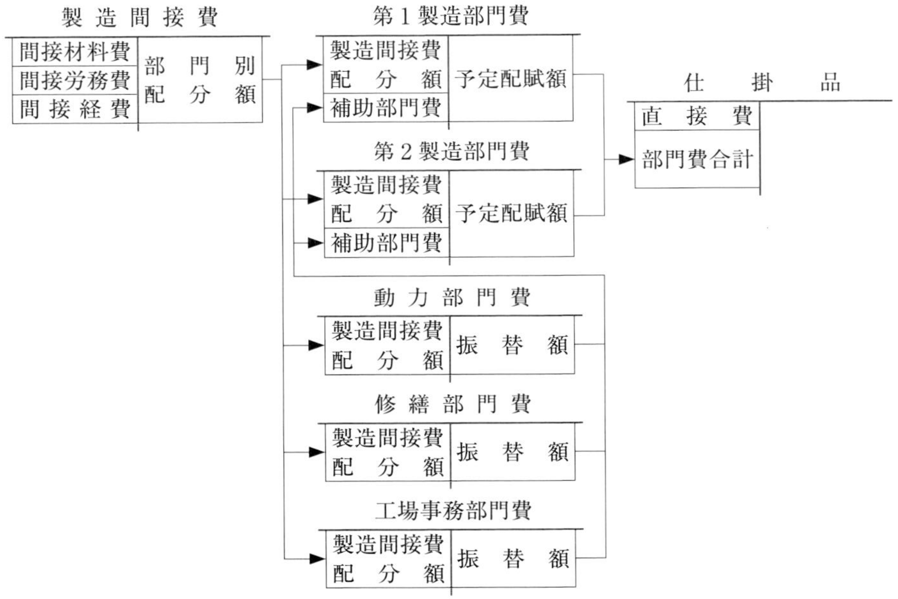

2

(1)

	借方		貸方		
6月30日①	製造間接費	216,000	工場消耗品	216,000	❷
30日⑦	第1製造部門費	230,000	動力部門費	240,000	❺
	第2製造部門費	100,000	修繕部門費	90,000	

(2)

消費賃金

6/30	賃金	3,160,000	6/30	諸口	3,125,000	❸
			〃	賃率差異	35,000	❼
		3,160,000			3,160,000	

製造間接費

❷	6/30 工場消耗品	216,000	6/30	諸口	1,013,000	
❸	〃 消費賃金	187,500				
	〃 健康保険料	126,000				
	〃 諸口	483,500				
		1,013,000			1,013,000	

第/製造部門費

	6/30 製造間接費	403,000	6/30	仕掛品	625,000	❹
❺	〃 諸口	230,000	〃	製造部門費配賦差異	8,000	❽
		633,000			633,000	

(3)

製造指図書#/　　原価計算表

直接材料費	直接労務費	製造間接費				集計		
		部門	時間	配賦率	金額	摘要	金額	
1,845,000	375,000	第/	600	500	300,000	直接材料費	1,845,000	
	❸1,625,000	第/	500	❹500	250,000	直接労務費	2,000,000	
	2,000,000	第2	800	❹350	280,000	製造間接費	830,000	
					830,000	製造原価	4,675,000	❻
						完成品数量	50個	
						製品単価	¥ 93,500	

製造指図書#2　　原価計算表

直接材料費	直接労務費	製造間接費				集計	
		部門	時間	配賦率	金額	摘要	金額
❶ 909,000	❸1,312,500	第/	750	❹500	375,000	直接材料費	
		第2	300	❹350	105,000	直接労務費	

〈取引の仕訳〉

		借方		貸方		
6月6日		(借)素材	912,000	(貸)買掛金	1,101,000	
		工場消耗品	189,000			
11日		(借)仕掛品	909,000	(貸)素材	909,000	❶
25日		(借)賃金	3,120,000	(貸)所得税預り金	237,000	
				健康保険料預り金	126,000	
				当座預金	2,757,000	
30日	①	(借)製造間接費	216,000	(貸)工場消耗品	216,000	❷
	②	(借)仕掛品	2,937,500	(貸)消費賃金	3,125,000	❸
		製造間接費	187,500			
	③	(借)製造間接費	126,000	(貸)健康保険料	126,000	
	④	(借)製造間接費	483,500	(貸)電力料	190,500	
				保険料	52,000	
				減価償却費	228,000	
				雑費	13,000	
	⑤	(借)仕掛品	1,010,000	(貸)第1製造部門費	625,000	❹
				第2製造部門費	385,000	
	⑥	(借)第1製造部門費	403,000	(貸)製造間接費	1,013,000	
		第2製造部門費	280,000			
		動力部門費	240,000			
		修繕部門費	90,000			
	⑦	(借)第1製造部門費	230,000	(貸)動力部門費	240,000	❺
		第2製造部門費	100,000	修繕部門費	90,000	
	⑧	(借)製品	4,675,000	(貸)仕掛品	4,675,000	❻
	⑨	(借)消費賃金	3,160,000	(貸)賃金	3,160,000	
	⑩	(借)賃率差異	35,000	(貸)消費賃金	35,000	❼
	⑪	(借)製造部門費配賦差異	8,000	(貸)第1製造部門費	8,000	❽
		第2製造部門費	5,000	製造部門費配賦差異	5,000	

解説

❶ 11日　素材消費高（移動平均法）

消費単価　@¥1,515＝$\dfrac{\text{月初棚卸高¥300,000＋6日仕入分¥912,000}}{\text{月初棚卸数量200個＋6日仕入数量600個}}$

消費高　¥909,000＝消費単価@¥1,515×消費数量600個

❷ 30日①　工場消耗品消費高（棚卸計算法）

消費数量　2,400個＝前月繰越数量550個＋6日仕入数量2,100個－月末棚卸数量250個

工場消耗品消費高　¥216,000＝@¥90×2,400個

❸ 30日②　賃金予定消費高＝1時間あたりの予定賃率@¥1,250×作業時間

消費賃金勘定　¥3,125,000

製造指図書＃1　@¥1,250×1,300時間＝¥1,625,000
製造指図書＃2　@¥1,250×1,050時間＝¥1,312,500　} ¥2,937,500（仕掛品勘定）
間接作業　@¥1,250×150時間＝¥187,500（製造間接費勘定）

❹ 30日⑤　各製造部門費予定配賦額の計算（ただし書きⅳ参照）

第1製造部門費予定配賦率　@¥500＝$\dfrac{\text{年間製造間接費予定額¥6,250,000}}{\text{年間予定直接作業時間12,500時間}}$

第2製造部門費予定配賦率　@¥350＝$\dfrac{\text{年間製造間接費予定額¥4,690,000}}{\text{年間予定直接作業時間13,400時間}}$

第1製造部門費予定配賦額　@¥500×(500時間＋750時間)＝¥625,000
第2製造部門費予定配賦額　@¥350×(800時間＋300時間)＝¥385,000　} ¥1,010,000（仕掛品勘定）

❺ 30日⑦　動力部門費¥240,000の配賦（修繕部門費も同様に計算する）

第1製造部門費　¥180,000＝¥240,000×$\dfrac{\text{30kW×600時間}}{\text{30kW×600時間＋20kW×300時間}}$

第2製造部門費　¥60,000＝¥240,000×$\dfrac{\text{20kW×300時間}}{\text{30kW×600時間＋20kW×300時間}}$

❻ 30日⑧　A製品の製造原価（製造指図書＃1の原価計算表の製造原価を仕訳に使用する）

❼ 30日⑩　賃率差異　－¥35,000＝30日②予定消費高¥3,125,000
（借方差異）　－30日⑨実際消費高¥3,160,000

❽ 30日⑪

第1製造部門費配賦差異＝30日⑤予定配賦額－30日⑥⑦実際配賦額
－¥8,000(借方差異)＝¥625,000－(¥403,000＋¥230,000)

第2製造部門費配賦差異＝30日⑤予定配賦額－30日⑥⑦実際配賦額
＋¥5,000(貸方差異)＝¥385,000－(¥280,000＋¥100,000)

●ポイント

❶ 素材

前月繰越高 200個（@¥1,500）	
6日仕入高 600個（@¥1,520）	

$\dfrac{\text{¥300,000＋¥912,000}}{\text{200個＋600個}}$＝@¥1,515（消費単価）

❷ 工場消耗品

前月繰越高 550個	消費高 2,400個
6日仕入高 2,100個	月末棚卸高 250個

2,400個×@¥90＝¥216,000（製造間接費）

❺ 動力部門費（配賦基準による配分図）
（¥240,000）

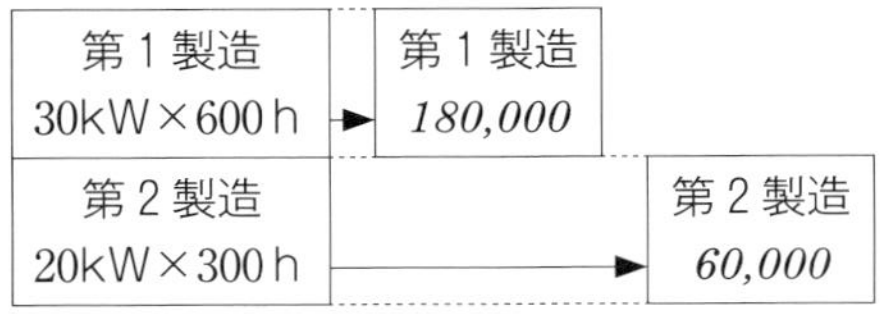

❼ 消費賃金

実際消費高 3,160,000	予定消費高 3,125,000
	賃率差異 35,000

賃率差異

消費賃金より 35,000	

❽ 第1製造部門費

実際配賦額 403,000 230,000	予定配賦額 625,000
	配賦差異 8,000

第2製造部門費

実際配賦額 280,000 100,000	予定配賦額 385,000
配賦差異 5,000	

製造部門費配賦差異

第1製造部門費 8,000	第2製造部門費 5,000

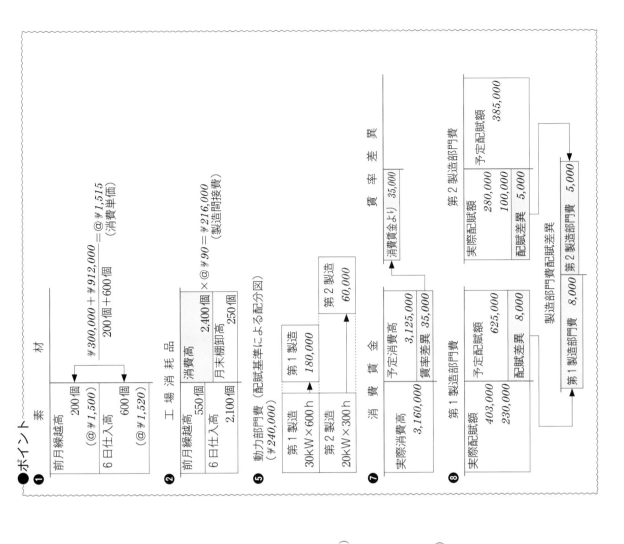

3

(1)

	借方		貸方		
6月12日	仕掛品	1,400,000	素材	1,400,000	❶
30日①	製造間接費	132,000	工場消耗品	132,000	❷

(2)

消費賃金

6/30	賃金	4,825,000	6/30	諸口	4,800,000	❸
			〃	賃率差異	25,000	❼
		4,825,000			4,825,000	

第1製造部門費

	6/30	製造間接費	438,000	6/30	仕掛品	595,000	❹
❺	〃	諸口	150,000				
❽	〃	製造部門費配賦差異	7,000				
			595,000			595,000	

製造部門費配賦差異

❽	6/30	第2製造部門費	5,000	6/1	前月繰越	6,000	
	〃	次月繰越	8,000	30	第1製造部門費	7,000	❽
			13,000			13,000	

(3)

部門費振替表

直接配賦法　　令和○年6月分

部門費	配賦基準	金額	製造部門 第1部門	製造部門 第2部門	補助部門 動力部門	補助部門 修繕部門
部門費合計		993,000	438,000	315,000	160,000	80,000
動力部門費	kW数×運転時間数	160,000	100,000	60,000 ❺		
修繕部門費	修繕回数	80,000	50,000	30,000		
配賦額合計		240,000	❺ 150,000	❺ 90,000		
製造部門費合計		993,000	588,000	405,000		

(4)

製造指図書#1　　原価計算表

直接材料費	直接労務費	製造間接費 部門	時間	配賦率	金額	集計 摘要	金額
1,432,000	180,000	第1	400	350	140,000	直接材料費	1,432,000
	❸ 2,400,000	第1	600	❹ 350	210,000	直接労務費	2,580,000
	2,580,000	第2	1,400	❹ 200	280,000	製造間接費	630,000
					630,000	製造原価	4,642,000 ❻
						完成品数量	50個
						製品単価	¥ 92,840

(5)

月末仕掛品原価	¥ 3,945,000	❾

〈取引の仕訳〉

		借方		貸方		
6月8日		(借)素材	1,300,000	(貸)買掛金	1,420,000	
		工場消耗品	120,000			
12日		(借)仕掛品	1,400,000	(貸)素材	1,400,000	❶
25日		(借)賃金	4,780,000	(貸)所得税預り金	285,000	
				健康保険料預り金	142,000	
				当座預金	4,353,000	
30日	①	(借)製造間接費	132,000	(貸)工場消耗品	132,000	❷
	②	(借)仕掛品	4,440,000	(貸)消費賃金	4,800,000	❸
		製造間接費	360,000			
	③	(借)製造間接費	142,000	(貸)健康保険料	142,000	
	④	(借)製造間接費	359,000	(貸)電力料	126,000	
				保険料	31,000	
				減価償却費	202,000	
	⑤	(借)仕掛品	995,000	(貸)第1製造部門費	595,000	❹
				第2製造部門費	400,000	
	⑥	(借)第1製造部門費	438,000	(貸)製造間接費	993,000	
		第2製造部門費	315,000			
		動力部門費	160,000			
		修繕部門費	80,000			
	⑦	(借)第1製造部門費	150,000	(貸)動力部門費	160,000	❺
		第2製造部門費	90,000	修繕部門費	80,000	
	⑧	(借)製品	4,642,000	(貸)仕掛品	4,642,000	❻
	⑨	(借)消費賃金	4,825,000	(貸)賃金	4,825,000	
	⑩	(借)賃率差異	25,000	(貸)消費賃金	25,000	❼
	⑪	(借)第1製造部門費	7,000	(貸)製造部門費配賦差異	7,000	❽
		製造部門費配賦差異	5,000	第2製造部門費	5,000	

解説

❶ 12日　素材消費高（先入先出法）

消費数量550個 ─┬─ 前月繰越分より@￥2,500×300個＝￥　750,000
　　　　　　　　└─ 6/8仕入分より　@￥2,600×250個＝￥　650,000
　　　　　　　　　　　　　　　　　　　　　550個　￥1,400,000（消費高）

❷ 30日①　工場消耗品消費高（棚卸計算法）

消費数量　1,100個＝前月繰越数量400個＋８日仕入数量1,000個－月末棚卸数量300個

工場消耗品消費高　￥132,000＝@￥120×1,100個

❸ 30日②　賃金予定消費高＝１時間あたりの予定賃率@￥1,200×作業時間

消費賃金勘定　￥4,800,000

製造指図書＃１　@￥1,200×2,000時間＝￥2,400,000 ┐
製造指図書＃２　@￥1,200×1,700時間＝￥2,040,000 ┘─ ￥4,440,000（仕掛品勘定）
間　接　作　業　@￥1,200×　300時間＝￥　360,000（製造間接費勘定）

❹ 30日⑤　各製造部門費予定配賦額の計算（ただし書きⅳ参照）

第１製造部門費予定配賦率　$@￥350=\frac{年間製造間接費予定額￥7,455,000}{年間予定直接作業時間21,300時間}$

第２製造部門費予定配賦率　$@￥200=\frac{年間製造間接費予定額￥3,500,000}{年間予定直接作業時間17,500時間}$

第１製造部門費予定配賦額　@￥350×(　600時間＋1,100時間)＝￥595,000 ┐
第２製造部門費予定配賦額　@￥200×(1,400時間＋　600時間)＝￥400,000 ┘─ ￥995,000（仕掛品勘定）

❺ 30日⑦　動力部門費￥160,000の配賦（修繕部門費も同様に計算する）

第１製造部門費　$￥100,000=￥160,000\times\frac{10\text{kW}\times500時間}{10\text{kW}\times500時間+6\text{kW}\times500時間}$

第２製造部門費　$￥\ 60,000=￥160,000\times\frac{6\text{kW}\times500時間}{10\text{kW}\times500時間+6\text{kW}\times500時間}$

❻ 30日⑧　Ａ製品の製造原価（製造指図書＃１の原価計算表の製造原価を仕訳に使用する）

❼ 30日⑩　賃率差異　－￥25,000＝30日②予定消費高￥4,800,000
　　　　　　（借方差異）　－30日⑨実際消費高￥4,825,000

❽ 30日⑪

第１製造部門費配賦差異＝30日⑤予定配賦額－部門費振替表の第１製造部門費合計
＋￥7,000（貸方差異）＝￥595,000－￥588,000

第２製造部門費配賦差異＝30日⑤予定配賦額－部門費振替表の第２製造部門費合計
－￥5,000（借方差異）＝￥400,000－￥405,000

❾ 月末仕掛品原価（Ｂ製品（製造指図書＃２）の製造原価￥3,945,000）

素材￥1,400,000＋賃金（@￥1,200×1,700時間）＋製造部門費（@￥350×1,100時間
＋@￥200×600時間）

●ポイント

❶ 素　材

借方	貸方
前月残高　300個（@￥2,500）	12日消費高　300個
8日仕入高　500個（@￥2,600）	250個

300個×@￥2,500＝￥　750,000
250個×@￥2,600＝￥　650,000
￥1,400,000（仕掛品）

❷ 工場消耗品

借方	貸方
前月繰越高　400個	消費高　1,100個
8日仕入高　1,000個	月末棚卸高　300個

1,100個×@￥120＝￥132,000（製造間接費）

❺ 動力部門費（配賦基準による配分図）
（￥160,000）

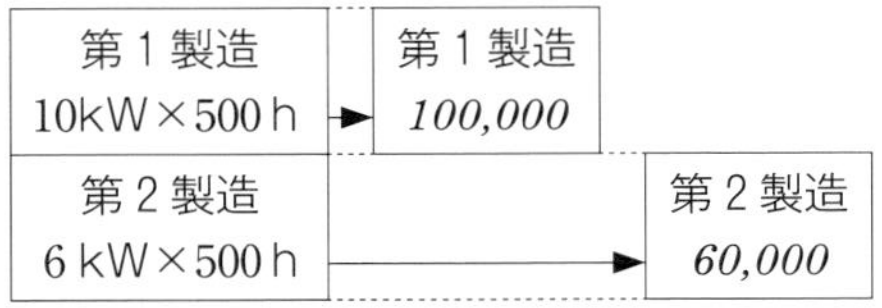

❼ 消費賃金

借方	貸方
実際消費高　4,825,000	予定消費高　4,800,000
	賃率差異　25,000

賃率差異

借方	貸方
消費賃金より　25,000	

❽ 第２製造部門費

借方	貸方
実際配賦額　315,000	予定配賦額　400,000
90,000	配賦差異　5,000

第１製造部門費

借方	貸方
実際配賦額　438,000	予定配賦額　595,000
150,000	
配賦差異　7,000	

製造部門費配賦差異

借方	貸方
第２製造部門費　5,000	第１製造部門費　7,000

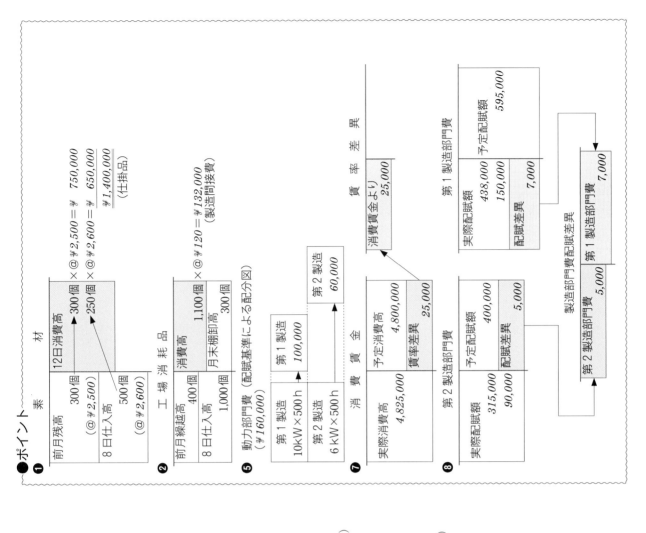

出題形式別練習問題　仕訳の問題

1

	借方		貸方		
a	棚卸減耗損	25,900	素材	25,900	❶
b	仕掛品	281,600	素材	281,600	❷
c	棚卸減耗損	14,000	素材	14,000	❸
d	仕掛品 製造間接費	1,950,000 225,000	消費賃金	2,175,000	❹
e	仕掛品	300,000	退職給付費用	300,000	❺
f	製造間接費	710,000	従業員賞与手当	710,000	❻
g	仕掛品 製造間接費	340,000 122,000	外注加工賃 修繕料	340,000 122,000	❼
h	仕掛品	300,000	特許権使用料	300,000	❽

解説

❶ 総平均法　(前月繰越300kg×@¥1,260＋1/7 600kg×@¥1,280＋1/22 1,300kg×@¥1,310) ÷ (前月繰越数量300kg＋1/7数量600kg＋1/22数量1,300kg)
＝消費単価@¥1,295

❷ 10/1の単価 → 200個×@¥320、10/8の単価 → 800個×@¥360
(200個×@¥320＋800個×@¥360) ÷ (200個＋800個) ＝@¥352 → 平均単価
消費高の計算　¥281,600＝800個×@¥352

❸ 素材の棚卸不足が生じた場合は，残高数量を実際数量に一致させ，減耗額を棚卸減耗損として処理する。
素材A帳簿残高　550個　@¥700　¥385,000
素材A実際残高　530個　@¥700　¥371,000
差額 → 棚卸減耗損¥14,000

❹ 仕掛品　¥1,950,000＝(1,900時間＋700時間)×@¥750
製造間接費　¥225,000＝300時間×@¥750

❺ 単純総合原価計算では，製品の製造に要した消費高は仕掛品勘定の借方に振替記入する。

❻ 月割額を計算する。
¥710,000＝¥4,260,000÷6か月

❼ 外注加工賃(仕掛品勘定)　¥340,000＝¥360,000＋¥30,000－¥50,000
修繕料(製造間接費勘定)　¥122,000＝¥110,000－¥9,000＋¥21,000

❽ 単純総合原価計算制度を採用 → 消費高はすべて仕掛品勘定となる。
¥300,000＝¥3,600,000÷12か月

●ポイント

a．総平均法は，素材の月初棚卸高と当月仕入高の合計を月初棚卸数量と当月仕入数量の合計で除して消費単価の算出をする。

b．移動平均法は，異なった価格の材料を受け入れるつど，平均単価を計算する方法である。計算方法を確認すること。

c．材料は，保管中または受け渡しのさい，破損・滅失することがある。これを棚卸減耗という。
　帳簿有高－実際有高＝棚卸減耗高
　材料元帳の残高欄の数量と単価，実地棚卸数量と単価の差額から棚卸減耗損を算出する。払出欄の金額を帳簿有高の金額と間違えないようにすること。

d．予定賃率による消費高（予定消費高）を消費賃金勘定の貸方と仕掛品勘定・製造間接費勘定の借方に記入するが，製造指図書番号があるものとないものによって区別することに注意する。

e．単純総合原価計算であるので，製造直接費と製造間接費に分ける必要はない。仕訳をする場合は必ず原価計算の方法を確認すること。

f．従業員賞与は，会計期間の支払予定額の月割額がその月の消費高となる。

g．経費の消費高計算は，支払高に加減(前月前払は＋，前月未払は－，当月前払は－，当月未払は＋)して算出する。なお，外注加工賃は直接費となるので，仕掛品勘定となる。

h．単純総合原価計算制度を採用している場合，個々の製品ごとに集計しないので，直接費・間接費の区別がなく，消費高はすべて仕掛品勘定とする。

■直前整理――材料費・労務費・経費の仕訳――

1．材料消費高（予定価格法）の仕訳

●材料を予定価格で消費した。

（借）	仕　掛　品	××××	（貸）	消費材料	××××
	製造間接費	××			

└→材料勘定で処理する場合もある。

●実際価格による消費高を計上した。

（借）	消費材料	××××	（貸）	素　　材	××××

●素材の消費高について，予定価格による消費高と実際価格による消費高との差額を材料消費価格差異勘定に振り替えた。（予定消費高＜実際消費高の場合）

（借）	材料消費価格差異	×××	（貸）	消費材料	×××

※材料消費価格差異勘定の残高は会計期末に，原則として売上原価勘定に振り替える。

2．材料消費単価の計算方法（移動平均法）

$$消費単価 = \frac{直前の残高金額＋新規の受入額}{直前の残高数量＋新規の受入数量}$$

3．棚卸減耗の仕訳

●原価計算期末における素材の材料元帳の帳簿棚卸高と実地棚卸高によって，素材勘定を修正した。（帳簿棚卸高＞実地棚卸高の場合）

（借）	棚卸減耗損	×××	（貸）	素　　材	×××

4．賃金消費高（予定価格法）の仕訳

●予定賃率を用いて賃金消費高を計算した。

（借）	仕　掛　品	×××	（貸）	消費賃金	××××
	製造間接費	×××			

└→賃金勘定で処理する場合もある。

●賃金の実際消費高を計上した。

（借）	消費賃金	××××	（貸）	賃　　金	××××

●予定賃率による消費高と実際消費高との差額を賃率差異勘定に振り替えた。（予定消費高＜実際消費高の場合）

（借）	賃率差異	×××	（貸）	消費賃金	×××

※賃率差異勘定の残高は会計期末に，原則として売上原価勘定に振り替える。

5．賃金の支払いの仕訳

（借）	賃　　金	×××	（貸）	所得税預り金	××
	従業員賞与手当	××		健康保険料預り金	××
				当座預金	×××

6．経費の分類と仕訳

●経費の分類

①支払経費　原則として，その月の支払高を消費高とする経費。
（外注加工賃，厚生費，修繕料，旅費交通費など）

②月割経費　１年または一会計期間で計算されたものを，月割計算した額を消費高とする経費。
（特許権使用料，減価償却費，保険料，棚卸減耗損など）

③測定経費　計量器などで測定した額を消費高とする経費。
（電力料，ガス代，水道料など）

※外注加工賃と特許権使用料は，直接経費であることに注意する。

●経費の仕訳

（借）	仕　掛　品	×××	（貸）	外注加工賃	××
	製造間接費	××		保　険　料	××
				電　力　料	××

2

	借方		貸方		
a	A組仕掛品 B組仕掛品	210,000 330,000	組間接費	540,000	❶
b	第1製造部門費 第2製造部門費	615,000 336,000	動力部門費 工場事務部門費	588,000 363,000	❷
c	消費材料	10,000	材料消費価格差異	10,000	❸
d	製造間接費配賦差異	72,000	売上原価	72,000	❹
e	製品 第2工程仕掛品 第1工程半製品	2,856,000 1,589,000 1,478,000	第2工程仕掛品 第1工程半製品 第1工程仕掛品	2,856,000 1,589,000 1,478,000	❺
f	1級製品 2級製品	1,440,000 1,280,000	仕掛品	2,720,000	❻
g	製品 売上原価	2,080,000 1,040,000	第2工程仕掛品 製品	2,080,000 1,040,000	❼
h	売掛金 売上原価	8,500,000 3,900,000	売上 製品	8,500,000 3,900,000	❽
i	売掛金 売上原価	1,151,000 835,000	売上 A組製品 B組製品	1,151,000 289,000 546,000	❾

解説

❶ A組　$¥210,000 = ¥540,000 \times \frac{700時間}{700時間 + 1,100時間}$

B組　$¥330,000 = ¥540,000 \times \frac{1,100時間}{700時間 + 1,100時間}$

❷ 動力部門費　第1部門　$¥384,000 = ¥588,000 \times \frac{8\,kW \times 400時間}{8\,kW \times 400時間 + 5\,kW \times 340時間}$

第2部門　$¥204,000 = ¥588,000 \times \frac{5\,kW \times 340時間}{8\,kW \times 400時間 + 5\,kW \times 340時間}$

工場事務部門費　第1部門　$¥231,000 = ¥363,000 \times \frac{7人}{7人 + 4人}$

第2部門　$¥132,000 = ¥363,000 \times \frac{4人}{7人 + 4人}$

❸ 予定価格法による記帳方法

❹ 製造間接費配賦差異の計算

＋¥34,000(有利・貸方差異)＝予定配賦額¥1,396,000－実際発生額¥1,362,000

売上原価　¥72,000＝¥38,000(貸方残高)＋¥34,000(貸方)

❺ 最終工程の完成品は製品勘定，倉庫に保管した場合は第○工程半製品勘定（○は工程の番号），倉庫から出した第1工程の完成品は第2工程仕掛品勘定。

❻

	重量	等価係数	完成品数量	積数	等級別製造原価	製品単価
1級製品	180 g	3	3,000個	9,000	1,440,000	¥480
2級製品	120 〃	2	4,000 〃	8,000	1,280,000	〃 320
				17,000	2,720,000	

❼ 最終工程の完成品は，第2工程仕掛品勘定から製品勘定へ振り替える。

売上原価の計上分　¥1,040,000＝400個×@¥2,600

❽ 組別や等級別総合原価計算制度ではないので，勘定科目上X製品とY製品に区別する必要はない。

❾ 組別総合原価計算制度を採用しているので，製品・仕掛品勘定ともA組とB組に分ける。

●ポイント

a．製造間接費の実際配賦は原価の計算が遅れ，操業度の変動により配賦率が変わってしまうなどの欠点があるので，予定配賦にておこなわれている。

b．補助部門費を各製造部門に配賦する方法には直接配賦法や相互配賦法などがあるが，本問では部門費振替表を作成するなどして直接配賦する。

c．予定価格による消費高の計算は，
¥400×500個＝*¥200,000*
実際価格による消費高の計算は，
¥380×500個＝*¥190,000*
→差額*¥10,000*が材料消費価格差異

d．

製造間接費

借方		貸方	
実際発生額	*1,362,000*	予定配賦額	*1,396,000*
配賦差異	*34,000*		

製造間接費配賦差異

借方		貸方	
当月残高	*72,000*	前月繰越	*38,000*
		当月分	*34,000*

売上原価勘定へ

e．工程別総合原価計算は，最終工程の完成品のみ製品勘定となり，前工程の完成品は次の工程に振り替える仕訳をおこなう。ただし，倉庫に保管する半製品は，第○工程半製品勘定（○は工程の番号）を使用する。

f．等級別総合原価計算の特徴は，等価係数という比率と完成品数量の積数を求め，製造原価をその積数の比であん分して各等級製品を求めることにある。

g．最終工程で製品が完成した内容と販売した内容の２つが出題されている点を理解する。ただし，売上処理がなされているので，売上原価に関する仕訳のみとなる。

h．個別原価計算と組別総合原価計算とを混同しないように注意する。X製品・Y製品とも製品勘定となる。

i．組別総合原価計算による場合，売上原価を計上するとき，A組とB組の別々の製品勘定（A組製品，B組製品）に区別する。

■直前整理――原価の部門別計算ほかの仕訳(1)――

1．部門別計算の意味と仕訳パターン

a．部門別計算の意味

大規模な製造業では，原価の発生を発生場所別に計算する。この計算方法を部門別計算の３つの計算段階という。

① 製造間接費の各部門への集計
　発生した製造間接費を部門個別費と部門共通費に分けて各部門に集計する。

② 補助部門費の製造部門への配賦
　補助部門費は，製造部門が補助部門からの用役を利用した程度に応じて製造部門に配賦する。

③ 製造部門費の製品への配賦
　製造部門ごとに集計された製造間接費を，適当な配賦基準を設けて各製品に配賦する。

b．仕訳パターン

	借方		貸方		
①（借）	第1製造部門費	×××	（貸）製造間接費	×××	部門費配分表
	第2製造部門費	××			
	A補助部門費	××			
	B補助部門費	××			
②（借）	第1製造部門費	××	（貸）A補助部門費	××	部門費振替表
	第2製造部門費	××	B補助部門費	××	
③（借）	仕掛品	××	（貸）第1製造部門費	××	
			第2製造部門費	××	

2．等級別総合原価計算・工程別総合原価計算・組別総合原価計算の仕訳パターン

a．等級別総合原価計算

	借方		貸方		
①（借）	1級製品	××	（貸）仕掛品	××	等級別総合原価計算表
	2級製品	××			
	3級製品	××			
②（借）	売掛金	××	（貸）売上	××	
	売上原価	××	1級製品	××	
			2級製品	××	
			3級製品	××	

b．工程別総合原価計算

	借方		貸方		
①（借）	第1工程仕掛品	××	（貸）素材	××	
	第2工程仕掛品	××			
②（借）	第1工程半製品	××	（貸）第1工程仕掛品	××	
	第2工程仕掛品	××	第1工程半製品	××	
③（借）	製品	××	（貸）第2工程仕掛品	××	―工程別総合原価計算表
④（借）	売掛金	××	（貸）売上	××	
	売上原価	××	製品	××	

c．組別総合原価計算

	借方		貸方		
①（借）	A組仕掛品	××	（貸）素材	××	
	B組仕掛品	××			
②（借）	A組製品	××	（貸）A組仕掛品	××	組別総合原価計算表
	B組製品	××	B組仕掛品	××	
③（借）	売掛金	××	（貸）売上	××	
	売上原価	××	A組製品	××	
			B組製品	××	

3

	借方		貸方		
a	作業くず	27,000	仕掛品	27,000	❶
b	仕損品 仕損費	70,000 310,000	仕掛品	380,000	❷
c	作業くず	60,000	製造間接費	60,000	❸
d	仕損費	9,000	素材 賃金	5,000 4,000	❹
e	売上 工場	30,000 16,000	売掛金 売上原価	30,000 16,000	❺
f	健康保険料預り金 工場 健康保険料	430,000 190,000 240,000	当座預金	860,000	❻
g	売上原価	500,000	工場	500,000	❼
h	賃金	859,000	本社	859,000	❽

解説

❶ 作業くずの発生額が各製造指図書ごとに区別して計算できる場合は，作業くずが発生した製造指図書の製造原価から差し引く。したがって，貸方の勘定科目は仕掛品となる。

❷ 仕損費は，旧製造指図書に集計された原価 ¥380,000 − 仕損品評価額 ¥70,000 = ¥310,000となる。

❸ 作業くずの発生が，製造指図書別に区別できないため，作業くずの評価額は製造間接費から差し引く。

❹ 補修費用は，仕損費勘定（費用）に計上する。

❺ 販売時（借）売掛金 900,000　（貸）売上 900,000
　　　　　売上原価 480,000　　　工場 480,000

販売数量600個のうち，20個の返品のため，
売価　@¥1,500×20個＝¥30,000
原価　@¥　800×20個＝¥16,000　の逆仕訳をおこなう。

❻ 従業員負担分 → ¥860,000÷2＝¥430,000（健康保険料預り金勘定）
事業主負担分 → ¥860,000÷2＝¥430,000 → ¥190,000（工場勘定）
　　　　　　　　　　　　　　　　　　→ ¥240,000（健康保険料勘定）

❼［工場の仕訳］（借）本社 500,000　（貸）製品 500,000
❽［本社の仕訳］（借）工場 859,000　（貸）現金 781,000
　　　　　　　　　　　　　　　　　　所得税預り金 78,000

●ポイント

b．仕損費は，旧製造指図書に集計された原価から仕損品評価額を差し引いた金額になることに注意する。

c．作業くずの発生が，各製造指図書ごとに区別できない場合，評価額を製造間接費より差し引く。

d．仕損品となったものを補修した場合，補修指図書に集計した製造原価は，仕損費として処理する。

e．本社の仕訳において，工場との貸借関係を処理する勘定(製品など)については，工場勘定を用いる。また，売上および売上原価を計上した場合，返品では逆仕訳を行い返品分の相殺をおこなう。

f．健康保険料は従業員負担分と事業主負担分を合計して支払うが，事業主負担分は消費高となるので製造間接費として処理されている。

g．h．本社の一般元帳と工場の工場元帳の関係

〈本社の一般元帳〉

工場（借）	工場（貸）
工場に対する ・債権の増加 ・債務の減少	工場に対する ・債権の減少 ・債務の増加

〈工場の工場元帳〉

本社（借）	本社（貸）
本社に対する ・債権の増加 ・債務の減少	本社に対する ・債権の減少 ・債務の増加

■直前整理――原価の部門別計算ほかの仕訳(2)――

1．仕損品，作業くずの処理の仕訳パターン

① 仕損品に対して，補修指図書を発行して補修した。素材と賃金を消費したものとする。

（借）仕　損　費	××	（貸）素　　材	××
		賃　　金	××

（仕損費）→補修指図書に集計された製造原価

② 製品の仕損じについて，新たに製造指図書を発行し，代品を製造した。仕損品に対しては，評価額があるものとする。

（借）仕　損　品	×××	（貸）仕　掛　品	×××
仕　損　費	×××→旧製造指図書に集計された製造原価		

③ 作業くずが発生し，製造指図書の製造原価から差し引いた。

（借）作　業　く　ず	×××	（貸）仕　掛　品	×××

2．工程別原価計算の仕訳パターン

① 第1工程完成品をすべて第2工程に引き渡した。

（借）第2工程仕掛品	×××	（貸）第1工程仕掛品	×××

② 第1工程完成品を倉庫に保管した。

（借）第1工程半製品	×××	（貸）第1工程仕掛品	×××

③ 倉庫に保管してあった第1工程の完成品を第2工程に引き渡した。

（借）第2工程仕掛品	×××	（貸）第1工程半製品	×××

3．本社，工場の取引の仕訳パターン

① 本社は工場の電力料を小切手を振り出して支払い，工場は通知を受けた。（工場の仕訳）

（借）電　力　料	×××	（貸）本　　社	×××

② 工場は本社に購入を依頼していた買入部品の送付を受けた。（工場の仕訳）

（借）買　入　部　品	×××	（貸）本　　社	×××

③ 本社は決算にあたり，本社の建物に対する減価償却額，工場の建物に対する減価償却額を計上した。（本社の仕訳）

（借）工　　場	××	（貸）建物減価償却累計額	××
減価償却費	××		

④ 工場は製品を得意先に発送し，売上高（掛け）および売上原価を計上した。

（本社の仕訳）

（借）売　掛　金	××	（貸）売　　上	××
売上原価	××	工　　場	××

本社と工場間でおこなわれる取引によって生じた貸借関係を処理するための本社勘定と工場勘定の関係は，支店会計の独立の場合の本店勘定と支店勘定の関係と同様に考える。

1級原価計算模擬試験問題　第 1 回

1

@3点×12=36点

(1)

a	¥	15,000,000	❶
b		2,000　個	❷
c		5　%	❸

(2)

ア	¥	786,000	❹
イ	¥	6,099,000	❺
ウ	¥	2,045,000	❻

(3)

ア	イ
1	3

❼

(4)

完成品単価	¥	2,300	❽

(5)

a	月末仕掛品の標準原価	¥	1,608,000	❾
b	作業時間差異	¥	60,000(有利)	❿
c	操業度差異	¥	48,000(不利)	⓫

解説

(1)

❶ 営業利益＝売上高(¥10,000×4,500個)－変動費(¥4,000×4,500個)－固定費
¥15,000,000＝¥45,000,000－¥18,000,000－¥12,000,000
貢献利益率　0.6＝貢献利益¥27,000,000÷売上高¥45,000,000

❷ 損益分岐点の販売数量
2,000個＝損益分岐点の売上高¥20,000,000*÷販売単価@¥10,000
＊¥20,000,000＝固定費¥12,000,000÷貢献利益率0.6

❸ 販売数量および販売単価は当月と変わらない場合，目標営業利益¥14,700,000を達成するには，固定費を 5 %減らす必要がある。
0.05＝(固定費¥12,000,000－修正後の固定費¥11,400,000*)÷固定費¥12,000,000
《0.05＝1－(修正後の固定費¥11,400,000÷固定費¥12,000,000)　でもよい。》
＊変動費¥4,200に修正後の固定費＝売上高－変動費－目標営業利益
¥11,400,000＝(¥10,000×4,500個)－(¥4,200×4,500個)－¥14,700,000

●ポイント

直接原価計算による損益計算書

損益計算書

Ⅰ 売上高	45,000,000×0.6	20,000,000	45,000,000
Ⅱ 変動費	18,000,000		18,900,000
貢献利益	27,000,000	12,000,000÷0.6	26,100,000
Ⅲ 固定費	12,000,000	12,000,000	11,400,000*(修正後の固定費)
営業利益	15,000,000❶	0	14,700,000
		損益分岐点	目標営業利益

¥20,000,000÷@¥10,000(販売単価)＝2,000個 ❷

(2)

❹ 製造間接費勘定の減価償却費＝製造原価報告書の経費－外注加工賃－電力料－雑費
¥786,000＝¥1,750,000－¥580,000－¥330,000－¥54,000

❺ 製造原価報告書の当期製品製造原価＝当期製造費用*1＋期首仕掛品棚卸高
－期末仕掛品棚卸高
¥6,099,000＝¥6,166,000＋¥285,000－¥352,000
＊1　当期製造費用＝素材＋仕掛品勘定の賃金*2＋外注加工賃＋製造間接費
¥6,166,000＝¥1,860,000＋¥1,070,000＋¥580,000＋¥2,656,000
または，材料費（¥1,860,000＋¥296,000)＋労務費（¥2,260,000)
＋経費（¥1,750,000)
＊2　仕掛品勘定の賃金＝製造原価報告書の労務費－製造間接費勘定の賃金－給料
¥1,070,000＝¥2,260,000－¥520,000－¥670,000

❻ 損益計算書の売上総利益＝売上高－売上原価*3
¥2,045,000＝¥8,260,000－¥6,215,000
＊3　売上原価＝製品勘定合計金額－期末製品棚卸高（貸借対照表残高）
¥6,215,000＝¥6,895,000－¥680,000

●ポイント

仕　掛　品

期首仕掛品 285,000	当期製品製造原価 ❺(イ)(6,099,000)
素　材 1,860,000	
賃　金＊2 (1,070,000)	
外注加工賃 580,000	
製造間接費 2,656,000	期末仕掛品 352,000

製　品

期首製品 796,000	売上原価へ ＊3 (6,215,000)
当期製品製造原価 (6,099,000)	期末製品 680,000

（合計6,895,000）

売上原価

製品より 6,215,000	損益へ 6,215,000

損　益

売上原価 6,215,000	売上高 8,260,000
売上総利益 ❻(ウ)2,045,000	

製造間接費

工場消耗品 296,000	仕掛品へ 2,656,000
賃　金 520,000	
給　料 670,000	
減価償却費❹(ア) (786,000)	
電力料 330,000	
雑　費 54,000	

(3)

❼ 減損が製造工程の始点（製造着手のとき）または途中の段階で発生した場合は，完成品と月末仕掛品の両方に減損費を負担させる。

(4) 正常減損が製造工程の終点で発生しているため，正常減損費は完成品がすべて負担する。よって，正常減損は完成品に含めて計算する。

❽ 完成品単価￥2,300＝完成品原価￥10,350,000[*1]÷完成品数量4,500kg

＊1　完成品原価＝月初仕掛品原価＋当月製造費用－月末仕掛品原価[*2]

￥10,350,000＝(￥365,000＋￥420,000)＋(￥3,535,000＋￥7,020,000)－￥990,000

＊2　月末仕掛品原価￥990,000＝素材費￥450,000＋加工費￥540,000

素材費（平均法）＝(月初素材費＋当月素材費)×$\dfrac{\text{月末仕掛品数量}}{\text{完成品数量＋正常減損＋月末仕掛品数量}}$

￥450,000＝(￥365,000＋￥3,535,000)×$\dfrac{600\text{kg}}{4{,}500\text{kg}+100\text{kg}+600\text{kg}}$

加工費（平均法）＝(月初加工費＋当月加工費)×$\dfrac{\text{月末仕掛品完成品換算数量}}{\text{完成品数量＋正常減損＋月末仕掛品完成品換算数量}}$

￥540,000＝(￥420,000＋￥7,020,000)×$\dfrac{600\text{kg}\times 0.6}{4{,}500\text{kg}+100\text{kg}+600\text{kg}\times 0.6}$

●ポイント

仕掛品（素材費）

月初仕掛品 365,000	完成品 4,500kg
当月素材費 3,535,000	正常減損 100kg
	月末仕掛品 600kg (450,000)

仕掛品（加工費）

月初仕掛品 420,000	完成品 4,500kg
当月加工費 7,020,000	正常減損 100kg
	月末仕掛品 600kg×0.6 (540,000)

(5)

❾ 月末仕掛品の標準原価＝直接材料費標準原価＋直接労務費標準原価＋製造間接費標準原価

￥1,608,000＝￥3,200×300個＋￥3,000×300個×0.4＋￥2,400×300個×0.4

❿ 作業時間差異＝(標準直接作業時間－実際直接作業時間)×標準賃率

＋￥60,000(有利)＝(5,160時間－5,100時間)×￥1,000

⓫ 操業度差異＝(実際操業度－基準操業度)×固定費率[*]

－￥48,000(不利)＝(5,100時間－5,200時間)×￥480

＊固定費率@￥480＝固定費予算額￥2,496,000÷基準操業度5,200時間

●ポイント

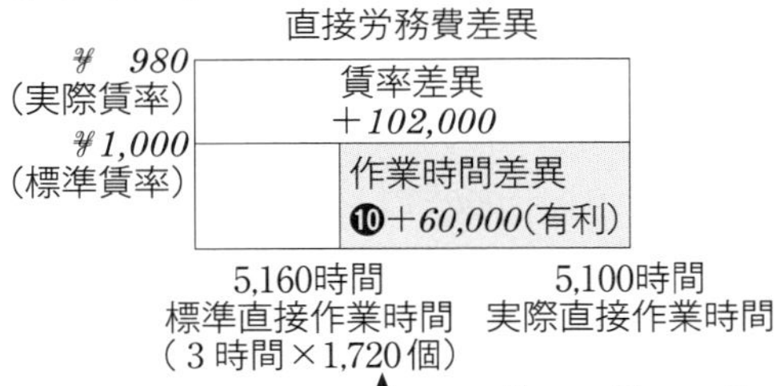

仕　掛　品

月初仕掛品 400個 (400個×0.5)	完成品 1,800個
当月投入量 1,700個 (1,720個)	月末仕掛品 300個 (300個×0.4)

300個 × ￥3,200＝￥　960,000
(300個×0.4) × ￥3,000＝￥　360,000
　　　　　　　 ￥2,400＝￥　288,000
（月末仕掛品の標準原価）￥1,608,000❾

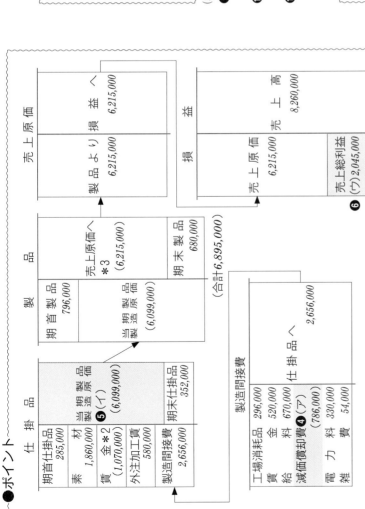

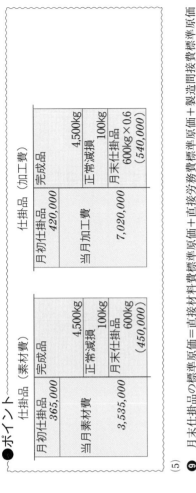

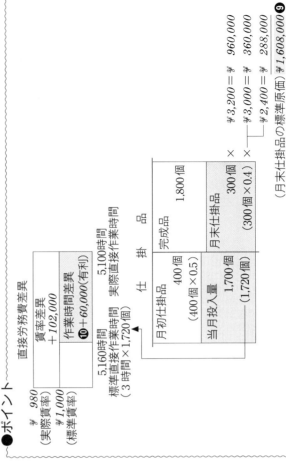

2

●印@４点×５＝20点

(1)

工程別総合原価計算表

令和○年/月分

摘要	第/工程	第2工程
工程個別費　素材費	1,425,000	――――
前工程費	――――	❸ 2,464,000
労務費	1,068,000	861,200
経費	295,000	250,000
部門共通費配賦額	125,000	112,000
補助部門費配賦額	❶ 132,000	❶● 88,000
当月製造費用	3,045,000	3,775,200
月初仕掛品原価	515,000	694,800
計	3,560,000	4,470,000
月末仕掛品原価	❷● 460,000	195,000
工程完成品原価	3,100,000	● 4,275,000
工程完成品数量	2,000個	1,900個
工程単価	￥ 1,550	￥ 2,250

(2)

第2工程の月末仕掛品原価に含まれる前工程費	￥ 150,000 ❹●

(3)

第/工程半製品

前月繰越	750,000	第2工程仕掛品	2,464,000
(第１工程仕掛品)(	3,100,000)	売上原価 (	616,000)
		次月繰越 (	770,000) ●
(	3,850,000)	(	3,850,000)

解説

❶ 補助部門費から各製造部門への配賦額

補助部門費　￥220,000＝￥113,000(労務費)＋￥47,000(経費)＋￥60,000(部門共通費)

第１工程　￥132,000＝補助部門費￥220,000×0.6

第２工程　￥ 88,000＝補助部門費￥220,000×0.4

❷ 第１工程月末仕掛品原価　￥460,000＝素材費￥300,000＋加工費￥160,000(平均法)

$$\text{素材費}=(\text{月初素材費}+\text{当月素材費})\times\frac{\text{月末仕掛品数量}}{\text{完成品数量}+\text{月末仕掛品数量}}$$

$$￥300{,}000=(￥375{,}000+￥1{,}425{,}000)\times\frac{400\text{個}}{2{,}000\text{個}+400\text{個}}$$

$$\text{加工費}=(\text{月初加工費}+\text{当月加工費}^{*})\times\frac{\text{月末仕掛品完成品換算数量}}{\text{完成品数量}+\text{月末仕掛品完成品換算数量}}$$

$$￥160{,}000=(￥140{,}000+￥1{,}620{,}000)\times\frac{400\text{個}\times0.5}{2{,}000\text{個}+400\text{個}\times0.5}$$

＊￥1,620,000＝￥1,068,000(労務費)＋￥295,000(経費)＋￥125,000(共通費)
＋￥132,000(補助)

❸ 第１工程完成品のうち￥2,464,000は第２工程仕掛品勘定へ投入された。

❹ 第２工程月末仕掛品原価　￥195,000＝前工程費￥150,000＋加工費￥45,000（平均法）

$$\text{前工程費}=(\text{月初前工程費}+\text{当月前工程費})\times\frac{\text{月末仕掛品数量}}{\text{完成品数量}+\text{月末仕掛品数量}}$$

$$￥150{,}000=(￥536{,}000+￥2{,}464{,}000)\times\frac{100\text{個}}{1{,}900\text{個}+100\text{個}}$$

●ポイント

第１工程半製品

月初仕掛品 750,000	第２工程仕掛品へ 2,464,000 (@￥1,540×1,600個)
第１工程仕掛品より 3,100,000	売上原価へ 616,000 (@￥1,540×400個)
	月末仕掛品 770,000

第２工程仕掛品(前工程費)

月初仕掛品 536,000	完成品 1,900個
当月製造費用 2,464,000	月末仕掛品 100個 (❹150,000)

第２工程仕掛品(加工費)

月初仕掛品 158,800	完成品 1,900個
当月製造費用 1,311,200	月末仕掛品 100個×0.6 (45,000)

3

●印@3点×8＝24点

(1)

	借方		貸方		
7月31日⑨	消費賃金	25,000	賃率差異	25,000	❽●

(2)

仕掛品

	日付	摘要	金額	日付	摘要	金額	
	7/1	前月繰越	2,820,000	7/26	製品	4,920,000	❷
❶●	14	素材	997,500	31	次月繰越	2,791,500	
❹	31	消費賃金	2,750,000				
❺	〃	諸口	1,144,000				
			7,711,500			7,711,500	

製造間接費

	日付	摘要	金額	日付	摘要	金額
❸	7/31	工場消耗品	180,000	7/31	諸口	1,152,000
❹●	〃	消費賃金	375,000			
	〃	健康保険料	147,000			
	〃	諸口	450,000			
			1,152,000			1,152,000

製造部門費配賦差異

	日付	摘要	金額	日付	摘要	金額	
❾●	7/31	第1製造部門費	3,000	7/1	前月繰越	7,000	
❿	〃	第2製造部門費	5,000	31	次月繰越	1,000	●
			8,000			8,000	

(3)

部門費振替表

相互配賦法　　令和○年7月分

部門費	配賦基準	金額	製造部門		補助部門		
			第1部門	第2部門	動力部門	修繕部門	
部門費合計		1,152,000	471,250	394,750	146,000	140,000	
動力部門費	kW数×運転時間数	146,000	80,000	60,000	――	6,000	❻
修繕部門費	修繕回数	140,000	70,000	42,000	28,000	――	
第1次配賦額		286,000	150,000	102,000	28,000	6,000	
動力部門費	kW数×運転時間数	28,000	16,000	12,000			
修繕部門費	修繕回数	6,000	3,750	2,250			❼
第2次配賦額		34,000	19,750	14,250			
製造部門費合計		1,152,000	641,000	● 511,000			

(4)

製造指図書#1　　原価計算表

直接材料費	直接労務費	製造間接費				集計		
		部門	時間	配賦率	金額	摘要	金額	
2,130,000	545,000	第1	250	580	145,000	直接材料費	2,130,000	
	❹● 1,500,000	第1	400	❺ 580	232,000	直接労務費	2,045,000	
	2,045,000	第2	800	❺ 460	368,000	製造間接費	745,000	
					745,000	製造原価	4,920,000	❷
						完成品数量	60個	
						製品単価	¥ 82,000	●

〈取引の仕訳〉

日付		借方	金額	貸方	金額	
7月8日		(借)素材	1,320,000	(貸)買掛金	1,504,500	
		工場消耗品	184,500			
14日		(借)仕掛品	997,500	(貸)素材	997,500	❶
25日		(借)賃金	2,740,000	(貸)所得税預り金	246,000	
				健康保険料預り金	147,000	
				当座預金	2,347,000	
26日		(借)製品	4,920,000	(貸)仕掛品	4,920,000	❷
31日	①	(借)製造間接費	180,000	(貸)工場消耗品	180,000	❸
	②	(借)仕掛品	2,750,000	(貸)消費賃金	3,125,000	❹
		製造間接費	375,000			
	③	(借)仕掛品	1,144,000	(貸)第1製造部門費	638,000	❺
				第2製造部門費	506,000	
	④	(借)製造間接費	147,000	(貸)健康保険料	147,000	
	⑤	(借)製造間接費	450,000	(貸)電力料	134,000	
				保険料	78,000	
				減価償却費	238,000	
	⑥	(借)第1製造部門費	471,250	(貸)製造間接費	1,152,000	
		第2製造部門費	394,750			
		動力部門費	146,000			
		修繕部門費	140,000			
	⑦	(借)第1製造部門費	169,750	(貸)動力部門費	146,000	❻
		第2製造部門費	116,250	修繕部門費	140,000	❼
	⑧	(借)消費賃金	3,100,000	(貸)賃金	3,100,000	
	⑨	(借)消費賃金	25,000	(貸)賃率差異	25,000	❽
	⑩	(借)製造部門費配賦差異	3,000	(貸)第1製造部門費	3,000	❾
	⑪	(借)製造部門費配賦差異	5,000	(貸)第2製造部門費	5,000	❿

解説

❶ 14日　素材消費高（先入先出法）

消費数量　600個 ─┬─ 前月繰越分より　@￥1,680×250個＝￥420,000
　　　　　　　　 └─ 7/8仕入分より　@￥1,650×350個＝￥577,500
　　　　　　　　　　　　　　　　　　　　　　　600個　￥997,500（消費高）

❷ 26日　A製品の製造原価（製造指図書＃1の原価計算表の製造原価を仕訳に使用する）

❸ 31日①　工場消耗品消費高（棚卸計算法）

消費数量　2,000個＝前月繰越300個＋8日仕入数量2,050個－月末棚卸数量350個

工場消耗品消費高　￥180,000＝@￥90×2,000個

❹ 31日②　賃金予定消費高＝1時間あたりの予定賃率@￥1,250×作業時間

消費賃金勘定　￥3,125,000

製造指図書＃1　@￥1,250×1,200時間＝￥1,500,000 ┐
製造指図書＃2　@￥1,250×1,000時間＝￥1,250,000 ┘ ￥2,750,000（仕掛品勘定）
間　接　作　業　@￥1,250×　300時間＝￥　375,000（製造間接費勘定）

❺ 31日③　各製造部門費予定配賦額の計算（ただし書きiv参照）

第1製造部門費予定配賦率　$@￥580=\frac{\text{年間製造間接費予定額￥7,540,000}}{\text{年間予定直接作業時間13,000時間}}$

第2製造部門費予定配賦率　$@￥460=\frac{\text{年間製造間接費予定額￥5,704,000}}{\text{年間予定直接作業時間12,400時間}}$

第1製造部門費予定配賦額　@￥580×（400時間＋700時間）＝￥638,000 ┐
第2製造部門費予定配賦額　@￥460×（800時間＋300時間）＝￥506,000 ┘ ￥1,144,000（仕掛品勘定）

❻ 31日⑦-⑴　補助部門費から各製造部門への第1次配賦（補助部門へも配賦する）

※動力部門費￥146,000の第1次配賦（修繕部門費も同様に計算する）

第1製造部門費　$￥80,000=￥146,000\times\frac{(50kW\times800\text{時間})}{(50kW\times800\text{時間})+(60kW\times500\text{時間})+(15kW\times200\text{時間})}$

第2製造部門費　$￥60,000=￥146,000\times\frac{(60kW\times500\text{時間})}{(50kW\times800\text{時間})+(60kW\times500\text{時間})+(15kW\times200\text{時間})}$

修繕部門費　$￥\ 6,000=￥146,000\times\frac{(15kW\times200\text{時間})}{(50kW\times800\text{時間})+(60kW\times500\text{時間})+(15kW\times200\text{時間})}$

❼ 31日⑦-⑵　補助部門費から各製造部門への第2次配賦（補助部門へは配賦しない）

※修繕部門費￥6,000の第2次配賦（動力部門費も同様に計算する）

第1製造部門費　$￥3,750=￥6,000\times\frac{5\text{回}}{5\text{回}+3\text{回}}$

第2製造部門費　$￥2,250=￥6,000\times\frac{3\text{回}}{5\text{回}+3\text{回}}$

❽ 31日⑨　賃率差異￥25,000＝31日②予定消費高￥3,125,000－31日⑧実際消費高￥3,100,000（貸方差異）

❾ 31日⑩　第1製造部門費配賦差異＝31日③予定配賦額－部門費振替表の第1製造部門費合計
－￥3,000（借方差異）＝￥638,000－￥641,000

❿ 31日⑪　第2製造部門費配賦差異＝31日③予定配賦額－部門費振替表の第2製造部門費合計
－￥5,000（借方差異）＝￥506,000－￥511,000

●ポイント

❶ 素材

前月繰越高	14日消費高
250個（@￥1,680）	→ 250個 ×@￥1,680＝￥420,000
8日仕入高 800個（@￥1,650）	→ 350個 ×@￥1,650＝￥577,500
	￥997,500（仕掛品）

❸ 工場消耗品

前月繰越高 300個	消費高 2,000個 ×@￥90＝￥180,000（製造間接費）
8日仕入高 2,050個	月末棚卸高 350個

❻ 動力部門費の第1次配賦（配賦基準による配分図）（￥146,000）

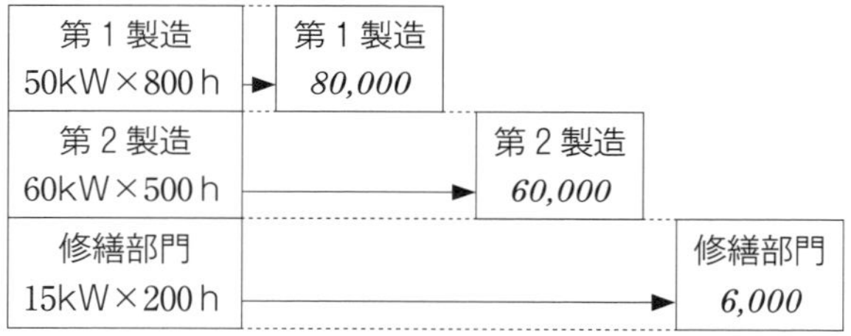

❽ 賃率差異

	消費賃金より 25,000

消費賃金

実際消費高 3,100,000	予定消費高 3,125,000
賃率差異 25,000	

❾ 第1製造部門費

実際配賦額	予定配賦額
471,250	638,000
150,000	
19,750	配賦差異 3,000

❿ 第2製造部門費

実際配賦額	予定配賦額
394,750	506,000
102,000	
14,250	配賦差異 5,000

製造部門費配賦差異

第1製造部門費❾3,000	
第2製造部門費❿5,000	

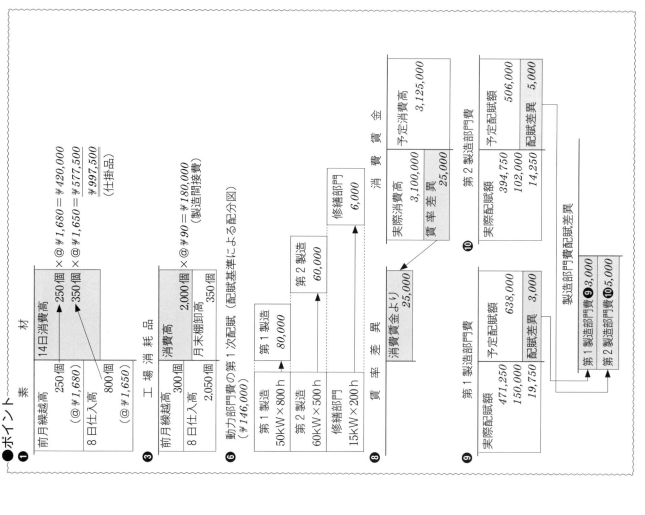

4

@4点×5＝20点

	借方		貸方		
a	材料消費価格差異	*66,000*	消費材料	*66,000*	❶
b	A組仕掛品 B組仕掛品	*1,560,000* *1,040,000*	組間接費	*2,600,000*	❷
c	第2工程仕掛品 製品	*2,900,000* *5,130,000*	第1工程仕掛品 第2工程仕掛品	*2,900,000* *5,130,000*	❸
d	売掛金 売上原価	*5,120,000* *3,260,000*	売上 工場	*5,120,000* *3,260,000*	❹
e	製品 副産物	*2,585,000* *275,000*	仕掛品	*2,860,000*	❺

解説

❶ 素材勘定の貸方に予定消費高を記入して，その後，実際消費高との差異を求める。

材料消費価格差異　−¥*66,000*(借方)＝予定消費高¥*1,870,000*[*1]−実際消費高¥*1,936,000*[*2]

＊1　予定消費高¥*1,870,000*＝予定消費単価@¥*850*×当月消費数量2,200個

＊2　実際消費高¥*1,936,000*＝消費単価@¥*880*[*3]×当月消費数量2,200個

＊3　消費単価@¥*880*（総平均法）＝$\dfrac{\text{前月繰越高¥312,000＋当月仕入高¥1,800,000}}{\text{前月繰越数量400個＋仕入数量2,000個}}$

❷ A組の組間接費＝組間接費×$\dfrac{\text{A組直接費}}{\text{A組直接費＋B組直接費}}$

¥*1,560,000*＝(¥*330,000*＋¥*420,000*＋¥*1,850,000*)×$\dfrac{(¥2,130,000＋¥4,120,000＋¥1,250,000)}{(¥2,130,000＋¥4,120,000＋¥1,250,000)＋(¥1,240,000＋¥2,610,000＋¥1,150,000)}$

B組の組間接費＝組間接費×$\dfrac{\text{B組直接費}}{\text{A組直接費＋B組直接費}}$

¥*1,040,000*＝(¥*330,000*＋¥*420,000*＋¥*1,850,000*)×$\dfrac{(¥1,240,000＋¥2,610,000＋¥1,150,000)}{(¥2,130,000＋¥4,120,000＋¥1,250,000)＋(¥1,240,000＋¥2,610,000＋¥1,150,000)}$

❸ 第1工程仕掛品→第2工程仕掛品，第2工程仕掛品→製品

❹ 工場の仕訳　(借) 本社　*3,260,000*　(貸) 製品　*3,260,000*

❺ 仕掛品→製品・副産物

●ポイント

❶

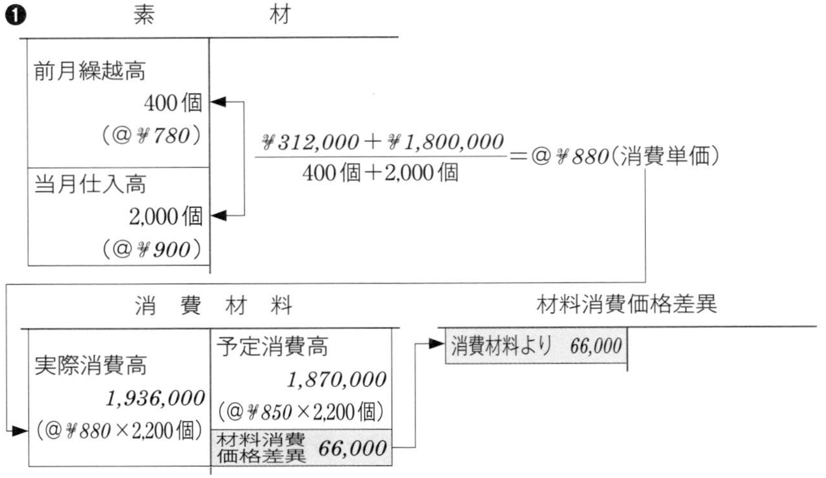

1級原価計算模擬試験問題　第２回

1

@３点×11＝33点

(1)

a	完成品の標準原価	¥	*6,127,500*	❶
b	材料消費価格差異	¥	*102,000*	❷
c	作業時間差異	¥	*28,500*	❸

(2)

a	損益分岐点の売上高	¥	*7,200,000*	❹
b	目標営業利益を達成するための販売数量		3,360 個	❺
c	変動製造費が製品／個あたり¥*120*増加した場合の損益分岐点の売上高	¥	*7,500,000*	❻

(3)

ア	イ
3 ❼	2 ❽

（注意）枠の中が２つとも合っている場合に正答とする。

(4)

月末仕掛品原価	¥	*1,172,000*	❾

(5)

ア	¥	*680,000*	❿
イ	¥	*3,797,000*	⓫
ウ	¥	*1,520,000*	⓬

解説

(1)

❶ 完成品の標準原価＝１個あたりの標準原価×完成品数量
¥*6,127,500*＝@¥*6,450*×950個

❷ 材料消費価格差異＝(標準単価－実際単価)×実際消費数量
－¥*102,000*(不利)＝(@¥*360*－@¥*380*)×5,100kg

❸ 作業時間差異＝標準賃率×(標準直接作業時間＊－実際直接作業時間)
－¥*28,500*(不利)＝@¥*950*×(2,970時間－3,000時間)
＊標準直接作業時間2,970時間＝３時間×(950個－150個×0.4＋200個×0.5)

●ポイント

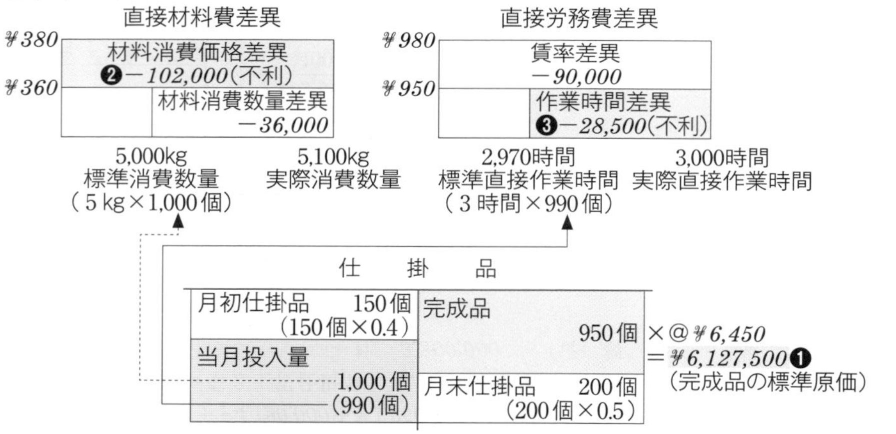

(2)

❹ 損益分岐点の売上高　¥*7,200,000*＝固定費¥*3,600,000*÷貢献利益率0.5＊1

＊１　貢献利益率0.5＝貢献利益¥*9,000,000*÷売上高¥*18,000,000*

❺ 目標営業利益を達成するための販売数量＝目標営業利益達成の売上高＊2÷販売単価
3,360個＝¥*20,160,000*÷@¥*6,000*

＊２　目標営業利益達成の売上高＝(目標営業利益＊3＋固定費)÷貢献利益率
¥*20,160,000*＝(¥*6,480,000*＋¥*3,600,000*)÷0.5

＊３　目標営業利益¥*6,480,000*＝営業利益¥*5,400,000*×1.2

❻ 変動製造費が製品１個あたり¥*120*増加した場合の損益分岐点の売上高
¥*7,500,000*＝固定費¥*3,600,000*÷貢献利益率0.48＊

＊貢献利益率0.48＝貢献利益(販売単価¥*6,000*－変動製造単価¥*2,620*－変動販売単価¥*500*)÷販売単価¥*6,000*

(変動製造単価¥*2,500*＋増加額¥*120*)

●ポイント

直接原価計算による損益計算書

損益計算書

Ⅰ	売上高	18,000,000×0.5	7,200,000 ❹	20,160,000	7,500,000 ❻
Ⅱ	変動売上原価	7,500,000			
	変動製造マージン	10,500,000			
Ⅲ	変動販売費	1,500,000			
	貢献利益	9,000,000	3,600,000÷0.5	10,080,000÷0.5	3,600,000÷0.48*
Ⅳ	固定費	3,600,000	3,600,000	3,600,000	3,600,000
	営業利益	5,400,000	0	6,480,000	0
			損益分岐点	目標営業利益 (5,400,000×1.2)	損益分岐点

¥20,160,000÷@¥6,000(販売単価)＝3,360個 ❺

(3)

❼ 副産物の評価額が少額のときは，売却時にその売却額を雑益として処理することもできる。

❽ 原価の部門別計算は，費目別計算において把握された原価要素を，原価部門別に分類集計する手続きをいい，原価計算における第２次の計算段階である。

(4) 正常減損が製造工程の終点で発生しているため，正常減損費は完成品がすべて負担する。よって，正常減損は完成品に含めて計算する。

❾ 月末仕掛品原価（先入先出法） ¥1,172,000＝素材費¥608,000＋加工費¥564,000

$$素材費＝当月素材費×\frac{月末仕掛品数量}{(完成品数量＋減損数量^{*}－月初仕掛品数量)＋月末仕掛品数量}$$

$$¥608,000＝¥4,864,000×\frac{400kg}{(3,200kg＋100kg－500kg)＋400kg}$$

$$加工費＝当月加工費×\frac{月末仕掛品完成品換算数量}{(完成品数量＋減損数量^{*}－月初仕掛品完成品換算数量)＋月末仕掛品完成品換算数量}$$

$$¥564,000＝¥9,306,000×\frac{400kg×0.5}{(3,200kg＋100kg－500kg×0.4)＋400kg×0.5}$$

＊減損数量100kg＝合計3,700kg－月末仕掛品400kg－完成品3,200kg

●ポイント

仕掛品（素材費）

月初仕掛品 686,000	月初仕掛品 500kg	完成品 3,200kg
当月素材費 4,864,000	当月製造費用 2,700kg	
	正常減損 100kg	
	月末仕掛品 400kg (608,000)	

仕掛品（加工費）

月初仕掛品 494,000	月初仕掛品 500kg×0.4	完成品 3,200kg
当月加工費 9,306,000	当月製造費用 3,000kg	
	正常減損 100kg	
	月末仕掛品 400kg×0.5 (564,000)	

(5)

❿ （ア） 仕掛品勘定の前期繰越＝¥680,000（製造原価報告書の期首仕掛品棚卸高）

⓫ （イ） 製造原価報告書の労務費＝賃金＋給料＋健康保険料＋退職給付費用

¥3,797,000＝(¥2,596,000＋¥296,000)＋¥740,000＋¥35,000＋¥130,000

⓬ （ウ） 損益計算書の売上総利益＝売上高－売上原価*1

¥1,520,000＝¥8,560,000－¥7,040,000

＊1 売上原価＝期首製品棚卸高＋当期製品製造原価*2－期末製品棚卸高

¥7,040,000＝¥640,000＋¥7,150,000－¥750,000

＊2 当期製品製造原価＝当期製造費用＋期首仕掛品棚卸高－期末仕掛品棚卸高

¥7,150,000＝¥7,155,000＋¥680,000－¥685,000

●ポイント

仕掛品

❿ 期首仕掛品 (ア)(680,000)	当期製品製造原価 (7,150,000)
素材 2,250,000	
賃金 2,596,000	
外注加工賃 452,000	
製造間接費 1,857,000	期末仕掛品 685,000

製品

期首製品 640,000	売上原価へ (7,040,000)
当期製品製造原価 (7,150,000)	期末製品 750,000

売上原価

製品より 7,040,000	損益へ 7,040,000

損益

売上原価 7,040,000	売上高 8,560,000
⓬ 売上総利益 (ウ)1,520,000	

製造間接費

燃料 35,000	仕掛品へ 1,857,000
工場消耗品 258,000	
賃金 296,000	
給料 740,000	
健康保険料 35,000	
退職給付費用 130,000	
減価償却費 186,000	
保険料 32,000	
電力料 87,000	
保管料 52,000	
棚卸減耗損 6,000	

（イ）製造原価報告書の労務費

⓫¥3,797,000

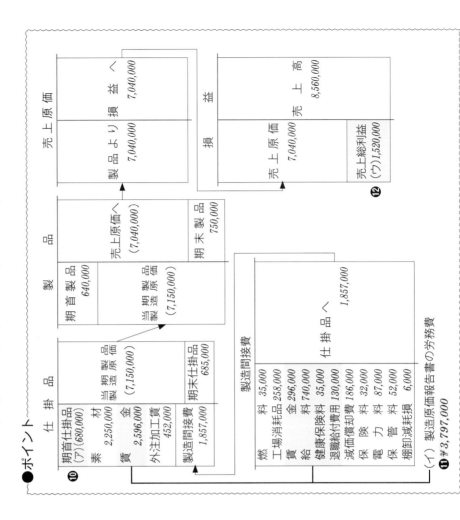

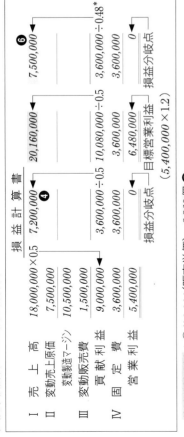

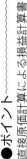

2

●印@4点×5＝20点

組別総合原価計算表

令和○年/月分

摘要		A組	B組
組直接費	素材費	2,210,000	2,040,000
	加工費	1,778,000	1,399,000
組間接費	加工費	❶ 1,425,600	❷● 818,400
当月製造費用		5,413,600	4,257,400
月初仕掛品原価	素材費	830,000	430,000
	加工費	591,400	260,600
計		6,835,000	4,948,000
月末仕掛品原価	素材費	❸● 800,000	380,000
	加工費	575,000	❹ 168,000
完成品原価		5,460,000	● 4,400,000
完成品数量		1,400個	1,100個
製品単価		¥ 3,900	¥ 4,000

A組仕掛品

前月繰越	1,421,400	(A組製品)	(5,460,000) ●
素材	(2,210,000)	次月繰越	(1,375,000)
賃金	(1,540,000)		
外注加工賃	(238,000)		
❶(組間接費)	(1,425,600)		
	(6,835,000)		(6,835,000)

組間接費

工場消耗品	(363,000)	諸口	(2,244,000) ●
賃金	(350,000)		
健康保険料	(156,000)		
諸口	(1,375,000)		
	(2,244,000)		(2,244,000)

解説

❶ A組への組間接費配賦額＝組間接費* × $\frac{\text{A組の機械運転時間}}{\text{A組の機械運転時間＋B組の機械運転時間}}$

¥1,425,600＝¥2,244,000 × $\frac{\text{4,320時間}}{\text{4,320時間＋2,480時間}}$

* 組間接費¥2,244,000＝工場消耗品¥363,000＋間接賃金¥350,000
　＋健康保険料¥156,000＋間接経費¥1,375,000

❷ B組への組間接費配賦額＝組間接費 × $\frac{\text{B組の機械運転時間}}{\text{A組の機械運転時間＋B組の機械運転時間}}$

¥818,400＝¥2,244,000 × $\frac{\text{2,480時間}}{\text{4,320時間＋2,480時間}}$

❸ A組月末仕掛品素材費（平均法）＝（月初素材費＋当月素材費）× $\frac{\text{月末仕掛品数量}}{\text{完成品数量＋月末仕掛品数量}}$

¥800,000＝（¥830,000＋¥2,210,000）× $\frac{\text{500個}}{\text{1,400個＋500個}}$

❹ B組月末仕掛品加工費（平均法）＝（月初加工費＋当月加工費）
× $\frac{\text{月末仕掛品完成品換算数量}}{\text{完成品数量＋月末仕掛品完成品換算数量}}$

¥168,000＝（¥260,600＋¥1,399,000＋¥818,400）× $\frac{\text{200個×0.4}}{\text{1,100個＋200個×0.4}}$

●ポイント

❸ A組仕掛品（素材費）

月初仕掛品 830,000	完成品 1,400個
組直接費 2,210,000	月末仕掛品 500個 (800,000)

❹ B組仕掛品（加工費）

月初仕掛品 260,600	完成品 1,100個
組直接費 1,399,000 組間接費 ❷818,400	月末仕掛品 200個×0.4 (168,000)

3

●印@３点×９＝27点

(1)

	借	方	貸	方	
6月30日①	製造間接費	168,000	工場消耗品	168,000	❷●
30日⑦	第１製造部門費	225,000	動力部門費	234,000	❺●
	第２製造部門費	81,000	修繕部門費	72,000	

(2)

消費賃金

6/30	賃金	2,920,000	6/30	諸口	2,875,000	❸
			〃	賃率差異	45,000	❼●
		2,920,000			2,920,000	

製造間接費

❷	6/30 工場消耗品	168,000	6/30	諸口	1,040,000	
❸●	〃 消費賃金	230,000				
	〃 健康保険料	156,000				
	〃 諸口	486,000				
		1,040,000			1,040,000	

第／製造部門費

	6/30 製造間接費	428,000	6/30	仕掛品	644,000	❹
❺●	〃 諸口	225,000	〃	製造部門費配賦差異	9,000	❽
		653,000			653,000	

(3)

製造指図書＃／　　原価計算表

直接材料費	直接労務費	製造間接費 部門	時間	配賦率	金額	集計 摘要	金額
1,918,000	414,000	第／	550	560	308,000	直接材料費	1,918,000
	❸●1,380,000	第／	400	❹ 560	224,000	直接労務費	1,794,000
	1,794,000	第２	800	❹ 350	● 280,000	製造間接費	812,000
					812,000	製造原価	●4,524,000 ❻
						完成品数量	80個
						製品単価	¥ 56,550

製造指図書＃２　　原価計算表

直接材料費	直接労務費	製造間接費 部門	時間	配賦率	金額	集計 摘要	金額
❶ 817,500	❸1,265,000	第／	750	❹ 560	420,000	直接材料費	
		第２	350	❹ 350	● 122,500	直接労務費	

〈取引の仕訳〉

日付		借方	金額	貸方	金額	
6月6日		(借)素材	984,000	(貸)買掛金	1,138,000	
		工場消耗品	154,000			
11日		(借)仕掛品	817,500	(貸)素材	817,500	❶
25日		(借)賃金	2,868,000	(貸)所得税預り金	247,000	
				健康保険料預り金	156,000	
				当座預金	2,465,000	
30日	①	(借)製造間接費	168,000	(貸)工場消耗品	168,000	❷
	②	(借)仕掛品	2,645,000	(貸)消費賃金	2,875,000	❸
		製造間接費	230,000			
	③	(借)製造間接費	156,000	(貸)健康保険料	156,000	
	④	(借)製造間接費	486,000	(貸)電力料	188,000	
				保険料	65,000	
				減価償却費	218,000	
				雑費	15,000	
	⑤	(借)仕掛品	1,046,500	(貸)第１製造部門費	644,000	❹
				第２製造部門費	402,500	
	⑥	(借)第１製造部門費	428,000	(貸)製造間接費	1,040,000	
		第２製造部門費	306,000			
		動力部門費	234,000			
		修繕部門費	72,000			
	⑦	(借)第１製造部門費	225,000	(貸)動力部門費	234,000	❺
		第２製造部門費	81,000	修繕部門費	72,000	
	⑧	(借)製品	4,524,000	(貸)仕掛品	4,524,000	❻
	⑨	(借)消費賃金	2,920,000	(貸)賃金	2,920,000	
	⑩	(借)賃率差異	45,000	(貸)消費賃金	45,000	❼
	⑪	(借)製造部門費配賦差異	9,000	(貸)第１製造部門費	9,000	❽
		第２製造部門費	15,500	製造部門費配賦差異	15,500	

解説

❶ 11日　素材消費高（移動平均法）

消費単価　@¥1,635＝月初棚卸高¥324,000＋6日仕入分¥984,000 ／ 月初棚卸数量200個＋6日仕入数量600個

消費高　¥817,500＝消費単価@¥1,635×消費数量500個

❷ 30日①　工場消耗品消費高（棚卸計算法）

消費数量　2,400個＝前月繰越数量650個＋6日仕入数量2,200個－月末棚卸数量450個

工場消耗品消費高　¥168,000＝@¥70×2,400個

❸ 30日②　賃金予定消費高＝1時間あたりの予定賃率@¥1,150×作業時間

消費賃金勘定　¥2,875,000

- 製造指図書＃1　@¥1,150×1,200時間＝¥1,380,000
- 製造指図書＃2　@¥1,150×1,100時間＝¥1,265,000
  - ＃1・＃2 計 ¥2,645,000（仕掛品勘定）
- 間　接　作　業　@¥1,150×　200時間＝¥　230,000（製造間接費勘定）

❹ 30日⑤　各製造部門費予定配賦額の計算（ただし書きⅳ参照）

第1製造部門費予定配賦率　@¥560＝年間製造間接費予定額¥7,280,000 ／ 年間予定直接作業時間13,000時間

第2製造部門費予定配賦率　@¥350＝年間製造間接費予定額¥4,340,000 ／ 年間予定直接作業時間12,400時間

第1製造部門費予定配賦額　@¥560×(400時間＋750時間)＝¥644,000

第2製造部門費予定配賦額　@¥350×(800時間＋350時間)＝¥402,500

（合計）¥1,046,500（仕掛品勘定）

❺ 30日⑦　動力部門費¥234,000の配賦（修繕部門費も同様に計算する）

第1製造部門費　¥180,000＝¥234,000×40kW×500時間 ／ (40kW×500時間＋20kW×300時間)

第2製造部門費　¥　54,000＝¥234,000×20kW×300時間 ／ (40kW×500時間＋20kW×300時間)

❻ 30日⑧　A製品の製造原価（製造指図書＃1の原価計算表の製造原価を仕訳に使用する）

❼ 30日⑩　賃率差異　－¥45,000＝30日②予定消費高¥2,875,000
（借方差異）　－30日⑨実際消費高¥2,920,000

❽ 30日⑪

第1製造部門費配賦差異＝30日⑤予定配賦額－30日⑥⑦実際配賦額

－¥9,000(借方差異)＝¥644,000－(¥428,000＋¥225,000)

第2製造部門費配賦差異＝30日⑤予定配賦額－30日⑥⑦実際配賦額

＋¥15,500(貸方差異)＝¥402,500－(¥306,000＋¥81,000)

●ポイント

❶ 素材

借方	貸方
前月繰越高 200個（@¥1,620）	
6日仕入高 600個（@¥1,640）	

(¥324,000＋¥984,000) ／ (200個＋600個)＝@¥1,635（消費単価）

❷ 工場消耗品

借方	貸方
前月繰越高 650個	消費高 2,400個
6日仕入高 2,200個	月末棚卸高 450個

2,400個×@¥70＝¥168,000（製造間接費）

❺ 動力部門費（配賦基準による配分図）（¥234,000）

配賦基準	配賦額
第1製造 40kW×500h	第1製造 180,000
第2製造 20kW×300h	第2製造 54,000

❼ 消費賃金

借方	貸方
実際消費高 2,920,000	予定消費高 2,875,000
	賃率差異 45,000

賃率差異

借方	貸方
消費賃金より 45,000	

❽ 第1製造部門費

借方	貸方
実際配賦額 428,000	予定配賦額 644,000
225,000	配賦差異 9,000

第2製造部門費

借方	貸方
実際配賦額 306,000	予定配賦額 402,500
81,000	
配賦差異 15,500	

製造部門費配賦差異

借方	貸方
第1製造部門費 9,000	第2製造部門費 15,500

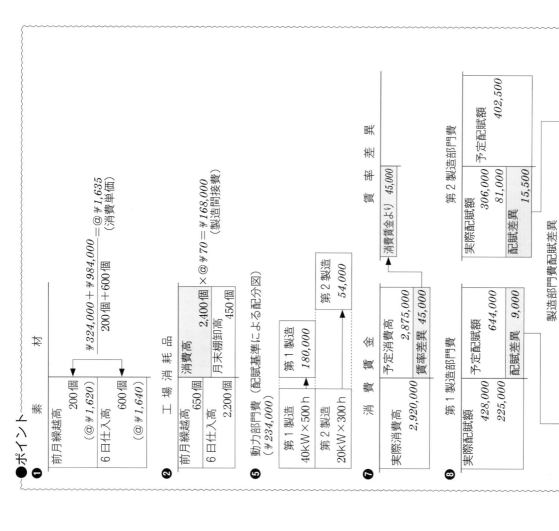

4

@４点×５＝20点

	借方		貸方		
a	仕掛品	*720,000*	従業員賞与手当	*720,000*	❶
b	材料消費価格差異	*10,000*	消費材料	*10,000*	❷
c	1級製品 2級製品 3級製品	*1,170,000* *1,800,000* *630,000*	仕掛品	*3,600,000*	❸
d	売上原価	*1,500,000*	工場	*1,500,000*	❹
e	仕掛品	*5,000*	仕損費	*5,000*	❺

解説

❶ 月割額　*¥720,000*＝*¥4,320,000*÷６か月

❷ 消費材料勘定の貸方に予定消費高を記入して，その後，実際消費高との差異を求める。
材料消費価格差異　－*¥10,000*(借方)＝予定消費高*¥360,000*＊1－実際消費高*¥370,000*＊2
＊１　予定消費高*¥360,000*＝予定消費単価@*¥360*×当月消費数量1,000個
＊２　実際消費高*¥370,000*＝消費単価@*¥370*＊3×当月消費数量1,000個
＊３　消費単価@*¥370*＝(前月繰越高*¥136,000*＋当月仕入高*¥456,000*)／(前月繰越数量400個＋当月仕入数量1,200個)
（総平均法）

❸ 等級別製造原価の金額を仕掛品勘定から各級製品の勘定へと振り替える。

❹ 工場の仕訳　（借）本　　社　*1,500,000*　（貸）製　　品　*1,500,000*

❺ 補修指図書に集計された製造原価を製造指図書に賦課するため，仕損費勘定から仕掛品勘定へ振り替える。

●ポイント

❷

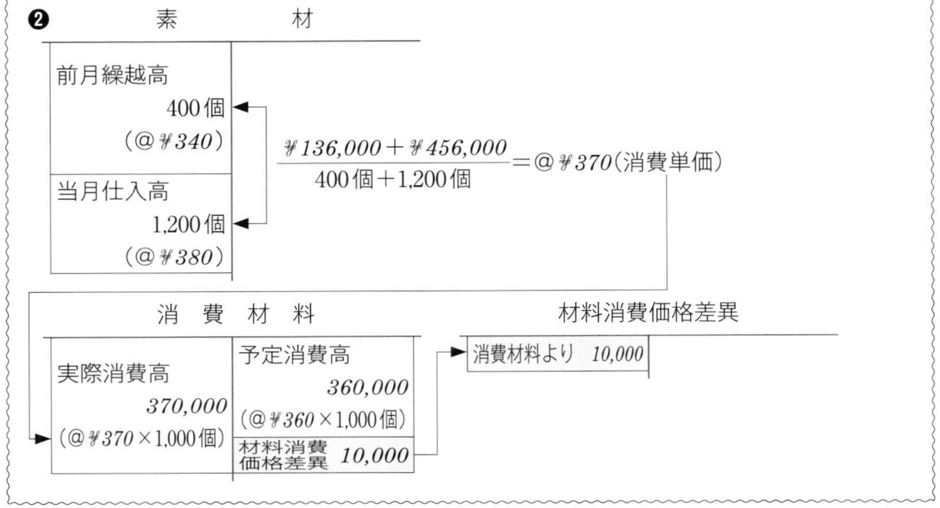

1級原価計算模擬試験問題　第 3 回

1　　@ 3 点×11＝33点

(1)

a	当期材料費	¥	2,357,000	❶
b	当期労務費	¥	2,526,000	❷
c	当期製品製造原価	¥	5,168,000	❸

(2)

a	損益分岐点の売上高	¥	1,400,000	❹
b	目標営業利益 ¥850,000 を達成するための販売数量		1,550 個	❺
c	販売数量は当月のままで，変動販売費を25％減少させた場合の営業利益	¥	590,000	❻

(3) ①

a	月末仕掛品の標準原価	¥	1,950,000	❼
b	予算差異	¥	22,000(不利)	❽

②

c	d
1 ❾	3 ❿

(4)

月末仕掛品原価	¥	314,000	⓫

解説

❶ 当期材料費＝素材当期消費高*1＋工場消耗品当期消費高*2＋消耗工具器具備品当期消費高

¥2,357,000＝¥1,844,000＋¥341,000＋¥172,000

＊1　素材当期消費高＝期首棚卸高＋当期仕入高－期末棚卸高

¥1,844,000＝¥286,000＋¥1,823,000－¥265,000

＊2　工場消耗品当期消費高＝期首棚卸高＋当期仕入高－期末棚卸高

¥341,000＝¥68,000＋¥329,000－¥56,000

❷ 当期労務費＝賃金実際消費高（当期支払高－前期末払高＋当期末払高）＋給料消費高＋健康保険料消費高

¥2,526,000＝(¥1,546,000－¥246,000＋¥225,000)＋¥847,000＋¥154,000

❸ 当期製品製造原価＝期首仕掛品棚卸高＋当期製造費用－期末仕掛品棚卸高

¥5,168,000＝¥655,000＋(❶¥2,357,000＋❷¥2,526,000＋¥445,000*)－¥815,000

＊当期経費＝水道料消費高＋減価償却費消費高

¥445,000＝¥259,000＋¥186,000

●ポイント

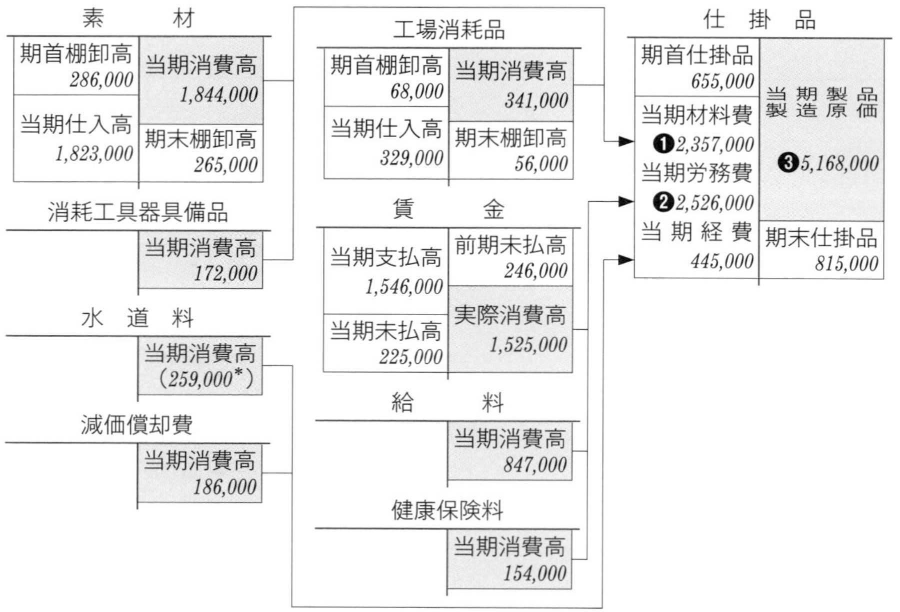

＊水道料＝基本料金＋当期使用料（単価×当期使用量）

¥259,000＝¥13,000＋@¥120×2,050㎥

(2)

❹ 損益分岐点の売上高　¥1,400,000＝固定費¥700,000÷貢献利益率0.5*

＊貢献利益率0.5＝貢献利益¥1,200,000÷売上高¥2,400,000

❺ 目標営業利益¥850,000を達成するための販売数量

1,550個＝目標営業利益達成の売上高¥3,100,000*÷販売単価@¥2,000

＊¥3,100,000＝(目標営業利益¥850,000＋固定費¥700,000)÷貢献利益率0.5

❻ 販売数量は当月のままで，変動販売費を25％減少させた場合の営業利益

営業利益＝売上高－変動製造費－変動販売費－固定費

¥590,000＝¥2,400,000－¥840,000－¥360,000×(1 －0.25)－¥700,000

●ポイント

直接原価計算による損益計算書

損益計算書

Ⅰ	売上高	2,400,000×0.5	1,400,000❹	3,100,000	2,400,000
Ⅱ	変動売上原価	840,000			840,000
	変動製造マージン	1,560,000			1,560,000
Ⅲ	変動販売費	360,000			270,000
	貢献利益	1,200,000	700,000÷0.5	1,550,000÷0.5	1,290,000
Ⅳ	固定費	700,000	700,000	700,000	700,000
	営業利益	500,000	0	850,000	590,000❻
			損益分岐点	目標営業利益	¥360,000×(1－0.25)

¥3,100,000÷@¥2,000(販売単価)＝1,550個❺

(3)

①❼月末仕掛品の標準原価＝直接材料費標準原価＋直接労務費標準原価＋製造間接費標準原価

¥1,950,000＝@¥2,100×400個＋@¥2,550×400個×0.5＋@¥3,000×400個×0.5

❽予算差異＝(変動費率×実際直接作業時間＋固定費予算額)－製造間接費実際発生額

－¥22,000(不利)＝(@¥600×3,380時間＋¥1,360,000)－¥3,410,000

②❾材料消費数量差異＝(標準消費数量－実際消費数量)×標準単価

－¥35,000(不利)＝(7,200kg－7,300kg)×@¥350

❿材料消費数量差異が不利差異であるのは材料のむだづかいや生産方法の変更があったことを意味するため，製造現場の努力で差異を少なくするなどの管理が可能である。

●ポイント

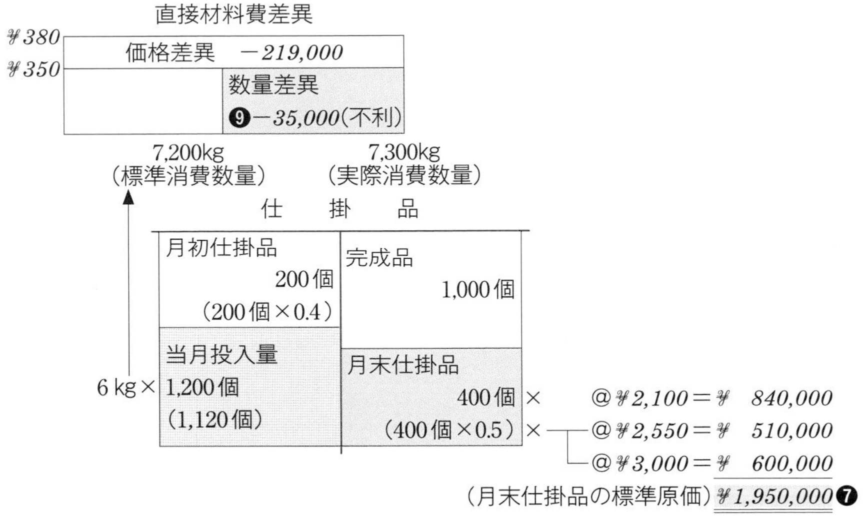

(4) 正常仕損が製造工程の始点で発生しているため，正常仕損費は完成品と月末仕掛品の両方で負担する。また，仕損品の評価額¥15,000は主として原料の価値であり，当月素材費から差し引いて計算する。

⓫ 月末仕掛品原価(先入先出法)　¥314,000＝素材費¥224,000＋加工費¥90,000

素材費＝(当月素材費－仕損品評価額)

$$\times\frac{\text{月末仕掛品数量}}{(\text{完成品数量}-\text{月初仕掛品数量})+\text{月末仕掛品数量}}$$

$$¥224{,}000=(¥2{,}479{,}000-¥15{,}000)\times\frac{400\text{kg}}{(4{,}500\text{kg}-500\text{kg})+400\text{kg}}$$

加工費＝当月加工費

$$\times\frac{\text{月末仕掛品完成品換算数量}}{(\text{完成品数量}-\text{月初仕掛品完成品換算数量})+\text{月末仕掛品完成品換算数量}}$$

$$¥90{,}000=¥1{,}980{,}000\times\frac{400\text{kg}\times0.5}{(4{,}500\text{kg}-500\text{kg}\times0.6)+400\text{kg}\times0.5}$$

●ポイント

仕掛品（素材費）

借方	貸方	
月初仕掛品 271,000	月初仕掛品 500kg	完成品 4,500kg
当月素材費 2,479,000	当月製造費用 4,000kg	
	正常仕損 15,000 ~~30kg~~	
	月末仕掛品 400kg (224,000)	

仕掛品（加工費）

借方	貸方	
月初仕掛品 196,000	月初仕掛品 500kg×0.6	完成品 4,500kg
当月加工費 1,980,000	当月製造費用 4,200kg	
	正常仕損 ~~30kg~~	
	月末仕掛品 400kg×0.5 (90,000)	

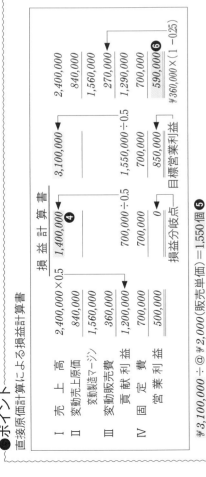

2

●印@ 4 点× 5 ＝20点

(1)

単純総合原価計算表

令和○年7月分

摘要	素材費	加工費	合計
材料費	5,868,000	726,000	6,594,000
労務費	――――	❶ 3,060,000	3,060,000
経費	――――	❷ 489,000	● 489,000
計	5,868,000	4,275,000	10,143,000
月初仕掛品原価	1,332,000	495,000	1,827,000
計	7,200,000	4,770,000	11,970,000
月末仕掛品原価	❸● 750,000	❹ 212,000	962,000
完成品原価	6,450,000	● 4,558,000	11,008,000
完成品数量	4,300個	4,300個	4,300個
製品／個あたりの原価	¥ 1,500	¥ 1,060	¥ 2,560 ●

(2)

仕掛品勘定の特許権使用料（アの金額）	¥ 140,000	❺●

解説

❶ 当月労務費＝賃金＋従業員賞与手当＋健康保険料

¥3,060,000＝¥2,180,000＋¥650,000＋¥230,000

❷ 当月経費＝当月製造費用の加工費－工場消耗品－当月労務費

¥489,000＝¥4,275,000－¥726,000－¥3,060,000

❸ 月末仕掛品素材費（平均法）＝(月初素材費＋当月素材費)× $\frac{\text{月末仕掛品数量}}{\text{完成品数量＋月末仕掛品数量}}$

¥750,000＝(¥1,332,000＋¥5,868,000)× $\frac{\text{500個}}{\text{4,300個＋500個}}$

❹ 月末仕掛品加工費（平均法）＝(月初加工費＋当月加工費)× $\frac{\text{月末仕掛品完成品換算数量}}{\text{完成品数量＋月末仕掛品完成品換算数量}}$

¥212,000＝(¥495,000＋¥4,275,000)× $\frac{\text{500個×0.4}}{\text{4,300個＋500個×0.4}}$

❺ 仕掛品勘定の特許権使用料（アの金額）＝当月経費－減価償却費－電力料－雑費

¥140,000＝¥489,000－¥218,000－¥86,000－¥45,000

●ポイント

❸ 仕掛品（素材費）

月初仕掛品 1,332,000	完成品 4,300個
当月素材費 5,868,000	月末仕掛品 500個 (750,000)

❹ 仕掛品（加工費）

月初仕掛品 495,000	完成品 4,300個
当月加工費 4,275,000	月末仕掛品 500個×0.4 (212,000)

3

●印@ 3 点× 9 =27点

(1)

	借方		貸方		
1月31日⑨	賃率差異	12,000	消費賃金	12,000	❽●

(2)

素材

1/1	前月繰越	693,000	1/14	仕掛品	2,359,000	❶●
6	買掛金	2,312,000	31	次月繰越	646,000	
		3,005,000			3,005,000	

製造間接費

❸● 1/31	工場消耗品	126,000	1/31	諸口	1,888,000	
❹ 〃	消費賃金	560,000				
〃	健康保険料	265,000				
〃	諸口	937,000				
		1,888,000			1,888,000	

第1製造部門費

1/31	製造間接費	854,000	1/31	仕掛品	1,222,000	❺
❻❼ 〃	諸口	377,000	〃	製造部門費配賦差異	9,000	❾●
		1,231,000			1,231,000	

(3)

製造指図書#1　　原価計算表

直接材料費	直接労務費	製造間接費				集計	
		部門	時間	配賦率	金額	摘要	金額
2,204,600	700,000	第1	400	940	376,000	直接材料費	2,204,600
	❹● 1,680,000	第1	360	940	338,400	直接労務費	2,380,000
	2,380,000	第2	840	650	546,000	製造間接費	1,260,400
					1,260,400	製造原価	5,845,000 ❷●
						完成品数量	50個
						製品単価	¥ 116,900

(4)

部門費振替表

相互配賦法　　令和○年1月分

部門費	配賦基準	金額	製造部門		補助部門	
			第1部門	第2部門	動力部門	修繕部門
部門費合計		1,888,000	854,000	452,000	312,000	270,000
動力部門費	kW数×運転時間数	312,000	192,000	96,000	――	24,000 ❻
修繕部門費	修繕回数	270,000	150,000	90,000	30,000	――
第1次配賦額		582,000	342,000	186,000	30,000	24,000
動力部門費	kW数×運転時間数	30,000	20,000	10,000		
修繕部門費	修繕回数	24,000	15,000	9,000 ❼		
第2次配賦額		54,000	● 35,000	19,000		
製造部門費合計		1,888,000	1,231,000	● 657,000		

(5)

¥ 1,495,000 ❿●

〈取引の仕訳〉

		借方		貸方		
1月6日		(借)素材	2,312,000	(貸)買掛金	2,431,000	
		工場消耗品	119,000			
14日		(借)仕掛品	2,359,000	(貸)素材	2,359,000	❶
25日		(借)賃金	3,752,000	(貸)所得税預り金	286,000	
				健康保険料預り金	265,000	
				当座預金	3,201,000	
28日		(借)製品	5,845,000	(貸)仕掛品	5,845,000	❷
31日	①	(借)製造間接費	126,000	(貸)工場消耗品	126,000	❸
	②	(借)仕掛品	3,248,000	(貸)消費賃金	3,808,000	❹
		製造間接費	560,000			
	③	(借)仕掛品	1,885,000	(貸)第1製造部門費	1,222,000	❺
				第2製造部門費	663,000	
	④	(借)製造間接費	265,000	(貸)健康保険料	265,000	
	⑤	(借)製造間接費	937,000	(貸)電力料	489,000	
				保険料	120,000	
				減価償却費	328,000	
	⑥	(借)第1製造部門費	854,000	(貸)製造間接費	1,888,000	
		第2製造部門費	452,000			
		動力部門費	312,000			
		修繕部門費	270,000			
	⑦	(借)第1製造部門費	377,000	(貸)動力部門費	312,000	❻
		第2製造部門費	205,000	修繕部門費	270,000	❼
	⑧	(借)消費賃金	3,820,000	(貸)賃金	3,820,000	
	⑨	(借)賃率差異	12,000	(貸)消費賃金	12,000	❽
	⑩	(借)製造部門費配賦差異	9,000	(貸)第1製造部門費	9,000	❾
	⑪	(借)第2製造部門費	6,000	(貸)製造部門費配賦差異	6,000	❾

解説

❶ 14日　素材消費高（先入先出法）

消費数量　700個 ─ 前月繰越分より　@￥3,300×210個＝￥　693,000
└ 1/6仕入分より　@￥3,400×490個＝￥1,666,000
700個　￥2,359,000（消費高）

❷ 28日　A製品の製造原価（製造指図書＃1の原価計算表の製造原価を仕訳に使用する）

❸ 31日①　工場消耗品消費高（棚卸計算法）

消費数量　900個＝前月繰越250個＋6日仕入数量850個－月末棚卸数量200個

工場消耗品消費高　￥126,000＝@￥140×900個

❹ 31日②　賃金予定消費高＝1時間あたりの予定賃率@￥1,400×作業時間

消費賃金勘定　￥3,808,000

製造指図書＃1　@￥1,400×1,200時間＝￥1,680,000 ┐
製造指図書＃2　@￥1,400×1,120時間＝￥1,568,000 ┘ ￥3,248,000（仕掛品勘定）
間　接　作　業　@￥1,400×　400時間＝￥　560,000（製造間接費勘定）

❺ 31日③　各製造部門費予定配賦額の計算（ただし書きⅳ参照）

第1製造部門費予定配賦額　@￥940×(360時間＋940時間)＝￥1,222,000 ┐
第2製造部門費予定配賦額　@￥650×(840時間＋180時間)＝￥　663,000 ┘ ￥1,885,000（仕掛品勘定）

❻ 31日⑦－1　補助部門費から各製造部門への第1次配賦（補助部門へも配賦する）

※動力部門費￥312,000の第1次配賦（修繕部門費も同様に計算する）

第1製造部門費　$￥192,000=￥312,000\times\frac{(40\text{kW}\times400時間)}{(40\text{kW}\times400時間)+(25\text{kW}\times320時間)+(10\text{kW}\times200時間)}$

第2製造部門費　$￥\ 96,000=￥312,000\times\frac{(25\text{kW}\times320時間)}{(40\text{kW}\times400時間)+(25\text{kW}\times320時間)+(10\text{kW}\times200時間)}$

修繕部門費　$￥\ 24,000=￥312,000\times\frac{(10\text{kW}\times200時間)}{(40\text{kW}\times400時間)+(25\text{kW}\times320時間)+(10\text{kW}\times200時間)}$

❼ 31日⑦－2　補助部門費から各製造部門への第2次配賦（補助部門への配賦はおこなわない）

※修繕部門費￥24,000の第2次配賦（動力部門費も同様に計算する）

第1製造部門費　$￥15,000=￥24,000\times\frac{5回}{5回+3回}$

第2製造部門費　$￥\ 9,000=￥24,000\times\frac{3回}{5回+3回}$

❽ 31日⑨　賃率差異　－￥12,000＝31日②予定消費高￥3,808,000
（借方差異）　－31日⑧実際消費高￥3,820,000

❾ 31日⑩　第1製造部門費配賦差異＝31日③予定配賦額－部門費振替表の第1製造部門費合計
－￥9,000（借方差異）＝￥1,222,000－￥1,231,000

❾ 31日⑪　第2製造部門費配賦差異＝31日③予定配賦額－部門費振替表の第2製造部門費合計
＋￥6,000（貸方差異）＝￥663,000－￥657,000

❿ 1月末の賃金未払高＝前月未払高＋31日⑧当月実際消費高－25日当月支払高
￥1,495,000＝￥1,427,000＋￥3,820,000－￥3,752,000

●ポイント

❶ 素　材

前月繰越高 210個 (@￥3,300)	14日消費高 210個 ×@￥3,300＝￥　693,000
6日仕入高 680個 (@￥3,400)	490個 ×@￥3,400＝￥1,666,000
	￥2,359,000（仕掛品）

❸ 工 場 消 耗 品

前月繰越高 250個	消費高 900個 ×@￥140＝￥126,000（製造間接費）
6日仕入高 850個	月末棚卸高 200個

❻ 動力部門費（配賦基準による配分図）
（￥312,000）

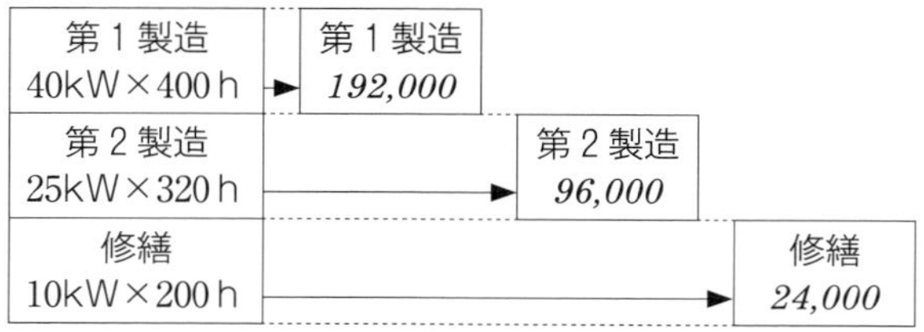

❼ 修繕部門費（配賦基準による配分図）
（￥24,000）

❽ 消 費 賃 金

実際消費高 3,820,000	予定消費高 3,808,000
	賃率差異 12,000

賃 率 差 異

消費賃金より 12,000	

❾ 第1製造部門費

実際配賦額 854,000	予定配賦額 1,222,000
342,000	
35,000	配賦差異 9,000

第2製造部門費

実際配賦額 452,000	予定配賦額 663,000
186,000	
19,000	
配賦差異 6,000	

製造部門費配賦差異

第1製造部門費 9,000	第2製造部門費 6,000

4

@4点×5＝20点

	借方		貸方		
a	棚卸減耗損	12,780	素材	12,780	❶
b	A組製品 B組製品	5,160,000 4,050,000	A組仕掛品 B組仕掛品	5,160,000 4,050,000	❷
c	第1工程半製品 第2工程仕掛品 製品	1,650,000 2,170,000 2,940,000	第1工程仕掛品 第1工程半製品 第2工程仕掛品	1,650,000 2,170,000 2,940,000	❸
d	本社	2,680,000	製品	2,680,000	❹
e	作業くず	38,000	仕掛品	38,000	❺

解説

❶ 消費単価（総平均法） $@¥426=\dfrac{前月繰越高¥180{,}000+当月仕入高(¥504{,}000+¥594{,}000)}{前月繰越数量450kg+仕入数量(1{,}200kg+1{,}350kg)}$

棚卸減耗損　¥*12,780*＝消費単価@¥*426*×（帳簿棚卸数量410kg*－実地棚卸数量380kg）

＊帳簿棚卸数量410kg＝前月繰越数量450kg＋当月仕入数量（1,200kg＋1,350kg）

－当月消費数量2,590kg

❷ 各組の完成品原価をそれぞれ各組ごとに仕掛品勘定から製品勘定へ振り替える。

A組仕掛品→A組製品，B組仕掛品→B組製品

❸ 第1工程仕掛品→第1工程半製品，第1工程半製品→第2工程仕掛品，

第2工程仕掛品→製品

❹ 本社の仕訳（借）売掛金　×××　（貸）売上　×××

売上原価　*2,680,000*　工場　*2,680,000*

❺ 製造指図書別に発生額を区別している評価額は，仕掛品勘定から直接差し引く。

●ポイント

❶ 素材

借方	貸方	
前月繰越高 450kg（@¥*400*）	実際消費数量 2,590kg	
当月仕入高 12日 1,200kg（@¥*420*） 23日 1,350kg（@¥*440*）	帳簿 410kg：減耗 30kg	×@¥*426*＝¥*12,780*（棚卸減耗損）
	帳簿 410kg：実地 380kg	

1級原価計算模擬試験問題　第 4 回

1

@3点×11＝33点

(1)

ア	￥ 360	❶

(2)

a	販売数量が4,500個のときの営業利益	￥ 4,450,000	❷
b	損益分岐点の売上高	￥ 4,600,000	❸
c	目標営業利益￥3,850,000を達成するための販売数量	4,100 個	❹

(3)

a	完成品の標準原価	￥ 13,500,000	❺
b	直接材料費差異	￥ 43,000(有利)	❻
c	能率差異	￥ 60,000(不利)	❼

(4)

a	製造直接費	￥ 5,826,000	❽
b	製造間接費の実際発生額	￥ 1,158,000	❾
c	売上原価	￥ 7,393,000	❿

(5)

1	⓫

解説

(1)

① 各級製品の等価係数＝(850ｇ：680g：510g＝1.0：0.8：0.6)

② 1級製品の積数　2,500＝①1.0×2,500個

③ 2級製品の積数　2,400＝①0.8×3,000個

④ 3級製品の積数　2,400＝①0.6×4,000個

⑤ 1級製品の等級別製造原価　￥1,500,000＝製造原価合計￥4,380,000×②2,500/積数合計7,300

⑥ 1級製品の製品単価　￥600＝⑤￥1,500,000÷2,500個

⑦ 2級製品の等級別製造原価　￥1,440,000＝製造原価合計￥4,380,000×③2,400/積数合計7,300

⑧ 2級製品の製品単価　￥480＝⑦￥1,440,000÷3,000個

⑨ 3級製品の等級別製造原価　￥1,440,000＝製造原価合計￥4,380,000×④2,400/積数合計7,300

⑩ 3級製品の製品単価　❶￥360＝⑨￥1,440,000÷4,000個

●ポイント

等級別総合原価計算表

令和○年1月分

等級別製品	重量	等価係数	完成品数量	積数	等級別製造原価	製品単価
1級製品	850ｇ	1.0 ①	2,500個	(2,500)②	(1,500,000)⑤	￥(600)⑥
2級製品	680〃	0.8 ①	3,000〃	(2,400)③	(1,440,000)⑦	〃(480)⑧
3級製品	510〃	(0.6) ①	4,000〃	(2,400)④	(1,440,000)⑨	〃(ア360)⑩❶
				(7,300)	4,380,000	

(2)

❷ 販売数量が4,500個のときの営業利益

￥4,450,000＝貢献利益￥6,750,000*－固定費￥2,300,000

＊貢献利益￥6,750,000＝売上高￥13,500,000－変動売上原価￥5,400,000－変動販売費￥1,350,000

❸ 損益分岐点の売上高　￥4,600,000＝固定費￥2,300,000÷貢献利益率0.5*

＊貢献利益率0.5＝貢献利益￥6,750,000÷売上高￥13,500,000

❹ 目標営業利益￥3,850,000を達成するための販売数量

4,100個＝目標営業利益達成の売上高￥12,300,000*÷販売単価@￥3,000

＊￥12,300,000＝(目標営業利益￥3,850,000＋固定費￥2,300,000)÷貢献利益率0.5

●ポイント

直接原価計算による損益計算書

損益計算書

			❸	
Ⅰ	売上高	13,500,000×0.5	4,600,000	12,300,000
Ⅱ	変動売上原価	5,400,000		
	変動製造マージン	8,100,000		
Ⅲ	変動販売費	1,350,000		
	貢献利益	6,750,000	2,300,000÷0.5	6,150,000÷0.5
Ⅳ	固定費	2,300,000	2,300,000	2,300,000
	営業利益	4,450,000❷	0	3,850,000
			損益分岐点	目標営業利益

￥12,300,000÷@￥3,000(販売単価)＝4,100個 ❹

(3)

❺ 完成品の標準原価＝1 個あたりの標準原価×完成品数量
¥13,500,000＝@*¥9,000*×1,500 個

❻ 直接材料費差異＝標準直接材料費－実際直接材料費
＋*¥43,000*(有利)＝*¥6,120,000*－*¥6,077,000*

❼ 能率差異＝標準配賦率×(標準直接作業時間*－実際直接作業時間)
－*¥60,000*(不利)＝@*¥1,200*×(3,100時間－3,150時間)
*3,100時間＝2 時間×(1,500 個＋500 個×0.4－300 個×0.5)

●ポイント

材料消費価格差異＝(標準単価－実際単価)×実際消費数量
＋*¥103,000*（有利）＝(@*¥600*－@*¥590*)×10,300kg
材料消費数量差異＝(標準消費数量－実際消費数量)×標準単価
－*¥60,000*（不利）＝(10,200kg－10,300kg)×@*¥600*

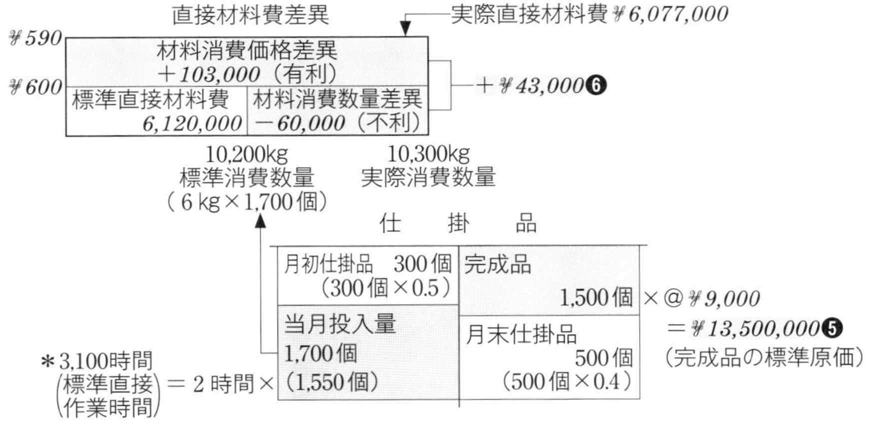

(4)

❽ 製造直接費＝素材消費高＋直接賃金＋外注加工賃消費高
¥5,826,000＝*¥2,517,000*＋*¥2,896,000*＋*¥413,000*

❾ 製造間接費の実際発生額＝工場消耗品消費高＋間接賃金＋給料消費高＋電力料測定高
＋減価償却費
¥1,158,000＝*¥168,000*＋*¥287,000*＋*¥346,000*＋*¥167,000*＋*¥190,000*

❿ 売上原価＝期首製品棚卸高＋当期製品製造原価－期末製品棚卸高－製造間接費配賦差異
¥7,393,000＝*¥780,000*＋*¥7,248,000*－*¥630,000*－*¥5,000*

●ポイント

素　材

期首棚卸高 356,000	当期消費高 2,517,000
当期仕入高 2,568,000	期末棚卸高 407,000

製　品

期首棚卸高 780,000	売上原価へ 7,398,000
当期製品製造原価 7,248,000	期末棚卸高 630,000

売 上 原 価

製品より 7,398,000	製造間接費配賦差異より 5,000
	売上原価 ❿7,393,000

賃　金

当期支払高 3,140,000	前期未払高 286,000
当期未払高 329,000	当期消費高 3,183,000

仕　掛　品

前期繰越	735,000	製品	7,248,000
素材	(2,517,000)	次期繰越	(476,000)
賃金	2,896,000		
外注加工賃	(413,000)		
製造間接費	(1,163,000)		
	(7,724,000)		(7,724,000)

外注加工賃

前期前払高 82,000	当期消費高 413,000
当期支払高 263,000	
当期未払高 68,000	

製 造 間 接 費

工場消耗品	168,000	仕掛品	(1,163,000)
賃金	(287,000)		
給料	346,000		
電力料	(167,000)		
減価償却費	190,000		
製造間接費配賦差異	5,000		
	(1,163,000)		(1,163,000)

製造直接費
*¥5,826,000*❽

製造間接費の実際発生額
*¥1,158,000*❾

製造間接費配賦差異

売上原価へ 5,000	製造間接費より 5,000

(5)

⓫ 原価の費目別計算は，一定期間における原価要素を費目別に分類測定する手続きをいい，原価計算における第 1 次の計算段階である。

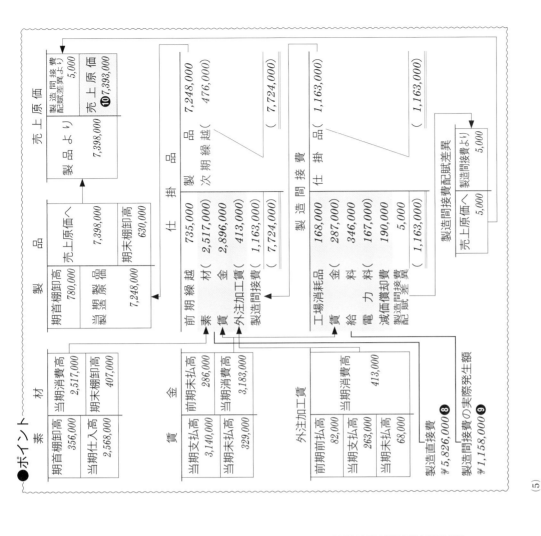

2

●印@ 4 点× 5 =20点

組別総合原価計算表

令和○年/月分

摘要		A組		B組
組直接費	素材費		4,650,000	3,100,000
	加工費		1,830,000	1,285,000
組間接費	加工費	❶●	1,860,000	❷ 1,240,000
当月製造費用			8,340,000	5,625,000
月初仕掛品原価	素材費		750,000	250,000
	加工費		198,000	60,000
計			9,288,000	5,935,000
月末仕掛品原価	素材費	❸●	600,000	310,000
	加工費		288,000	❹● 125,000
完成品原価			8,400,000	5,500,000
完成品数量			3,000 個	5,000 個
製品単価		¥	2,800	¥ 1,100

B組仕掛品

前月繰越	310,000	(B組製品)	(5,500,000)
素材	3,100,000	次月繰越	(435,000)
労務費	756,000		
経費	529,000		
❷●(組間接費)	(1,240,000)		
	(5,935,000)		(5,935,000)

組間接費

素材	(1,700,000)	諸口	(3,100,000)●
労務費	(864,000)		
経費	(536,000)		
	(3,100,000)		(3,100,000)

解説

❶ A組への組間接費配賦額＝組間接費*× $\frac{\text{A組の直接材料費}}{\text{A組の直接材料費＋B組の直接材料費}}$

¥1,860,000＝¥3,100,000× $\frac{¥4,650,000}{¥4,650,000＋¥3,100,000}$

＊組間接費¥3,100,000＝材料費¥1,700,000＋労務費¥864,000＋経費¥536,000

❷ B組への組間接費配賦額＝組間接費× $\frac{\text{B組の直接材料費}}{\text{A組の直接材料費＋B組の直接材料費}}$

¥1,240,000＝¥3,100,000× $\frac{¥3,100,000}{¥4,650,000＋¥3,100,000}$

❸ A組月末仕掛品素材費＝当月素材費× $\frac{\text{月末仕掛品数量}}{\text{完成品数量－月初仕掛品数量＋月末仕掛品数量}}$
（先入先出法）

¥600,000＝¥4,650,000× $\frac{400\text{個}}{3{,}000\text{個}－300\text{個}＋400\text{個}}$

❹ B組月末仕掛品加工費＝当月加工費
（先入先出法）

× $\frac{\text{月末仕掛品完成品換算数量}}{\text{完成品数量－月初仕掛品完成品換算数量＋月末仕掛品完成品換算数量}}$

¥125,000＝(¥1,285,000＋¥1,240,000)× $\frac{500\text{個}×0.5}{5{,}000\text{個}－500\text{個}×0.4＋500\text{個}×0.5}$

●ポイント

❸ A組仕掛品(素材費)

月初仕掛品 750,000	月初仕掛品 300個	完成品 3,000個
組直接費 4,650,000	当月製造費用 2,700個	
	月末仕掛品 400個 (600,000)	

❹ B組仕掛品(加工費)

月初仕掛品 60,000	月初仕掛品 500個×0.4	完成品 5,000個
組直接費 1,285,000	当月製造費用 4,800個	
組間接費 ❷1,240,000	月末仕掛品 500個×0.5 (125,000)	

3

●印@3点×9＝27点

(1)

	借方		貸方		
/月3/日①	製造間接費	72,000	工場消耗品	72,000	❸●
3/日⑨	賃率差異	69,000	消費賃金	69,000	❼●

(2)

素　　材

	日付	摘要	金額	日付	摘要	金額	
	1/1	前月繰越	560,000	1/11	仕掛品	1,932,000	❶●
	6	買掛金	2,200,000	31	次月繰越	828,000	
			2,760,000			2,760,000	

仕　掛　品

	日付	摘要	金額	日付	摘要	金額	
	1/1	前月繰越	1,909,000	1/25	製品	4,192,000	❷
❶	11	素材	1,932,000	31	次月繰越	3,372,000	
❹●	31	消費賃金	2,835,000				
❺	〃	諸口	888,000				
			7,564,000			7,564,000	

第2製造部門費

	日付	摘要	金額	日付	摘要	金額	
	1/31	製造間接費	344,000	1/31	仕掛品	360,000	❺●
❻●	〃	諸口	54,000	〃	製造部門費配賦差異	38,000	❽
			398,000			398,000	

(3)

製造指図書＃/　　原価計算表

直接材料費	直接労務費	製造間接費 部門	時間	配賦率	金額	集計 摘要	金額	
850,000	675,000	第/	800	480	384,000	直接材料費	850,000	
	❹●1,755,000	第1	500	480	240,000	直接労務費	2,430,000	
	2,430,000	第2	800	360	288,000	製造間接費	912,000	
					912,000	製造原価	4,192,000	❷
						完成品数量	80個	
						製品単価	¥ 52,400	

製造指図書＃2　　原価計算表

直接材料費	直接労務費	製造間接費 部門	時間	配賦率	金額	集計 摘要	金額
❶1,932,000	❹1,080,000	第1	600	480	● 288,000	直接材料費	
		第2	200	360	72,000	直接労務費	

(4)

/月中の実際平均賃率　¥　1,380　❾●

〈取引の仕訳〉

日付		借方	金額	貸方	金額	
1月6日		(借)素材	2,200,000	(貸)買掛金	2,290,000	
		工場消耗品	90,000			
11日		(借)仕掛品	1,932,000	(貸)素材	1,932,000	❶
25日		(借)製品	4,192,000	(貸)仕掛品	4,192,000	❷
31日	①	(借)製造間接費	72,000	(貸)工場消耗品	72,000	❸
	②	(借)仕掛品	2,835,000	(貸)消費賃金	3,105,000	❹
		製造間接費	270,000			
	③	(借)仕掛品	888,000	(貸)第1製造部門費	528,000	❺
				第2製造部門費	360,000	
	④	(借)製造間接費	97,000	(貸)健康保険料	97,000	
	⑤	(借)製造間接費	512,000	(貸)電力料	136,000	
				保険料	74,000	
				減価償却費	302,000	
	⑥	(借)第1製造部門費	477,000	(貸)製造間接費	951,000	
		第2製造部門費	344,000			
		動力部門費	80,000			
		修繕部門費	50,000			
	⑦	(借)第1製造部門費	76,000	(貸)動力部門費	80,000	❻
		第2製造部門費	54,000	修繕部門費	50,000	
	⑧	(借)消費賃金	3,174,000	(貸)賃金	3,174,000	
	⑨	(借)賃率差異	69,000	(貸)消費賃金	69,000	❼
	⑩	(借)製造部門費配賦差異	25,000	(貸)第1製造部門費	25,000	❽
	⑪	(借)製造部門費配賦差異	38,000	(貸)第2製造部門費	38,000	❽

解説

❶ 11日　素材消費高（移動平均法）

消費単価　$@¥5,520=\dfrac{\text{月初棚卸高}¥560,000+\text{6日仕入分}¥2,200,000}{\text{月初棚卸数量100個}+\text{6日仕入数量400個}}$

消費高　¥1,932,000＝消費単価@¥5,520×消費数量350個

❷ 25日　A製品の製造原価（製造指図書＃1の原価計算表の製造原価を仕訳に使用する）

❸ 31日①　工場消耗品消費高（棚卸計算法）

消費数量　480個＝前月繰越180個＋6日仕入数量600個－月末棚卸数量300個

工場消耗品消費高　¥72,000＝@¥150×480個

❹ 31日②　賃金予定消費高＝1時間あたりの予定賃率@¥1,350×作業時間

消費賃金勘定　¥3,105,000

製造指図書＃1　@¥1,350×1,300時間＝¥1,755,000 ┐
製造指図書＃2　@¥1,350×　800時間＝¥1,080,000 ┘ ¥2,835,000（仕掛品勘定）
間　接　作　業　@¥1,350×　200時間＝¥　270,000（製造間接費勘定）

❺ 31日③　各製造部門費予定配賦額の計算（ただし書きiv参照）

第1製造部門費予定配賦率　$@¥480=\dfrac{\text{年間製造間接費予定額}¥6,240,000}{\text{年間予定直接作業時間13,000時間}}$

第2製造部門費予定配賦率　$@¥360=\dfrac{\text{年間製造間接費予定額}¥5,040,000}{\text{年間予定直接作業時間14,000時間}}$

第1製造部門費予定配賦額　@¥480×（500時間＋600時間）＝¥528,000 ┐
第2製造部門費予定配賦額　@¥360×（800時間＋200時間）＝¥360,000 ┘ ¥888,000（仕掛品勘定）

❻ 31日⑦　補助部門費から各製造部門への配賦

※動力部門費¥80,000の配賦（修繕部門費も同様に計算する）

第1製造部門費　$¥56,000=¥80,000\times\dfrac{(20\text{kW}\times 350\text{時間})}{(20\text{kW}\times 350\text{時間})+(10\text{kW}\times 300\text{時間})}$

第2製造部門費　$¥24,000=¥80,000\times\dfrac{(10\text{kW}\times 300\text{時間})}{(20\text{kW}\times 350\text{時間})+(10\text{kW}\times 300\text{時間})}$

❼ 31日⑨　賃率差異＝31日②予定消費高－31日⑧実際消費高

－¥69,000（借方差異）＝¥3,105,000－¥3,174,000

❽ 31日⑩　第1製造部門費配賦差異＝31日③予定配賦額－第1製造部門費合計

－¥25,000（借方差異）＝¥528,000－（¥477,000＋¥76,000）

❽ 31日⑪　第2製造部門費配賦差異＝31日③予定配賦額－第2製造部門費合計

－¥38,000（借方差異）＝¥360,000－（¥344,000＋¥54,000）

❾ 1月中の実際平均賃率＝$\dfrac{\text{1か月間の実際賃金総額}}{\text{1か月間の実際総作業時間}}$

$¥1,380=\dfrac{¥3,174,000}{1,300\text{時間}+800\text{時間}+200\text{時間}}$
（＃1）　（＃2）　（間接）

●ポイント

❶ 素　材

素	材
前月繰越高　100個（@¥5,600）	
6日仕入高　400個（@¥5,500）	

$\dfrac{¥560,000+¥2,200,000}{100\text{個}+400\text{個}}=@¥5,520$（消費単価）

❸ 工場消耗品

工場	消耗品
前月繰越高　180個	消費高　480個
6日仕入高　600個	月末棚卸高　300個

×@¥150＝¥72,000（製造間接費）

❻ 動力部門費（配賦基準による配分図）
（¥80,000）

動力部門費	配分先
第1製造 20kW×350h	→ 第1製造 56,000
第2製造 10kW×300h	→ 第2製造 24,000

❼

消費	賃金
実際消費高 3,174,000	予定消費高 3,105,000
	賃率差異 69,000

賃率	差異
消費賃金より 69,000	

（消費賃金の賃率差異69,000 → 賃率差異勘定の「消費賃金より 69,000」）

❽

第1製造部門費

第1製造	部門費
実際配賦額 477,000	予定配賦額 528,000
56,000	
20,000	配賦差異 25,000

第2製造部門費

第2製造	部門費
実際配賦額 344,000	予定配賦額 360,000
24,000	
30,000	配賦差異 38,000

製造部門費配賦差異

製造部門費	配賦差異
第1製造部門費 25,000	
第2製造部門費 38,000	

（第1製造部門費の配賦差異25,000・第2製造部門費の配賦差異38,000 → 製造部門費配賦差異勘定）

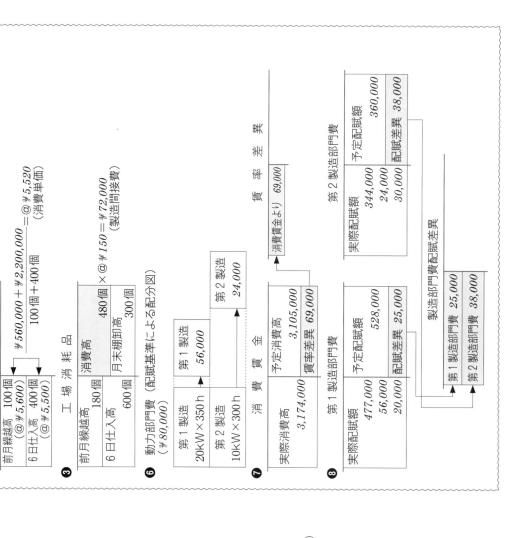

4

@４点×５＝20点

	借方		貸方		
a	仕掛品	24,000	減価償却費	24,000	❶
b	第１製造部門費 第２製造部門費	573,000 303,000	動力部門費 工場事務部門費	612,000 264,000	❷
c	工場 健康保険料預り金	377,000 377,000	当座預金	754,000	❸
d	売上原価	12,000	材料消費価格差異	12,000	❹
e	仕掛品	156,000	仕損費	156,000	❺

解説

❶ 月割額　¥24,000＝¥288,000÷12か月

❷ 補助部門から各製造部門への配賦である。

❸ 工場の仕訳（借）健康保険料　377,000　（貸）本社　377,000

❹ 材料消費価格差異は，消費材料勘定（素材勘定）の借方に実際消費高を，貸方に予定消費高を記入して，その差異を求める。

❺ 補修指図書に集計された製造原価を製造指図書に賦課するため，仕損費勘定から仕掛品勘定へ振り替える。

●ポイント

❷

(1)　第１製造部門費への配賦¥573,000＝¥408,000＋¥165,000

a．動力部門費

$$¥408,000＝¥612,000×\frac{(50\text{kW}×400時間)}{(50\text{kW}×400時間)+(20\text{kW}×500時間)}$$

b．工場事務部門費

$$¥165,000＝¥264,000×\frac{5人}{5人+3人}$$

(2)　第２製造部門費への配賦¥303,000＝¥204,000＋¥99,000

a．動力部門費

$$¥204,000＝¥612,000×\frac{(20\text{kW}×500時間)}{(50\text{kW}×400時間)+(20\text{kW}×500時間)}$$

b．工場事務部門費

$$¥99,000＝¥264,000×\frac{3人}{5人+3人}$$

❹

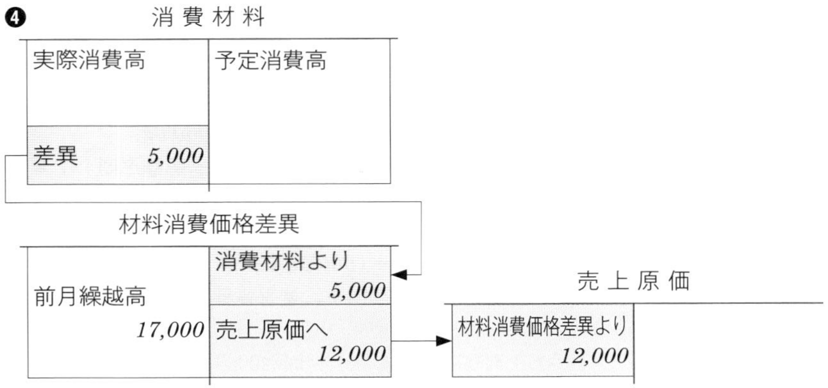

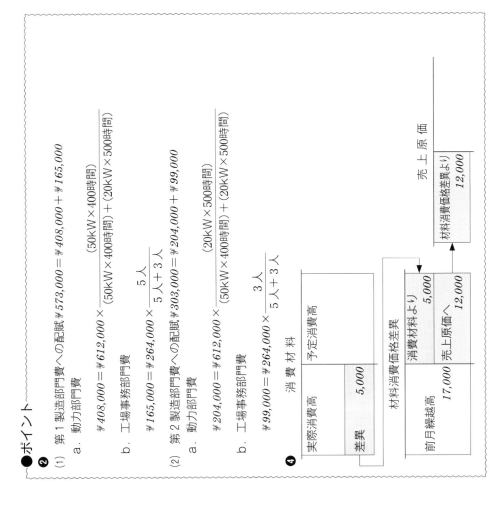

1級原価計算模擬試験問題　第５回

1

@３点×11＝33点

(1)

a	月末仕掛品の標準原価	¥	2,200,000	❶
b	材料消費数量差異	¥	50,000(有利)	❷
c	賃率差異	¥	98,000(不利)	❸
d	能率差異	¥	70,000(不利)	❹

(2)

a	販売数量が２倍になったときの営業利益	¥	300,000	❺
b	損益分岐点の売上高	¥	450,000	❻
c	目標営業利益¥420,000を達成するための販売数量		1,250 個	❼

(3)

a	当期労務費	¥	816,000	❽
b	当期経費	¥	686,000	❾
c	当期製品製造原価	¥	2,387,000	❿

(4)

月末仕掛品原価	¥	1,179,000	⓫

解説

(1)

❶ 月末仕掛品の標準原価＝直接材料費標準原価＋直接労務費標準原価＋製造間接費標準原価
¥2,200,000＝¥2,000×500個＋¥3,200×500個×0.4＋¥2,800×500個×0.4

❷ 材料消費数量差異＝(標準消費数量[*1]－実際消費数量)×標準単価
＋¥50,000(有利)＝(5,200kg－5,100kg)×¥500
＊1　標準消費数量5,200kg＝４kg×(1,200個＋500個－400個)

❸ 賃率差異＝(標準賃率－実際賃率)×実際直接作業時間
－¥98,000(不利)＝(¥800－¥820)×4,900時間

❹ 能率差異＝(標準操業度[*2]－実際操業度)×標準配賦率
－¥70,000(不利)＝(4,800時間－4,900時間)×¥700
＊2　標準操業度4,800時間＝４時間×(1,200個＋500個×0.4－400個×0.5)
または，
能率差異＝変動費能率差異[*3]＋固定費能率差異[*4]
－¥70,000(不利)＝(－¥30,000)＋(－¥40,000)
＊3　変動費能率差異＝(標準操業度－実際操業度)×変動費率
－¥30,000(不利)＝(4,800時間－4,900時間)×¥300
＊4　固定費能率差異＝(標準操業度－実際操業度)×固定費率[*5]
－¥40,000(不利)＝(4,800時間－4,900時間)×¥400
＊5　固定費率@¥400＝固定費予算額¥1,980,000÷基準操業度4,950時間

●ポイント

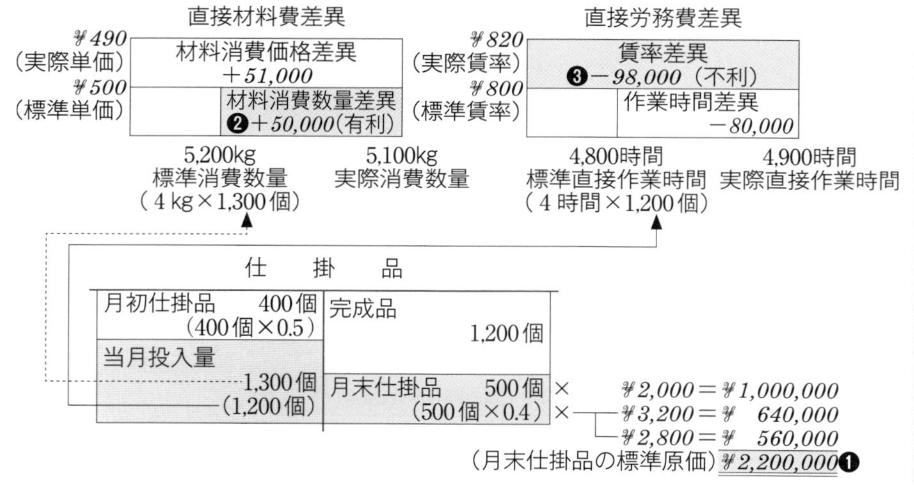

(2)

❺ Ｇ製品を500個製造・販売したときの売上高・変動売上原価・変動販売費の各金額を２倍すると1,000個のときの値となる。
営業利益　¥300,000＝売上高¥1,200,000×貢献利益率0.4[*]－固定費¥180,000
＊貢献利益率0.4＝貢献利益¥240,000／売上高¥600,000

❻ 損益分岐点の売上高　¥450,000＝固定費¥180,000÷貢献利益率0.4

❼ 目標営業利益¥420,000達成の販売数量　1,250個＝目標営業利益達成の売上高¥1,500,000[*]／販売単価@¥1,200
＊目標営業利益達成の売上高¥1,500,000＝(目標営業利益¥420,000＋固定費¥180,000)／貢献利益率0.4

●ポイント

直接原価計算による損益計算書

損益計算書 ❻

Ⅰ	売上高	1,200,000×0.4	450,000	1,500,000
Ⅱ	変動売上原価	480,000		
	変動製造マージン	720,000		
Ⅲ	変動販売費	240,000		
	貢献利益	480,000	180,000÷0.4	600,000÷0.4
Ⅳ	固定費	180,000	180,000	180,000
	営業利益❺	300,000	0	420,000
			損益分岐点	目標営業利益

¥1,500,000 ÷@¥1,200(販売単価)＝ 1,250個 ❼

(3) 当期材料費＝素材予定消費高＋工場消耗品消費高(期首棚卸高＋当期仕入高－期末棚卸高)

¥955,000＝¥709,000＋(¥28,000＋¥250,000－¥32,000)

❽ 当期労務費＝賃金消費高(当期支払高－前期未払高＋当期未払高)＋給料消費高

¥816,000＝(¥620,000－¥24,000＋¥60,000)＋¥160,000

❾ 当期経費＝外注加工賃消費高(前期前払高＋当期支払高－当期前払高)

＋電力料測定高＋減価償却費消費高

¥686,000＝(¥42,000＋¥230,000－¥40,000)＋¥194,000＋¥260,000

❿ 当期製品製造原価＝期首仕掛品棚卸高＋当期製造費用－副産物評価額

－期末仕掛品棚卸高

¥2,387,000＝¥200,000＋(¥955,000＋¥816,000＋¥686,000)－¥40,000－¥230,000

●ポイント

仕掛品

借方		貸方	
期首仕掛品	200,000	当期製品製造原価❿	2,387,000
当期材料費	955,000	副産物	40,000
当期労務費❽	816,000	期末仕掛品	230,000
当期経費❾	686,000		

消費材料

借方		貸方	
実際消費高	703,000	予定消費高	709,000
材料消費価格差異	6,000		

材料消費価格差異

借方		貸方	
		消費材料	6,000

(4) 正常減損が製造工程の終点で発生しているため，正常減損費は完成品がすべて負担する。よって，正常減損は完成品に含めて計算する。

⓫ 月末仕掛品原価（先入先出法）¥1,179,000＝素材費¥675,000＋加工費¥504,000

素材費＝当月素材費×$\frac{\text{月末仕掛品数量}}{(\text{完成品数量}+\text{減損数量}^{*}-\text{月初仕掛品数量})+\text{月末仕掛品数量}}$

¥675,000＝¥4,650,000×$\frac{450\text{kg}}{(3{,}100\text{kg}+50\text{kg}-500\text{kg})+450\text{kg}}$

＊減損数量50kg＝合計3,600kg－月末仕掛品450kg－完成品3,100kg

（資料①生産データより算出する）

加工費＝当月加工費

×$\frac{\text{月末仕掛品完成品換算数量}}{(\text{完成品数量}+\text{減損数量}-\text{月初仕掛品完成品換算数量})+\text{月末仕掛品完成品換算数量}}$

¥504,000＝¥8,624,000×$\frac{450\text{kg}\times0.4}{(3{,}100\text{kg}+50\text{kg}-500\text{kg}\times0.5)+450\text{kg}\times0.4}$

●ポイント

仕掛品（素材費）

借方		貸方		
月初仕掛品	538,000	月初仕掛品	500kg	完成品 3,100kg
当月素材費	4,650,000	当月製造費用	2,600kg	
		正常減損	50kg	
		月末仕掛品	450kg (675,000)	

仕掛品（加工費）

借方		貸方		
月初仕掛品	630,000	月初仕掛品	500kg×0.5	完成品 3,100kg
当月加工費	8,624,000	当月製造費用	2,850kg	
		正常減損	50kg	
		月末仕掛品	450kg×0.4 (504,000)	

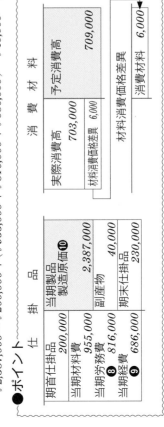

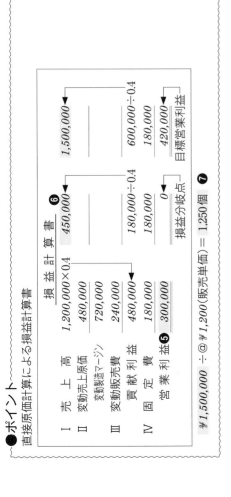

2

●印@ 4 点× 5 ＝20点

(1)

工程別総合原価計算表

令和○年/月分

摘要	第/工程	第2工程
工程個別費　素材費	5,425,000	――――
前工程費	――――	❸ 7,650,000
労務費	2,650,000	3,870,000
経費	386,000	658,000
部門共通費配賦額	485,000	796,000
補助部門費配賦額	❶ 424,000	❶● 636,000
当月製造費用	9,370,000	13,610,000
月初仕掛品原価	1,420,000	3,264,000
計	10,790,000	16,874,000
月末仕掛品原価	❷● 1,690,000	1,959,000
工程完成品原価	9,100,000	● 14,915,000
工程完成品数量	2,000個	1,900個
工程単価	￥ 4,550	￥ 7,850

(2)

第2工程の月末仕掛品原価に含まれる前工程費	￥	1,365,000 ❹●

(3)

第/工程半製品

前月繰越	2,150,000	第2工程仕掛品	7,650,000 ❸
(第1工程仕掛品)	(9,100,000)	売上原価	(1,350,000)
		次月繰越	(2,250,000) ●
	(11,250,000)		(11,250,000)

解説

❶ 補助部門費から各製造部門への配賦額

補助部門費　￥1,060,000＝￥913,000(労務費)＋￥67,000(経費)＋￥80,000(部門共通費)

第1工程　￥424,000＝補助部門費￥1,060,000×0.4

第2工程　￥636,000＝補助部門費￥1,060,000×0.6

❷ 第1工程月末仕掛品原価　￥1,690,000＝素材費￥1,300,000＋加工費￥390,000

$$\text{素材費}=(\text{月初素材費}+\text{当月素材費})\times\frac{\text{月末仕掛品数量}}{\text{完成品数量}+\text{月末仕掛品数量}}$$
(平均法)

$$￥1{,}300{,}000=(￥1{,}075{,}000+￥5{,}425{,}000)\times\frac{500\text{個}}{2{,}000\text{個}+500\text{個}}$$

$$\text{加工費}=(\text{月初加工費}+\text{当月加工費}^{*})\times\frac{\text{月末仕掛品完成品換算数量}}{\text{完成品数量}+\text{月末仕掛品完成品換算数量}}$$
(平均法)

$$￥390{,}000=(￥345{,}000+￥3{,}945{,}000)\times\frac{500\text{個}\times0.4}{2{,}000\text{個}+500\text{個}\times0.4}$$

＊￥3,945,000＝￥2,650,000（労務費）＋￥386,000（経費）＋￥485,000（共通費）＋￥424,000（補助）

❸ 第1工程完成品のうち￥7,650,000は第2工程仕掛品勘定へ投入された。

❹ 第2工程月末仕掛品原価　￥1,959,000＝前工程費￥1,365,000＋加工費￥594,000

$$\text{前工程費}=(\text{月初前工程費}+\text{当月前工程費})\times\frac{\text{月末仕掛品数量}}{\text{完成品数量}+\text{月末仕掛品数量}}$$
(平均法)

$$￥1{,}365{,}000=(￥2{,}360{,}000+￥7{,}650{,}000)\times\frac{300\text{個}}{1{,}900\text{個}+300\text{個}}$$

●ポイント

第1工程半製品

月初仕掛品 2,150,000	第2工程仕掛品へ 7,650,000 (@￥4,500×1,700個)
第1工程仕掛品より 9,100,000	売上原価へ 1,350,000 (@￥4,500×300個)
	月末仕掛品 2,250,000

第2工程仕掛品(前工程費)

月初仕掛品 2,360,000	完成品 1,900個
当月製造費用 7,650,000	月末仕掛品 300個 (❹1,365,000)

第2工程仕掛品(加工費)

月初仕掛品 904,000	完成品 1,900個
当月製造費用 5,960,000	月末仕掛品 300個×0.6 (594,000)

3

●印@３点×９＝27点

(1)

	借	方	貸	方	
1月31日①	製造間接費	125,000	工場消耗品	125,000	❷●
31日⑩	賃率差異	59,000	消費賃金	59,000	❼●

(2)

素　材

1/1	前月繰越	336,000	1/11	仕掛品	2,206,000	❶●
6	現金	2,475,000	31	次月繰越	605,000	
		2,811,000			2,811,000	

製造間接費

❷ 1/31	工場消耗品	125,000	1/31	諸口	1,057,000	
❸● 〃	消費賃金	300,000				
〃	健康保険料	187,000				
〃	諸口	445,000				
		1,057,000			1,057,000	

第2製造部門費

1/31	製造間接費	415,000	1/31	仕掛品	480,000	❹●
❺ 〃	諸口	63,500				
❾● 〃	製造部門費配賦差異	1,500				
		480,000			480,000	

(3)

製造指図書#1　　原価計算表

直接材料費	直接労務費	製造間接費 部門	時間	配賦率	金額	集計 摘要	金額
1,067,000	600,000	第1	800	480	384,000	直接材料費	1,067,000
	❸●1,920,000	第1	400	❹480	192,000	直接労務費	2,520,000
	2,520,000	第2	1,200	❹320	384,000	製造間接費	960,000
					960,000	製造原価	4,547,000 ❻●
						完成品数量	40個
						製品単価	¥113,675

製造指図書#2　　原価計算表

直接材料費	直接労務費	製造間接費 部門	時間	配賦率	金額	集計 摘要	金額
❶2,206,000	❸1,320,000	第1	800	❹480	384,000	直接材料費	
		第2	300	❹320	● 96,000	直接労務費	

〈取引の仕訳〉

日付		借方	金額	貸方	金額	
1月6日		(借)素材	2,475,000	(貸)現金	2,625,000	
		工場消耗品	150,000			
11日		(借)仕掛品	2,206,000	(貸)素材	2,206,000	❶
25日		(借)賃金	3,280,000	(貸)所得税預り金	227,000	
				健康保険料預り金	187,000	
				当座預金	2,866,000	
26日		(借)電力料	145,000	(貸)現金	145,000	
31日	①	(借)製造間接費	125,000	(貸)工場消耗品	125,000	❷
	②	(借)仕掛品	3,240,000	(貸)消費賃金	3,540,000	❸
		製造間接費	300,000			
	③	(借)製造間接費	187,000	(貸)健康保険料	187,000	
	④	(借)製造間接費	445,000	(貸)電力料	138,000	
				保険料	75,000	
				減価償却費	232,000	
	⑤	(借)仕掛品	1,056,000	(貸)第1製造部門費	576,000	❹
				第2製造部門費	480,000	
	⑥	(借)第1製造部門費	472,000	(貸)製造間接費	1,057,000	
		第2製造部門費	415,000			
		動力部門費	110,000			
		修繕部門費	60,000			
	⑦	(借)第1製造部門費	106,500	(貸)動力部門費	110,000	❺
		第2製造部門費	63,500	修繕部門費	60,000	
	⑧	(借)製品	4,547,000	(貸)仕掛品	4,547,000	❻
	⑨	(借)消費賃金	3,599,000	(貸)賃金	3,599,000	
	⑩	(借)賃率差異	59,000	(貸)消費賃金	59,000	❼
	⑪	(借)製造部門費配賦差異	2,500	(貸)第1製造部門費	2,500	❽
	⑫	(借)第2製造部門費	1,500	(貸)製造部門費配賦差異	1,500	❾

解説

❶ 11日　素材消費高（先入先出法）

消費数量400個
- 前月繰越分より　@¥5,600× 60個＝¥ 336,000
- 1/6仕入分より　@¥5,500×340個＝¥1,870,000
- 400個　¥2,206,000（消費高）

❷ 31日①　工場消耗品消費高（棚卸計算法）

消費数量　500個＝前月繰越200個＋6日仕入数量600個－月末棚卸数量300個

工場消耗品消費高　¥125,000＝@¥250×500個

❸ 31日②　賃金予定消費高＝1時間あたりの予定賃率@¥1,200×作業時間

消費賃金勘定　¥3,540,000
- 製造指図書＃1　@¥1,200×1,600時間＝¥1,920,000
- 製造指図書＃2　@¥1,200×1,100時間＝¥1,320,000
- （＃1と＃2の合計）¥3,240,000（仕掛品勘定）
- 間接作業　@¥1,200× 250時間＝¥ 300,000（製造間接費勘定）

❹ 31日⑤　各製造部門費予定配賦額の計算（ただし書きⅳ参照）

第1製造部門費予定配賦率　@¥480＝年間製造間接費予定額¥6,336,000／年間予定直接作業時間13,200時間

第2製造部門費予定配賦率　@¥320＝年間製造間接費予定額¥4,480,000／年間予定直接作業時間14,000時間

第1製造部門費予定配賦額　@¥480×（ 400時間＋800時間）＝¥576,000

第2製造部門費予定配賦額　@¥320×（1,200時間＋300時間）＝¥480,000

（合計）¥1,056,000（仕掛品勘定）

❺ 31日⑦　動力部門費¥110,000の配賦（修繕部門費も同様に計算する）

第1製造部門費　¥82,500＝¥110,000×（20kW×300時間）／｛（20kW×300時間）＋（10kW×200時間）｝

第2製造部門費　¥27,500＝¥110,000×（10kW×200時間）／｛（20kW×300時間）＋（10kW×200時間）｝

❻ 31日⑧　A製品の製造原価（製造指図書＃1の原価計算表の製造原価を仕訳に使用する）

❼ 31日⑩　賃率差異　－¥59,000＝31日②予定消費高¥3,540,000－31日⑨実際消費高¥3,599,000*
（借方差異）

*@¥1,220×（1,600時間＋1,100時間＋250時間）

❽ 31日⑪　第1製造部門費配賦差異＝31日⑤予定配賦額－31日⑥⑦実際配賦額

－¥2,500（借方差異）＝¥576,000－（¥472,000＋¥106,500）

❾ 31日⑫　第2製造部門費配賦差異＝31日⑤予定配賦額－31日⑥⑦実際配賦額

＋¥1,500（貸方差異）＝¥480,000－（¥415,000＋¥63,500）

●ポイント

❶ 素材

借方	貸方
前月繰越高 60個（@¥5,600）	11日消費高 60個
6日仕入高 450個（@¥5,500）	340個

60個×@¥5,600＝¥ 336,000

340個×@¥5,500＝¥1,870,000

¥2,206,000（仕掛品）

❷ 工場消耗品

借方	貸方
前月繰越高 200個	消費高 500個
6日仕入高 600個	月末棚卸高 300個

500個×@¥250＝¥125,000（製造間接費）

❺ 動力部門費（配賦基準による配分図）
（¥110,000）

配賦基準	配賦額
第1製造 20kW×300h	第1製造 82,500
第2製造 10kW×200h	第2製造 27,500

❼ 消費賃金

借方	貸方
実際消費高 3,599,000	予定消費高 3,540,000
	賃率差異 59,000

賃率差異

借方	貸方
消費賃金より 59,000	

❽ 第1製造部門費

借方	貸方
実際配賦額 472,000	予定配賦額 576,000
106,500	配賦差異 2,500

❾ 第2製造部門費

借方	貸方
実際配賦額 415,000	予定配賦額 480,000
63,500	
配賦差異 1,500	

製造部門費配賦差異

借方	貸方
第1製造部門費 2,500	第2製造部門費 1,500

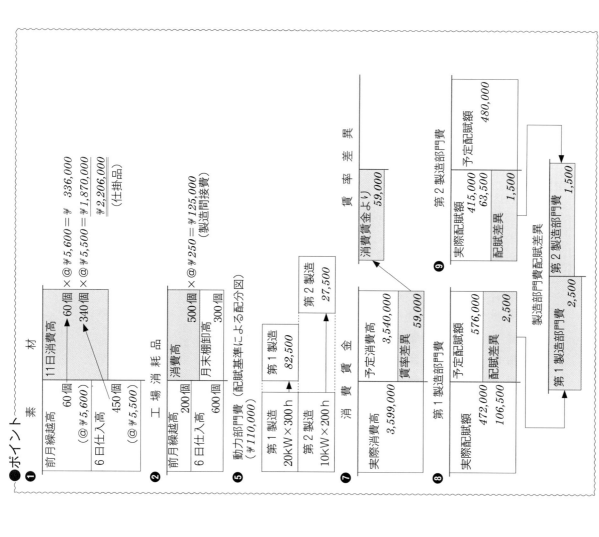

4

@ 4 点× 5 =20点

	借方		貸方		
a	棚卸減耗損	54,000	買入部品	54,000	❶
b	A組製品	6,256,000	A組仕掛品	6,256,000	❷
	B組製品	4,032,000	B組仕掛品	4,032,000	
c	売掛金	1,680,000	売上	1,680,000	❸
	売上原価	1,162,000	1級製品	782,000	
			2級製品	380,000	
d	減価償却費	730,000	建物減価償却累計額	1,350,000	❹
	工場	620,000			
e	製品	1,920,000	仕掛品	2,180,000	❺
	副産物	260,000			

解説

❶ 消費単価（総平均法） @￥2,700＝$\dfrac{\text{前月繰越高￥}1,200,000＋\text{当月仕入高￥}4,200,000}{\text{前月繰越数量}500\text{個}＋\text{仕入数量}1,500\text{個}}$

棚卸減耗損　￥54,000＝消費単価@￥2,700×(帳簿棚卸数量370個*－実地棚卸数量350個)

＊帳簿棚卸数量370個＝前月繰越数量500個＋当月仕入数量1,500個－当月消費数量1,630個

❷ 各組の完成品原価＝月初仕掛品原価＋当月製造費用－月末仕掛品原価

A組完成品原価　￥6,256,000＝￥480,000＋￥6,500,000－￥724,000

B組完成品原価　￥4,032,000＝￥368,000＋￥4,200,000－￥536,000

A組仕掛品→A組製品，B組仕掛品→B組製品

❸ 売上製品の製造原価は，1級製品勘定・2級製品勘定から売上原価勘定へ振り替える。

❹ 工場の仕訳（借）減価償却費　620,000　（貸）本　社　620,000

❺ 仕掛品→製品・副産物

●ポイント

❶ 買入部品

借方	貸方	
前月繰越高 500個 (@￥2,400)	実際消費数量 1,630個	
当月仕入高 1,500個 (@￥2,800)	帳簿 370個：減耗 20個	×@￥2,700＝￥54,000（棚卸減耗損）
	帳簿 370個：実地 350個	

1級原価計算模擬試験問題　第 6 回

1

@ 3 点×11＝33点

(1)

a	b	
￥　65,000	1	❶

(2)

a	損益分岐点の売上高	￥	3,900,000	❷
b	営業利益を2倍にするための販売数量		3,400　個	❸
c	変動製造マージン（ア）の金額	￥	2,880,000	❹

(3)

a	材料の実際消費高	￥	3,703,000	❺
b	間接労務費の実際発生額	￥	2,048,000	❻
c	売上原価	￥	10,048,000	❼

(4)

a	完成品の標準原価	￥	9,920,000	❽
b	材料消費価格差異	￥	92,000（不利）	❾
c	作業時間差異	￥	80,000（不利）	❿

解説

(1)

❶ 操業度差異＝固定費率*×（実際直接作業時間－基準操業度）

－￥65,000（借方）＝@￥650×（2,300時間－2,400時間）

$$* 固定費率＝\frac{固定費予算額}{基準操業度}$$

$$@￥650＝\frac{￥1,560,000}{2,400時間}$$

〈参考〉予算差異＝（変動費率×実際直接作業時間＋固定費予算額）－実際製造間接費発生額

－￥70,000（借方）＝（@￥500×2,300時間＋￥1,560,000）－￥2,780,000

●ポイント

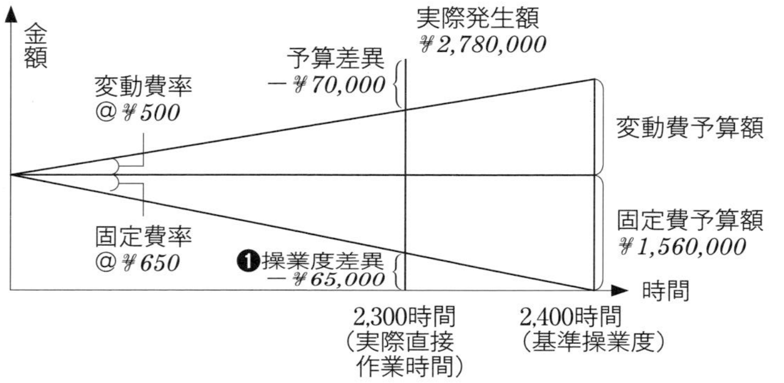

(2)

❷ 損益分岐点の売上高　￥3,900,000＝固定費￥1,482,000÷貢献利益率0.38*

＊貢献利益率0.38＝貢献利益￥1,710,000÷売上高￥4,500,000

❸ 営業利益を2倍にするための販売数量

3,400個＝目標営業利益達成の売上高￥5,100,000*÷販売単価@￥1,500

＊￥5,100,000＝（目標営業利益￥228,000×2＋固定費￥1,482,000）÷貢献利益率0.38

❹ 変動製造マージン（ア）の金額

変動製造マージン＝貢献利益＋変動販売費（販売費及び一般管理費－固定販売費及び一般管理費）

￥2,880,000＝￥1,710,000＋（￥1,412,000－￥242,000）

●ポイント

直接原価計算による損益計算書

損益計算書

Ⅰ	売上高	4,500,000×0.38	3,900,000 ❷	5,100,000
Ⅱ	変動売上原価	（　　　）		
	変動製造マージン（ア	2,880,000）❹		
Ⅲ	変動販売費	（1,170,000）		
	貢献利益	1,710,000	1,482,000÷0.38	1,938,000÷0.38
Ⅳ	固定費	1,482,000	1,482,000	1,482,000
	営業利益	228,000	0	456,000
			損益分岐点	目標営業利益

￥5,100,000÷@￥1,500（販売単価）＝3,400個 ❸

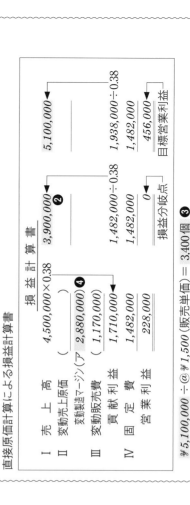

(3)

❺ 材料の実際消費高＝期首棚卸高＋当期仕入高－期末棚卸高（素材＋工場消耗品）

¥3,703,000＝(*¥600,000*＋*¥28,000*)＋(*¥3,500,000*＋*¥249,000*)－(*¥642,000*＋*¥32,000*)

❻ 間接労務費の実際発生額＝賃金実際消費高＋給料消費高＋退職給付費用消費高＋健康保険料消費高

¥2,048,000＝*¥288,000*＋*¥1,270,000*＋*¥354,000*＋*¥136,000*

❼ 売上原価＝期首製品＋当期製品製造原価*－期末製品＋製造間接費配賦差異（借方差異）

¥10,048,000＝*¥851,000*＋*¥10,107,000*－*¥922,000*＋*¥12,000*

＊当期製品製造原価＝期首仕掛品＋素材＋賃金＋外注加工賃＋製造間接費－期末仕掛品

¥10,107,000＝*¥377,000*＋*¥3,230,000*＋*¥3,600,000*＋*¥352,000*＋*¥2,920,000*－*¥372,000*

●ポイント

素材　❺ *¥3,703,000*

期首棚卸高 600,000	実際消費高 3,458,000
当期仕入高 3,500,000	期末棚卸高 642,000

工場消耗品

期首棚卸高 28,000	実際消費高 245,000
当期仕入高 249,000	期末棚卸高 32,000

賃金

	実際消費高 ¥900×320h (288,000)
	実際消費高 ¥900×4,000h (3,600,000)

製造間接費

素材 228,000	予定配賦額 ¥730×4,000h (2,920,000)
工場消耗品 (245,000)	
賃金 (288,000)	
給料 1,270,000	❻ 2,048,000
退職給付費用 354,000	
健康保険料 136,000	
水道料 (247,000*)	
減価償却費 164,000	製造間接費配賦差異へ (12,000)

製造間接費配賦差異

製造間接費より 12,000	売上原価へ 12,000

仕掛品

期首仕掛品 377,000	当期製品製造原価 10,107,000
素材 (3,230,000)	
賃金 3,600,000	
外注加工賃 352,000	
製造間接費 (2,920,000)	期末仕掛品 372,000

製品

期首製品 851,000	売上原価へ 10,036,000
当期製品製造原価 10,107,000	期末製品 922,000

売上原価

製品より 10,036,000	売上原価 ❼10,048,000
製造間接費配賦差異 12,000	

＊水道料＝基本料金＋当期使用料（単価×当期使用量）

¥247,000＝*¥13,000*＋@*¥130*×1,800㎥

(4)

❽ 完成品の標準原価＝製品 1 個あたりの標準原価×完成品数量

¥9,920,000＝@*¥6,200*×1,600個

❾ 材料消費価格差異＝(標準単価－実際単価)×実際消費数量

－*¥92,000*（不利）＝(@*¥600*－@*¥620*)×4,600kg

❿ 作業時間差異＝標準賃率×(標準直接作業時間*－実際直接作業時間)

－*¥80,000*（不利）＝@*¥1,000*×(3,120時間－3,200時間)

＊標準直接作業時間3,120時間＝2時間×(1,600個－200個×0.5＋100個×0.6)

●ポイント

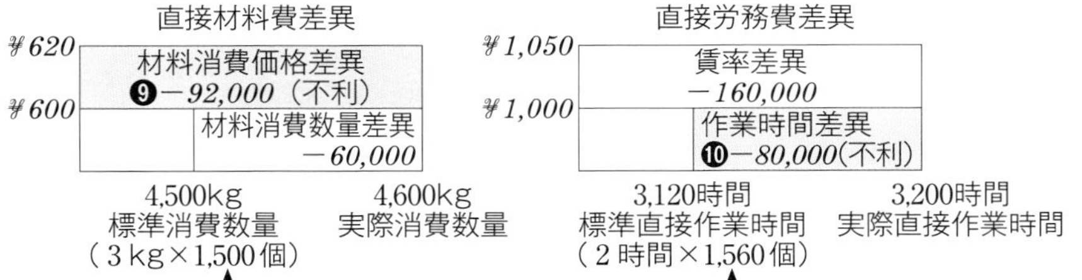

仕掛品

月初仕掛品 200個 (200個×0.5)	完成品 1,600個
当月投入量 1,500個 (1,560個)	月末仕掛品 100個 (100個×0.6)

×@*¥6,200*
＝*¥9,920,000*❽
（完成品の標準原価）

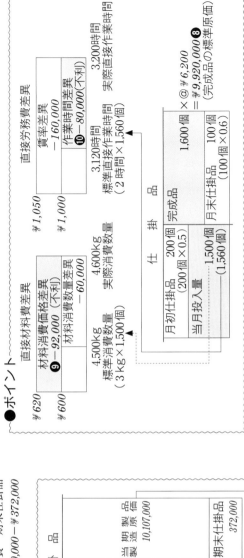

2

●印@4点×5＝20点

(1)

仕　掛　品

❶ 前月繰越	(1,162,000)	諸口	7,600,000
素材	4,356,000	次月繰越	(510,000)●❸
工場消耗品	260,000		
賃金	1,684,000		
給料	196,000		
健康保険料	79,000		
減価償却費	283,000		
❷ 修繕料	(75,000)●		
雑費	15,000		
	(8,110,000)		(8,110,000)

(2)

等級別総合原価計算表

❹ 令和○年/月分

等級別製品	重量	等価係数	完成品数量	積数	等級別製造原価	製品単価
1級製品	400 g	4	3,500個	14,000	● 2,800,000	¥ 800
2級製品	200 〃	2	5,000 〃	10,000	2,000,000	〃 400
3級製品	100 〃	1	14,000 〃	14,000	2,800,000	〃 200 ●
				38,000	7,600,000	

(3)

2　級　製　品

前月繰越	450,000	(売上原価)	(2,010,000)●❺
仕掛品	(2,000,000)	次月繰越	(440,000)
	(2,450,000)		(2,450,000)

解説

❶ 仕掛品勘定の前月繰越　¥1,162,000＝月初仕掛品原価(素材費¥820,000＋加工費¥342,000)

❷ 仕掛品勘定の修繕料＝当月支払高－前月末払高＋当月末払高

¥75,000＝¥73,000－¥5,000＋¥7,000

❸ 仕掛品勘定の次月繰越　¥510,000＝仕掛品勘定の借方合計¥8,110,000－諸口¥7,600,000

❹ 等級別総合原価計算表の完成

①各等級製品の等価係数　(400 g ：200 g ：100 g＝4 ：2 ：1)

②1級製品の積数14,000＝①4 × 3,500個

③2級製品の積数10,000＝①2 × 5,000個

④3級製品の積数14,000＝①1 ×14,000個

⑤1級製品の等級別製造原価¥2,800,000＝製造原価合計¥7,600,000× ②14,000 / 積数合計38,000

⑥1級製品の製品単価¥800＝等級別製造原価¥2,800,000÷3,500個

⑦2級製品の等級別製造原価¥2,000,000＝製造原価合計¥7,600,000× ③10,000 / 積数合計38,000

⑧2級製品の製品単価¥400＝等級別製造原価¥2,000,000÷5,000個

⑨3級製品の等級別製造原価¥2,800,000＝製造原価合計¥7,600,000× ④14,000 / 積数合計38,000

⑩3級製品の製品単価¥200＝等級別製造原価¥2,800,000÷14,000個

❺ 2級製品勘定の売上原価¥2,010,000＝前月繰越1,000個×@¥450

＋当月完成品より3,900個×@¥400

当月販売数量4,900個 ─┬ 前月繰越　1,000個
　　　　　　　　　　　└ 当月完成品3,900個

●ポイント

❺ 2　級　製　品

前月繰越 1,000個(@¥450)	売上原価 1,000個×@¥450 ＝¥　450,000
当月完成品 5,000個(@¥400)	3,900個×@¥400 ＝¥1,560,000
	¥2,010,000
	次月繰越 1,100個(@¥400)

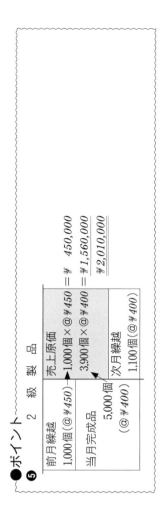

3

●印@3点×9＝27点

(1)

	借方		貸方		
6月30日①	製造間接費	51,000	工場消耗品	51,000	❸●

(2)

消費賃金

6/30	賃金	3,925,000	6/30	諸口	3,900,000	❹
			〃	賃率差異	25,000	❻●
		3,925,000			3,925,000	

仕掛品

	6/1	前月繰越	2,155,000	6/26	製品	4,625,000	❷●
❶●	11	素材	1,770,000	30	次月繰越	4,014,000	
❹	30	消費賃金	3,600,000				
	〃	外注加工賃	154,000				
❺	〃	製造間接費	960,000				
			8,639,000			8,639,000	

製造間接費

❸●	6/30	工場消耗品	51,000	6/30	仕掛品	960,000	❺
❹	〃	消費賃金	300,000				
	〃	健康保険料	136,000				
	〃	諸口	455,000				
❼●	〃	製造間接費配賦差異	18,000				
			960,000			960,000	

(3)

製造指図書＃1　　原価計算表

直接材料費	直接労務費	製造間接費	集計 摘要	金額	
1,015,000	900,000	240,000	直接材料費	1,015,000	
❹●	1,950,000	520,000	直接労務費	2,850,000	
	2,850,000	760,000	製造間接費	760,000	
			製造原価	4,625,000	❷
			完成品数量	250個	
			製品単価	¥ 18,500	●

(4)

予算差異	¥ 30,000（借方・(貸方)）	❽●

※（借方・貸方）のいずれかを○で囲むこと

〈取引の仕訳〉

日付		借方科目	金額	貸方科目	金額	
6月6日		(借)素材	1,800,000	(貸)買掛金	1,848,000	
		工場消耗品	48,000			
11日		(借)仕掛品	1,770,000	(貸)素材	1,770,000	❶
25日		(借)賃金	3,880,000	(貸)所得税預り金	245,000	
				健康保険料預り金	136,000	
				当座預金	3,499,000	
26日		(借)製品	4,625,000	(貸)仕掛品	4,625,000	❷
30日	①	(借)製造間接費	51,000	(貸)工場消耗品	51,000	❸
	②	(借)仕掛品	3,600,000	(貸)消費賃金	3,900,000	❹
		製造間接費	300,000			
	③	(借)製造間接費	136,000	(貸)健康保険料	136,000	
	④	(借)仕掛品	154,000	(貸)外注加工賃	154,000	
		製造間接費	455,000	電力料	168,000	
				減価償却費	263,000	
				雑費	24,000	
	⑤	(借)仕掛品	960,000	(貸)製造間接費	960,000	❺
	⑥	(借)消費賃金	3,925,000	(貸)賃金	3,925,000	
	⑦	(借)賃率差異	25,000	(貸)消費賃金	25,000	❻
	⑧	(借)製造間接費	18,000	(貸)製造間接費配賦差異	18,000	❼

解説

❶ 11日　素材消費高（移動平均法）

消費単価　@¥2,950＝$\frac{\text{月初棚卸高¥560,000＋6日仕入分¥1,800,000}}{\text{月初棚卸数量200個＋6日仕入数量600個}}$

消費高　¥1,770,000＝消費単価@¥2,950×消費数量600個

❷ 26日　A製品の製造原価（製造指図書＃1の原価計算表の製造原価を仕訳に使用する）

❸ 30日①　工場消耗品消費高（棚卸計算法）

消費数量　850個＝前月繰越250個＋6日仕入数量800個－月末棚卸数量200個

工場消耗品消費高　¥51,000＝@¥60×850個

❹ 30日②　賃金予定消費高＝1時間あたりの予定賃率@¥1,500×作業時間

消費賃金勘定　¥3,900,000

製造指図書＃1　@¥1,500×1,300時間＝¥1,950,000 ┐
製造指図書＃2　@¥1,500×1,100時間＝¥1,650,000 ┘—¥3,600,000（仕掛品勘定）
間接作業　@¥1,500×200時間＝¥300,000（製造間接費勘定）

❺ 30日⑤　各製造部門費予定配賦額の計算（ただし書きⅳ参照）

製造間接費予定配賦率　@¥400＝$\frac{\text{年間製造間接費予定額¥12,000,000}}{\text{年間予定直接作業時間30,000時間}}$

製造間接費予定配賦額　@¥400×(1,300時間＋1,100時間)＝¥960,000（仕掛品勘定）

❻ 30日⑦ 賃率差異 －￥25,000＝30日②予定消費高￥3,900,000
（借方差異） －30日⑥実際消費高￥3,925,000

❼ 30日⑧ 製造間接費配賦差異＝30日⑤予定配賦額－製造間接費実際発生額
＋￥18,000（貸方差異）＝￥960,000－（￥51,000＋￥300,000＋￥136,000＋￥455,000）

❽ 予算差異＝（変動費率×実際操業度＋固定費予算額）－実際発生額
＋￥30,000（貸方差異）＝（￥280×2,400時間＋￥300,000）－￥942,000
〈参考〉操業度差異＝（実際操業度－基準操業度）×固定費率*
－￥12,000（借方差異）＝（2,400時間－2,500時間）×￥120
＊固定費率￥120＝固定費予算額￥300,000÷基準操業度2,500時間

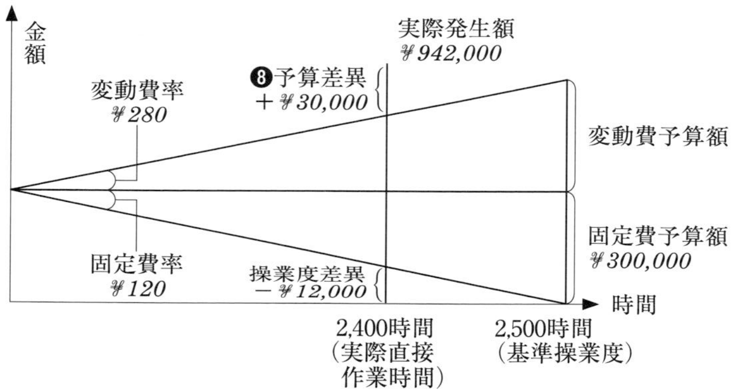

●ポイント

❶ 素　材

前月繰越高 200個（@￥2,800）	
6日仕入高 600個（@￥3,000）	

$\frac{￥560,000＋￥1,800,000}{200個＋600個}$＝@￥2,950（消費単価）

@￥2,950×600個＝￥1,770,000（仕掛品）

❸ 工場消耗品

前月繰越高 250個	消費高 850個
6日仕入高 800個	月末棚卸高 200個

×@￥60＝￥51,000（製造間接費）

❻ 消費賃金

実際消費高 3,925,000	予定消費高 3,900,000
	賃率差異 25,000

賃率差異

消費賃金より 25,000	

❼ 製造間接費

実際配賦額	予定配賦額
30① 51,000	30⑤ 960,000
30② 300,000	
30③ 136,000	
30④ 455,000	
配賦差異 18,000	

製造間接費配賦差異

	製造間接費 18,000

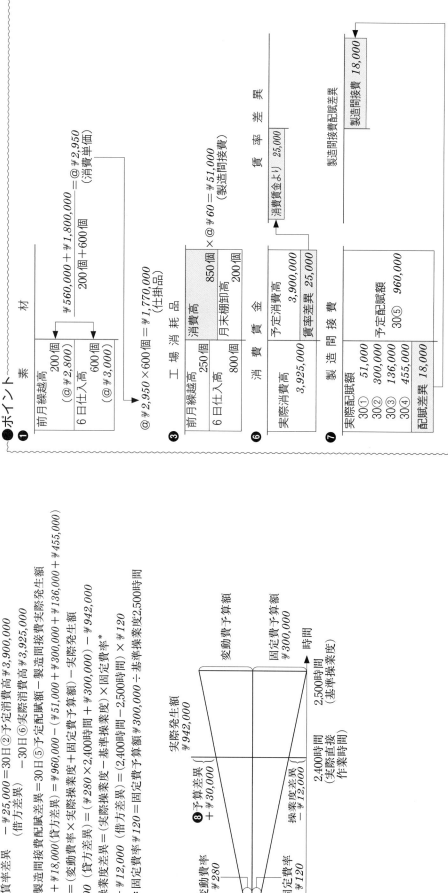

4

@ 4 点× 5 =20点

	借方		貸方		
a	仕掛品	*480,000*	従業員賞与手当	*480,000*	❶
b	A組仕掛品 B組仕掛品	*552,000* *848,000*	組間接費	*1,400,000*	❷
c	第1工程半製品 第2工程仕掛品 製品	*4,280,000* *2,060,000* *3,470,000*	第1工程仕掛品 第1工程半製品 第2工程仕掛品	*4,280,000* *2,060,000* *3,470,000*	❸
d	工場	*1,850,000*	所得税預り金 健康保険料預り金 当座預金	*136,000* *73,000* *1,641,000*	❹
e	仕損品 仕損費	*63,000* *687,000*	仕掛品	*750,000*	❺

解説

❶ 月割額　*￥480,000*＝*￥2,880,000*÷ 6 か月

❷ 組間接費は，各組の組直接費の合計を基準として配賦される。

❸ 第 1 工程仕掛品→第 1 工程半製品，第 1 工程半製品→第 2 工程仕掛品，
第 2 工程仕掛品→製品

❹ 工場の仕訳（借）賃　　金　*1,850,000*　（貸）本　　社　*1,850,000*

❺ 仕損品の評価額は仕損品勘定に集計され，仕損費は旧製造指図書に集計された原価から仕損品の評価額を差し引くことによって求められる。

●ポイント

❷

$$\text{A組の組間接費}=\text{組間接費}\times\frac{\text{A組直接費}}{\text{A組直接費}+\text{B組直接費}}$$

$$￥552{,}000=(￥140{,}000+￥520{,}000+￥740{,}000)\times\frac{(￥400{,}000+￥2{,}240{,}000+￥120{,}000)}{(￥400{,}000+￥2{,}240{,}000+￥120{,}000)+(￥680{,}000+￥3{,}420{,}000+￥140{,}000)}$$

$$\text{B組の組間接費}=\text{組間接費}\times\frac{\text{B組直接費}}{\text{A組直接費}+\text{B組直接費}}$$

$$￥848{,}000=(￥140{,}000+￥520{,}000+￥740{,}000)\times\frac{(￥680{,}000+￥3{,}420{,}000+￥140{,}000)}{(￥400{,}000+￥2{,}240{,}000+￥120{,}000)+(￥680{,}000+￥3{,}420{,}000+￥140{,}000)}$$

1級原価計算模擬試験問題　第７回

1

@３点×12＝36点

(1)

a	当期材料費	¥	1,686,000	❶
b	当期経費	¥	923,000	❷
c	期末仕掛品棚卸高	¥	955,000	❸
d	売上原価	¥	5,377,000	❹

(2)

a	販売数量が1,500個のときの貢献利益	¥	384,000	❺
b	損益分岐点の売上高	¥	675,000	❻
c	目標営業利益¥584,000を達成するための売上高	¥	2,500,000	❼

(3)

a	月末仕掛品の標準原価	¥	2,040,000	❽
b	材料消費価格差異	¥	92,000(有利)	❾
c	作業時間差異	¥	120,000(不利)	❿

(4)

ア	イ
2 ⓫	4 ⓬

（注意）枠の中が２つとも合っている場合に正答とする。

(5)

ア	¥ 600,000	⓭
イ	¥ 900	⓮

（注意）枠の中が２つとも合っている場合に正答とする。

解説

(1)

❶ 当期材料費＝素材予定消費高＋工場消耗品消費高(期首棚卸高＋当期仕入高－期末棚卸高)
¥1,686,000＝¥1,450,000＋(¥28,000＋¥245,000－¥37,000)

❷ 当期経費＝外注加工賃消費高(当期支払高－前期未払高＋当期未払高)＋電力料測定高
＋減価償却費消費高
¥923,000＝(¥143,000－¥28,000＋¥33,000)＋¥355,000＋¥420,000

❸ 期末仕掛品棚卸高＝期首仕掛品棚卸高＋当期製造費用－当期製品製造原価
¥955,000＝¥860,000＋(¥1,686,000＋¥2,750,000* ＋¥923,000)－¥5,264,000
＊当期労務費＝賃金予定消費高＋給料消費高
¥2,750,000＝¥2,480,000＋¥270,000

❹ 売上原価＝期首製品棚卸高＋当期製品製造原価－期末製品棚卸高＋材料消費価格差異
－賃率差異
¥5,377,000＝¥1,480,000＋¥5,264,000－¥1,360,000＋¥4,000－¥11,000

●ポイント

仕掛品

借方		貸方	
期首仕掛品	860,000	当期製品製造原価	5,264,000
	1,686,000		
	2,750,000	期末仕掛品❸	955,000
	923,000		

製品

借方		貸方	
期首製品	1,480,000	売上原価へ	5,384,000
当期製品製造原価	5,264,000	期末製品	1,360,000

消費材料

借方		貸方	
実際消費高	1,454,000	予定消費高	1,450,000
		差異	4,000

材料消費価格差異

借方		貸方	
消費材料より	4,000	売上原価へ	4,000

売上原価

借方		貸方	
製品より	5,384,000	賃率差異	11,000
材料消費価格差異	4,000	売上原価❹	5,377,000

(2)

❺ 貢献利益　¥384,000＝売上高(@¥800×1,500個)－変動費(@¥480＋@¥64)×1,500個

❻ 損益分岐点の売上高　¥675,000＝$\frac{\text{固定費¥216,000}}{\text{貢献利益率0.32*}}$

＊貢献利益率0.32＝$\frac{\text{貢献利益¥384,000}}{\text{売上高¥1,200,000}}$

❼ 目標営業利益¥584,000を達成するための売上高＝(目標営業利益＋固定費)÷貢献利益率
¥2,500,000＝(¥584,000＋¥216,000)÷0.32

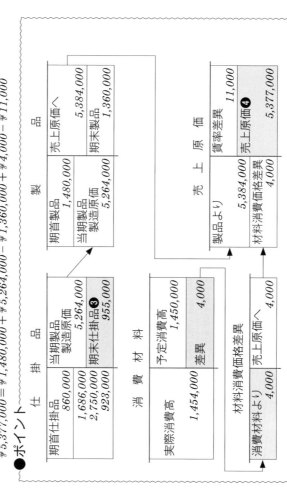

●ポイント

直接原価計算による損益計算書

損益計算書

			❻	❼
Ⅰ	売上高	1,200,000×0.32	675,000	2,500,000
Ⅱ	変動売上原価	720,000		
	変動製造マージン	480,000		
Ⅲ	変動販売費	96,000		
	貢献利益❺	384,000	216,000÷0.32	800,000÷0.32
Ⅳ	固定費	216,000	216,000	216,000
	営業利益	168,000	0	584,000
			損益分岐点	目標営業利益

(3)

❽ 月末仕掛品の標準原価＝直接材料費標準原価＋直接労務費標準原価＋製造間接費標準原価

¥2,040,000＝¥1,800×400個＋¥3,600×400個×0.5＋¥3,000×400個×0.5

❾ 材料消費価格差異＝(標準単価－実際単価)×実際消費数量

＋¥92,000（有利）＝(¥600－¥580)×4,600kg

❿ 作業時間差異＝標準賃率×(標準直接作業時間*－実際直接作業時間)

－¥120,000（不利）＝@¥1,200×(4,800時間－4,900時間)

＊標準直接作業時間4,800時間＝3時間×(1,600個＋400個×0.5－500個×0.4)

●ポイント

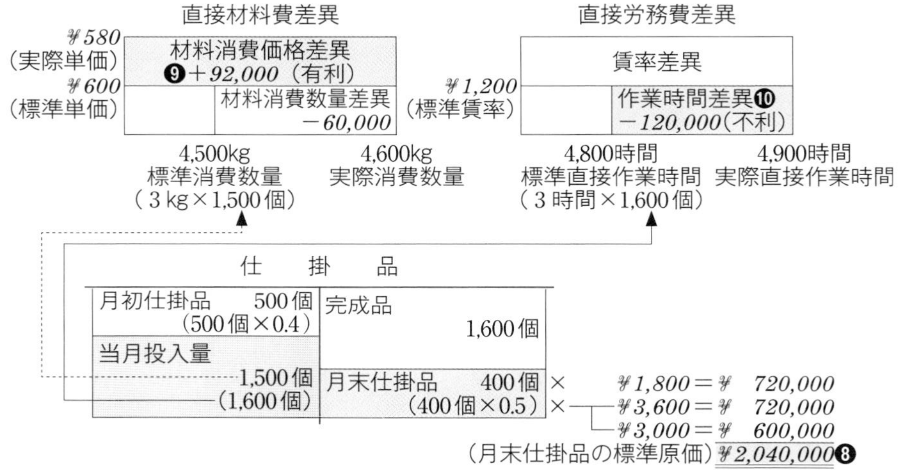

(4)

⓫ 支払経費……外注加工賃・厚生費・修繕料・旅費交通費・通信費・保管料・雑費など

月割経費……特許権使用料・減価償却費・賃借料・保険料・租税公課・棚卸減耗損など

測定経費……電力料・ガス代・水道料など

⓬ 製造直接費はさらに，直接材料費・直接労務費・直接経費に分類される。

(5)

① 1級製品の等価係数　5（200g：160g：120g＝5：4：3）

② 1級製品の積数　2,000＝①5×400個

③ 1級製品の等級別製造原価　⓭¥600,000＝製造原価合計¥1,140,000×②2,000／積数合計3,800

④ 2級製品の等級別製造原価　¥360,000＝¥1,140,000－③¥600,000－¥180,000

⑤ 2級製品の完成品数量　300個＝④¥360,000÷製品単価¥1,200

⑥ 2級製品の積数　1,200＝等価係数4×⑤300個

⑦ 3級製品の積数　600＝積数合計3,800－②2,000－⑥1,200

⑧ 3級製品の完成品数量　200個＝⑦600÷等価係数3

⑨ 3級製品の製品単価　⓮¥900＝等級別製造原価¥180,000÷⑧200個

●ポイント

(5)

等級別総合原価計算表

令和○年1月分

等級別製品	重量	等価係数	完成品数量	積数	等級別製造原価	製品単価
1級製品	200g	(5)①	400個	(2,000)②	(⓭600,000)③	¥(1,500)
2級製品	160〃	4	(300)〃⑤	(1,200)⑥	(360,000)④	〃 1,200
3級製品	120〃	3	(200)〃⑧	(600)⑦	180,000	〃(⓮900)⑨
				3,800	1,140,000	

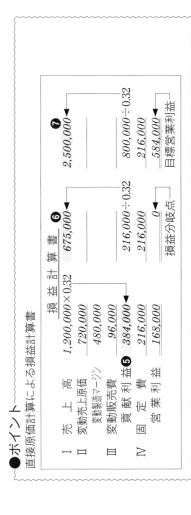

2

●印@4点×5＝20点

組別総合原価計算表

令和○年/月分

摘要		A組		B組	
組直接費	素材費		3,445,000		4,014,000
	加工費		3,510,000		3,108,000
組間接費	加工費	❶	340,000	❷●	460,000
当月製造費用			7,295,000		7,582,000
月初仕掛品原価	素材費		858,000		330,000
	加工費		397,000		258,000
計			8,550,000		8,170,000
月末仕掛品原価	素材費		650,000	❹	450,000
	加工費	❸●	420,000		160,000
完成品原価			7,480,000	●	7,560,000
完成品数量			5,500個		4,500個
製品単価		¥	1,360	¥	1,680

A組仕掛品

前月繰越	1,255,000	(A組製品)	(7,480,000)●
素材	3,445,000	次月繰越	(1,070,000)
労務費	3,050,000		
経費	460,000		
❷(組間接費)	(340,000)		
	(8,550,000)		(8,550,000)

組間接費

素材	(150,000)	諸口	(800,000)●
労務費	(270,000)		
経費	(380,000)		
	(800,000)		(800,000)

解説

❶ A組への組間接費配賦額＝組間接費*×$\frac{\text{A組の直接作業時間}}{\text{A組の直接作業時間＋B組の直接作業時間}}$

¥340,000＝¥800,000×$\frac{1{,}700\text{時間}}{1{,}700\text{時間}+2{,}300\text{時間}}$

*組間接費¥800,000＝素材費¥150,000＋労務費¥270,000＋経費¥380,000

❷ B組への組間接費配賦額＝組間接費×$\frac{\text{B組の直接作業時間}}{\text{A組の直接作業時間＋B組の直接作業時間}}$

¥460,000＝¥800,000×$\frac{2{,}300\text{時間}}{1{,}700\text{時間}+2{,}300\text{時間}}$

❸ A組月末仕掛品加工費＝当月加工費
（先入先出法）

×$\frac{\text{月末仕掛品完成品換算数量}}{\text{(完成品数量－月初仕掛品完成品換算数量)＋月末仕掛品完成品換算数量}}$

¥420,000＝(¥3,510,000＋¥340,000)×$\frac{1{,}000\text{個}\times 0.6}{(5{,}500\text{個}-1{,}200\text{個}\times 0.5)+1{,}000\text{個}\times 0.6}$

❹ B組月末仕掛品素材費＝当月素材費
（先入先出法）

×$\frac{\text{月末仕掛品数量}}{\text{(完成品数量＋仕損じ数量*－月初仕掛品数量)＋月末仕掛品数量}}$

¥450,000＝¥4,014,000×$\frac{500\text{個}}{(4{,}500\text{個}+60\text{個}-600\text{個})+500\text{個}}$

*仕損じが製造工程の終点で発生しているため，仕損費は完成品がすべて負担する。よって，仕損じ数量は完成品に含めて計算する。

●ポイント

❸ A組仕掛品(加工費)

月初仕掛品 397,000	月初仕掛品 1,200個×0.5	完成品 5,500個
組直接費 3,510,000	当月製造費用 4,900個	
組間接費 ❶340,000	月末仕掛品 1,000個×0.6 (420,000)	

❹ B組仕掛品(素材費)

月初仕掛品 330,000	月初仕掛品 600個	完成品 4,500個
組直接費 4,014,000	当月製造費用 3,900個	
	仕損じ 60個	
	月末仕掛品 500個 (450,000)	

3

●印@3点×8＝24点

(1)

	借方		貸方		
/月/2日	仕掛品	3,578,000	素材	3,578,000	❶●
27日	製品	9,390,000	仕掛品	9,390,000	❷●

(2)

消費賃金

1/31	賃金	5,070,000	1/31	諸口	5,032,000	❹
			〃	賃率差異	38,000	❽●
		5,070,000			5,070,000	

製造間接費

❸	1/31	工場消耗品	209,000	1/31	諸口	1,954,000
❹●	〃	消費賃金	408,000			
	〃	健康保険料	294,000			
	〃	諸口	1,043,000			
			1,954,000			1,954,000

第2製造部門費

	1/31	製造間接費	613,500	1/31	仕掛品	810,000	❺
	〃	諸口	191,500				
❾●	〃	製造部門費配賦差異	5,000				
			810,000			810,000	

(3)

製造指図書#/　　原価計算表

直接材料費	直接労務費	製造間接費				集計	
		部門	時間	配賦率	金額	摘要	金額
3,380,000	816,000	第/	560	650	364,000	直接材料費	3,380,000
	❹3,400,000	第1	1,200	❺650	● 780,000	直接労務費	4,216,000
	4,216,000	第2	1,300	500	650,000	製造間接費	1,794,000
					1,794,000	製造原価	9,390,000 ❷
						完成品数量	50個
						製品単価	¥ 187,800 ●

(4)

部門費振替表

相互配賦法　　令和○年/月分

部門費	配賦基準	金額	製造部門 第/部門	製造部門 第2部門	補助部門 動力部門	補助部門 修繕部門
部門費合計		1,954,000	836,500	613,500	270,000	234,000
動力部門費	kW数×運転時間数	270,000	144,000	90,000	——	36,000 ❻
修繕部門費	修繕回数	234,000	130,000	78,000	26,000	——
第/次配賦額		504,000	274,000	168,000	26,000	36,000
動力部門費	kW数×運転時間数	26,000	16,000	10,000		
修繕部門費	修繕回数	36,000	22,500	● 13,500 ❼		
第2次配賦額		62,000	38,500	23,500		
製造部門費合計		1,954,000	1,149,000	805,000		

〈取引の仕訳〉

		借方		貸方		
1月6日		(借)素材	3,840,000	(貸)買掛金	4,038,000	
		工場消耗品	198,000			
12日		(借)仕掛品	3,578,000	(貸)素材	3,578,000	❶
25日		(借)賃金	4,740,000	(貸)所得税預り金	482,000	
				健康保険料預り金	294,000	
				当座預金	3,964,000	
27日		(借)製品	9,390,000	(貸)仕掛品	9,390,000	❷
31日	①	(借)製造間接費	209,000	(貸)工場消耗品	209,000	❸
	②	(借)仕掛品	4,624,000	(貸)消費賃金	5,032,000	❹
		製造間接費	408,000			
	③	(借)仕掛品	1,967,000	(貸)第1製造部門費	1,157,000	❺
				第2製造部門費	810,000	
	④	(借)製造間接費	294,000	(貸)健康保険料	294,000	
	⑤	(借)製造間接費	1,043,000	(貸)電力料	436,000	
				保険料	298,000	
				減価償却費	309,000	
	⑥	(借)第1製造部門費	836,500	(貸)製造間接費	1,954,000	
		第2製造部門費	613,500			
		動力部門費	270,000			
		修繕部門費	234,000			
	⑦	(借)第1製造部門費	312,500	(貸)動力部門費	270,000	❻
		第2製造部門費	191,500	修繕部門費	234,000	❼
	⑧	(借)消費賃金	5,070,000	(貸)賃金	5,070,000	
	⑨	(借)賃率差異	38,000	(貸)消費賃金	38,000	❽
	⑩	(借)第1製造部門費	8,000	(貸)製造部門費配賦差異	8,000	❾
	⑪	(借)第2製造部門費	5,000	(貸)製造部門費配賦差異	5,000	❾

解説

❶ 12日　素材消費高（先入先出法）

消費数量1,500個 ┬ 前月繰越分より　@¥2,300× 220個＝ ¥506,000
└ 1/6仕入分より　@¥2,400×1,280個＝¥3,072,000
1,500個　¥3,578,000（消費高）

❷ 27日　A製品の製造原価（製造指図書＃1の原価計算表の製造原価を仕訳に使用する）

❸ 31日①　工場消耗品消費高（棚卸計算法）

消費数量　1,900個＝前月繰越300個＋6日仕入数量1,800個－月末棚卸数量200個

工場消耗品消費高　¥209,000＝@¥110×1,900個

❹ 31日②　賃金予定消費高＝1時間あたりの予定賃率@¥1,360×作業時間

消費賃金勘定　¥5,032,000

- 製造指図書＃1　@¥1,360×2,500時間＝¥3,400,000
- 製造指図書＃2　@¥1,360× 900時間＝¥1,224,000
- （上記2行計）¥4,624,000（仕掛品勘定）
- 間 接 作 業　@¥1,360× 300時間＝¥ 408,000（製造間接費勘定）

❺ 31日③　各製造部門費予定配賦額の計算（ただし書きiv参照）

第1製造部門費予定配賦率　$@¥650=\dfrac{\text{年間製造間接費予定額}¥13,065,000}{\text{年間予定直接作業時間}20,100\text{時間}}$

第2製造部門費予定配賦率　$@¥500=\dfrac{\text{年間製造間接費予定額}¥10,700,000}{\text{年間予定直接作業時間}21,400\text{時間}}$

第1製造部門費予定配賦額　@¥650×(1,200時間＋580時間)＝¥1,157,000
第2製造部門費予定配賦額　@¥500×(1,300時間＋320時間)＝¥ 810,000
（上記2行計）¥1,967,000（仕掛品勘定）

❻ 31日⑦－(1)　補助部門費から各製造部門への第1次配賦（補助部門へも配賦する）

※動力部門費¥270,000の第1次配賦（修繕部門費も同様に計算する）

第1製造部門費　$¥144,000=¥270,000\times\dfrac{(20\text{kW}\times400\text{時間})}{(20\text{kW}\times400\text{時間})+(25\text{kW}\times200\text{時間})+(10\text{kW}\times200\text{時間})}$

第2製造部門費　$¥\ 90,000=¥270,000\times\dfrac{(25\text{kW}\times200\text{時間})}{(20\text{kW}\times400\text{時間})+(25\text{kW}\times200\text{時間})+(10\text{kW}\times200\text{時間})}$

修 繕 部 門 費　$¥\ 36,000=¥270,000\times\dfrac{(10\text{kW}\times200\text{時間})}{(20\text{kW}\times400\text{時間})+(25\text{kW}\times200\text{時間})+(10\text{kW}\times200\text{時間})}$

❼ 31日⑦－(2)　補助部門費から各製造部門への第2次配賦(補助部門への配賦はおこなわない)

※修繕部門費¥36,000の第2次配賦（動力部門費も同様に計算する）

第1製造部門費　$¥22,500=¥36,000\times\dfrac{5\text{回}}{5\text{回}+3\text{回}}$

第2製造部門費　$¥13,500=¥36,000\times\dfrac{3\text{回}}{5\text{回}+3\text{回}}$

❽ 31日⑨　賃率差異－¥38,000＝31日②予定消費高¥5,032,000－31日⑧実際消費高¥5,070,000
（借方差異）

❾ 31日⑩　第1製造部門費配賦差異＝31日③予定配賦額－部門費振替表の第1製造部門費合計
＋¥8,000（貸方差異）＝¥1,157,000－¥1,149,000

31日⑪　第2製造部門費配賦差異＝31日③予定配賦額－部門費振替表の第2製造部門費合計
＋¥5,000（貸方差異）＝¥810,000－¥805,000

●ポイント

❶ 素　材

前月繰越高 220個（@¥2,300）	12日消費高 220個 ×@¥2,300＝¥ 506,000
6日仕入高 1,600個（@¥2,400）	1,280個 ×@¥2,400＝¥3,072,000

¥3,578,000
（仕掛品）

❸ 工 場 消 耗 品

前月繰越高 300個	消費高 1,900個 ×@¥110＝¥209,000（製造間接費）
6日仕入高 1,800個	月末棚卸高 200個

❻ 動力部門費（配賦基準による配分図）
（¥270,000）

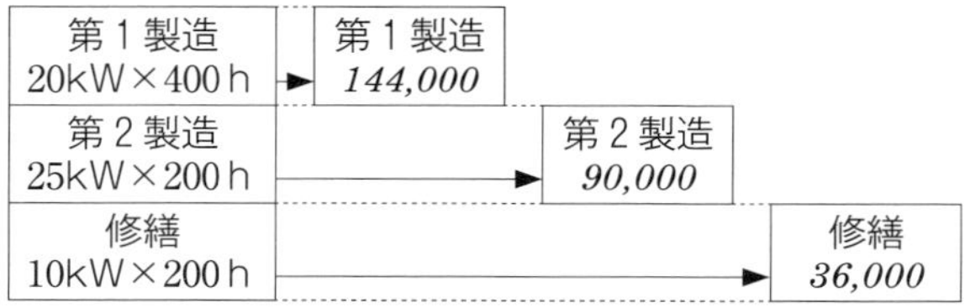

❼ 修繕部門費（配賦基準による配分図）
（¥36,000）

❽ 消 費 賃 金

実際消費高 5,070,000	予定消費高 5,032,000
	賃率差異 38,000

賃 率 差 異

消費賃金より 38,000	

❾ 第1製造部門費

実際配賦額 836,500 274,000 38,500	予定配賦額 1,157,000
配賦差異 8,000	

第2製造部門費

実際配賦額 613,500 168,000 23,500	予定配賦額 810,000
配賦差異 5,000	

製造部門費配賦差異

	第1製造部門費 8,000
	第2製造部門費 5,000

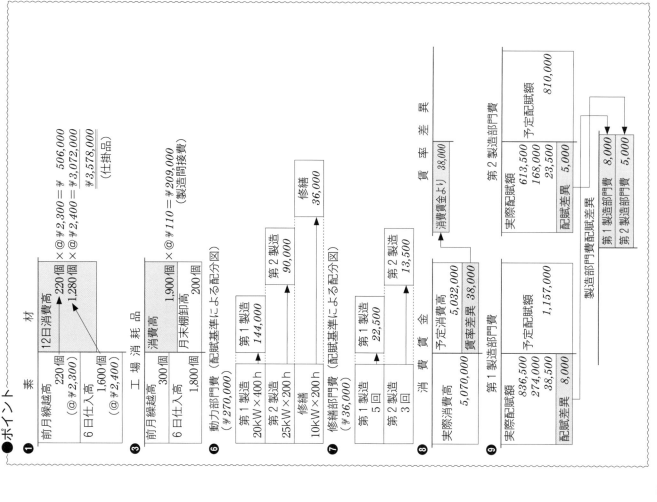

4

@ 4 点× 5 =20点

	借方		貸方		
a	仕掛品	380,000	特許権使用料	380,000	❶
b	売掛金 売上原価	7,250,000 4,478,000	売上 製品	7,250,000 4,478,000	❷
c	棚卸減耗損	62,800	素材	62,800	❸
d	減価償却費 工場	1,300,000 2,200,000	建物減価償却累計額	3,500,000	❹
e	売上原価	2,000	材料消費価格差異	2,000	❺

解説

❶ 月割額　¥380,000＝¥4,560,000÷12か月

❷ A製品とB製品の合計金額で売上高および売上原価を計上する。

❸ 消費単価@¥1,570＝(前月繰越高¥620,000＋当月仕入高（¥936,000＋¥2,212,000）)/(前月繰越数量400kg＋仕入数量（600kg＋1,400kg）)
（総平均法）

棚卸減耗損¥62,800＝消費単価@¥1,570×（帳簿棚卸数量400kg*－実地棚卸数量360kg）

＊帳簿棚卸数量400kg＝前月繰越数量400kg＋当月仕入数量（600kg＋1,400kg）
－当月消費数量2,000kg

❹ 工場の仕訳　（借）減価償却費　2,200,000　（貸）本　社　2,200,000

❺ 材料消費価格差異は，消費材料勘定（素材勘定）の借方に実際消費高を，貸方に予定消費高を記入して，その差異を求める。

●ポイント

❸

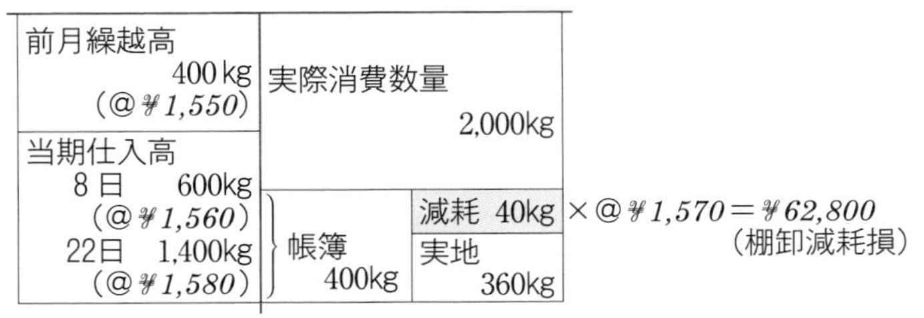

❺

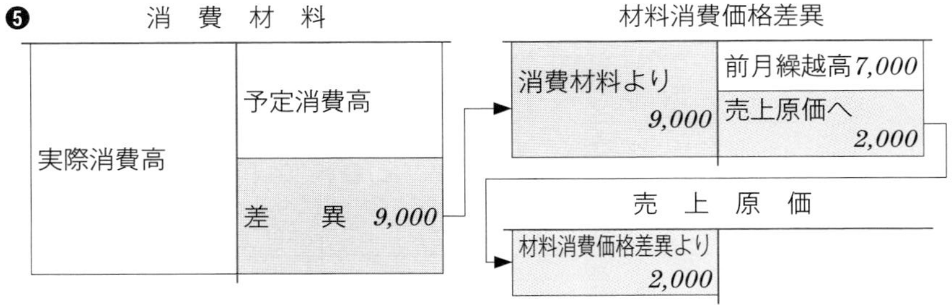

1級原価計算模擬試験問題　第８回

1

@３点×12＝36点

(1)

a	仕掛品勘定の労務費（アの金額）	¥	2,346,000 ❶
b	仕掛品勘定の次月繰越（イの金額）	¥	2,140,000 ❷
c	予算差異	¥	60,000（不利） ❸

(2)

a	販売数量が5,000個のときの営業利益	¥	4,200,000 ❹
b	損益分岐点の貢献利益	¥	3,800,000 ❺
c	目標営業利益¥600,000を達成するための販売数量		2,750　個 ❻

(3)

a	当月完成品総合原価	¥	10,240,000 ❼
b	2級製品製造原価	¥	2,560,000 ❽

(4)

ア	イ	ウ	エ
2	4	1	3 ❾

解説

(1)

パーシャルプランのため，仕掛品勘定の借方は実際発生額で記入される。

❶ 仕掛品勘定の労務費（アの金額）＝実際賃率×実際直接作業時間

¥2,346,000＝@¥1,020×2,300時間

❷ 仕掛品勘定の次月繰越（イの金額）＝仕掛品勘定の借方合計－仕掛品勘定の貸方欄（製品＋諸口）

¥2,140,000＝¥8,143,000－（¥5,950,000＋¥53,000）

❸ 予算差異＝（変動費率×実際操業度＋固定費予算額）－製造間接費実際発生額

－¥60,000（不利）＝（@¥600×2,300時間＋¥1,200,000）－¥2,640,000

●ポイント

仕　掛　品

前月繰越	1,196,000	製　品	（　5,950,000）	←標準原価（¥8,500×700個）
実際（¥530×3,700kg）→材　料	（　1,961,000）	諸　口	53,000	
実際（¥1,020×2,300時間）→労務費❶	（ア　2,346,000）	次月繰越	（イ　2,140,000）❷	
実際発生額→製造間接費	（　2,640,000）			
	（　8,143,000）		（　8,143,000）	

(2)

❹ 販売数量が5,000個のときの営業利益

¥4,200,000＝売上高（@¥2,500×5,000個）×貢献利益率0.64*1－固定費¥3,800,000*2

＊1　貢献利益率0.64＝$\frac{\text{貢献利益（販売単価@¥2,500－変動製造費@¥600－変動販売費@¥300）}}{\text{販売単価@¥2,500}}$

＊2　固定費¥3,800,000＝固定製造間接費¥2,500,000＋固定販売費及び一般管理費¥1,300,000

❺ 損益分岐点の貢献利益　¥3,800,000＝固定費¥3,800,000

❻ 目標営業利益¥600,000を達成するための販売数量

2,750個＝目標営業利益達成の売上高¥6,875,000*÷販売単価@¥2,500

＊¥6,875,000＝（目標営業利益¥600,000＋固定費¥3,800,000）÷0.64

●ポイント

直接原価計算による損益計算書

損 益 計 算 書

Ⅰ 売　上　高	12,500,000×0.64		6,875,000
Ⅱ 変動売上原価	3,000,000		
変動製造マージン	9,500,000		
Ⅲ 変動販売費	1,500,000		
貢 献 利 益	8,000,000	3,800,000 ❺	4,400,000÷0.64
Ⅳ 固　定　費	3,800,000	3,800,000	3,800,000
営 業 利 益	4,200,000 ❹	0	600,000
		損益分岐点	目標営業利益

¥6,875,000 ÷@¥2,500（販売単価）＝ 2,750個 ❻

(3)

❼ 当月完成品総合原価＝月初仕掛品棚卸高＋当月製造費用－月末仕掛品棚卸高

¥10,240,000＝¥1,212,600＋（¥5,651,400[*1]＋¥5,100,000[*2]＋¥968,000）－¥2,692,000

＊1　当月材料費（素材＋工場消耗品）＝月初棚卸高＋当月仕入高－月末棚卸高

¥5,651,400＝（¥816,000＋¥124,800）＋（¥5,148,000＋¥336,000）

－（¥639,000＋¥134,400）

＊2　当月労務費＝賃金消費高＋従業員賞与手当消費高

¥5,100,000＝（¥5,172,000－¥771,000＋¥555,000）＋¥144,000

❽

	重　量	等価係数	完成品数量	積　　数	等級別製造原価	
1級製品	180 g	3	1,600個	4,800	¥ 7,680,000	
2級製品	120 〃	2	800 〃	1,600	¥ 2,560,000	←2級製品製造原価
				6,400	¥10,240,000	←当月完成品総合原価

(4)

❾ 標準原価計算においてシングルプランを採用した場合，仕掛品勘定は借方，貸方ともに標準原価で記入されるため，各原価要素の勘定で差異が認識される。これに対して，パーシャルプランを採用した場合，仕掛品勘定の借方に実際原価を記入し，貸方に標準原価で記入されるため，仕掛品勘定で差異が認識される。

2

●印@4点×5＝20点

(1)

単純総合原価計算表

令和○年7月分

摘要	素材費	加工費	合計
材料費	11,020,000	526,000	11,546,000
労務費	――――	4,884,000	4,884,000
経費	――――	565,500	● 565,500
計	11,020,000	5,975,500	16,995,500
月初仕掛品原価	2,270,000	489,500	2,759,500
計	13,290,000	6,465,000	19,755,000
月末仕掛品原価	❶● 1,450,000	❷ 323,000	1,773,000
完成品原価	11,840,000	● 6,142,000	17,982,000
完成品数量	3,700kg	3,700kg	3,700kg
製品／kgあたりの原価	¥ 3,200	¥ 1,660	¥ 4,860 ●

(2)

¥ 819,000 ❸●

解説

正常減損が製造工程の始点で発生しているため，正常減損費は完成品と月末仕掛品の両方で負担する。よって，正常減損は最初から投入しなかったものとして計算する。

❶ 月末仕掛品素材費（先入先出法）

$$\text{月末仕掛品素材費}=\text{当月素材費}\times\frac{\text{月末仕掛品数量}}{(\text{完成品数量}-\text{月初仕掛品数量})+\text{月末仕掛品数量}}$$

$$¥1{,}450{,}000=¥11{,}020{,}000\times\frac{500\text{kg}}{(3{,}700\text{kg}-400\text{kg})+500\text{kg}}$$

❷ 月末仕掛品加工費（先入先出法）

$$\text{月末仕掛品加工費}=\text{当月加工費}\times\frac{\text{月末仕掛品完成品換算数量}}{(\text{完成品数量}-\text{月初仕掛品完成品換算数量})+\text{月末仕掛品完成品換算数量}}$$

$$¥323{,}000=¥5{,}975{,}500\times\frac{(500\text{kg}\times0.4)}{(3{,}700\text{kg}-400\text{kg}\times0.5)+(500\text{kg}\times0.4)}$$

❸ 仕掛品勘定の退職給付費用（アの金額）＝当月加工費－仕掛品勘定の退職給付費用以外の加工費

¥819,000＝¥5,975,500－（¥526,000＋¥2,680,000＋¥1,125,000＋¥260,000＋¥425,000＋¥82,000＋¥58,500）

●ポイント

❶ 仕掛品（素材費）

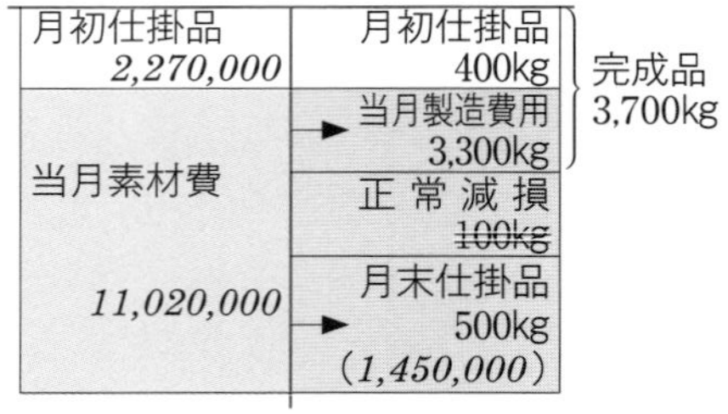

❷ 仕掛品（加工費）

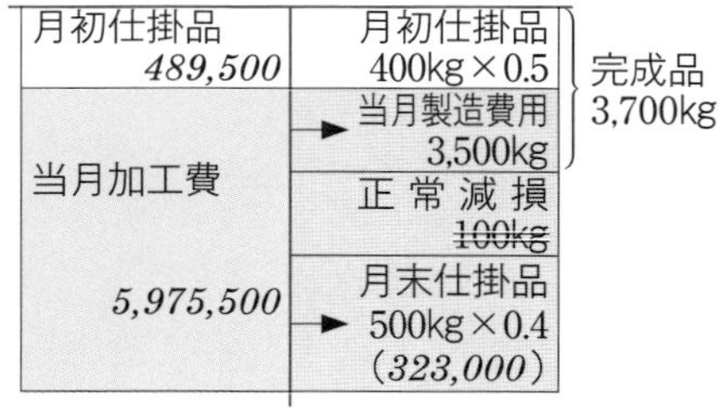

3

●印@3点×8＝24点

(1)

	借 方		貸 方		
/月//日	仕掛品	1,650,000	素材	1,650,000	❶●

(2)

消費賃金

1/31	賃金	3,615,000	1/31	諸口	3,600,000	❸
			〃	賃率差異	15,000	❻●
		3,615,000			3,615,000	

製造間接費

❷	1/31	工場消耗品	138,000	1/31	諸口	1,303,000
❸●	〃	消費賃金	600,000			
	〃	健康保険料	136,000			
	〃	諸口	429,000			
			1,303,000			1,303,000

第/製造部門費

	1/31	製造間接費	431,000	1/31	仕掛品	585,000	❹
●	〃	諸口	160,000	〃	製造部門費配賦差異	6,000	❼
			591,000			591,000	

製造部門費配賦差異

	1/1	前月繰越	7,000	1/31	第2製造部門費	8,000	❼●
❼	31	第1製造部門費	6,000	〃	次月繰越	5,000	
			13,000			13,000	

(3)

製造指図書#/　　原価計算表

直接材料費	直接労務費	製造間接費				集計	
		部門	時間	配賦率	金額	摘要	金額
1,467,000	840,000	第/	820	650	533,000	直接材料費	1,467,000
	❸●1,560,000	第/	100	❹650	65,000	直接労務費	2,400,000
	2,400,000	第2	1,200	❹450	540,000	製造間接費	1,138,000
					1,138,000	製造原価	●5,005,000 ❺
						完成品数量	50個
						製品単価	¥100,100

製造指図書#2　　原価計算表

直接材料費	直接労務費	製造間接費				集計	
		部門	時間	配賦率	金額	摘要	金額
❶ 1,650,000	❸1,440,000	第/	800	❹650	520,000	直接材料費	
		第2	400	❹450	● 180,000	直接労務費	

〈取引の仕訳〉

日付		借方	金額	貸方	金額	
1月6日		(借)素材	1,260,000	(貸)買掛金	1,416,000	
		工場消耗品	156,000			
11日		(借)仕掛品	1,650,000	(貸)素材	1,650,000	❶
25日		(借)賃金	3,468,000	(貸)所得税預り金	267,000	
				健康保険料預り金	136,000	
				当座預金	3,065,000	
31日	①	(借)製造間接費	138,000	(貸)工場消耗品	138,000	❷
	②	(借)仕掛品	3,000,000	(貸)消費賃金	3,600,000	❸
		製造間接費	600,000			
	③	(借)製造間接費	136,000	(貸)健康保険料	136,000	
	④	(借)製造間接費	429,000	(貸)電力料	158,000	
				保険料	25,000	
				減価償却費	233,000	
				雑費	13,000	
	⑤	(借)仕掛品	1,305,000	(貸)第1製造部門費	585,000	❹
				第2製造部門費	720,000	
	⑥	(借)第1製造部門費	431,000	(貸)製造間接費	1,303,000	
		第2製造部門費	616,000			
		動力部門費	136,000			
		修繕部門費	120,000			
	⑦	(借)第1製造部門費	160,000	(貸)動力部門費	136,000	
		第2製造部門費	96,000	修繕部門費	120,000	
	⑧	(借)製品	5,005,000	(貸)仕掛品	5,005,000	❺
	⑨	(借)消費賃金	3,615,000	(貸)賃金	3,615,000	
	⑩	(借)賃率差異	15,000	(貸)消費賃金	15,000	❻
	⑪	(借)製造部門費配賦差異	6,000	(貸)第1製造部門費	6,000	❼
		第2製造部門費	8,000	製造部門費配賦差異	8,000	

解説

❶ 11日　素材消費高（移動平均法）

消費単価　$@¥2,750=\dfrac{\text{月初棚卸高}¥665,000+6\text{日仕入分}¥1,260,000}{\text{月初棚卸数量}250\text{個}+6\text{日仕入数量}450\text{個}}$

消費高　*¥1,650,000*＝消費単価@*¥2,750*×消費数量600個

❷ 31日①　工場消耗品消費高（棚卸計算法）

消費数量　2,300個＝前月繰越数量450個＋6日仕入数量2,600個－月末棚卸数量750個

工場消耗品消費高　*¥138,000*＝@*¥60*×2,300個

❸ 31日②　賃金予定消費高＝1時間あたりの予定賃率@*¥1,200*×作業時間

消費賃金勘定　*¥3,600,000*

製造指図書＃1　@*¥1,200*×1,300時間＝*¥1,560,000*
製造指図書＃2　@*¥1,200*×1,200時間＝*¥1,440,000*　（上記2行合計）*¥3,000,000*（仕掛品勘定）
間　接　作　業　@*¥1,200*×　500時間＝*¥　600,000*（製造間接費勘定）

❹ 31日⑤　各製造部門費予定配賦額の計算（ただし書きⅳ参照）

第1製造部門費予定配賦率　$@¥650=\dfrac{\text{年間製造間接費予定額}¥8,450,000}{\text{年間予定直接作業時間}13,000\text{時間}}$

第2製造部門費予定配賦率　$@¥450=\dfrac{\text{年間製造間接費予定額}¥8,280,000}{\text{年間予定直接作業時間}18,400\text{時間}}$

第1製造部門費予定配賦額　@*¥650*×（　100時間＋800時間）＝*¥585,000*
第2製造部門費予定配賦額　@*¥450*×（1,200時間＋400時間）＝*¥720,000*　（上記2行合計）*¥1,305,000*（仕掛品勘定）

❺ 31日⑧　A製品の製造原価（製造指図書＃1の原価計算表の製造原価を仕訳に使用する）

❻ 31日⑩　賃率差異＝31日②予定消費高－31日⑨実際消費高

－*¥15,000*（借方差異）＝*¥3,600,000*－*¥3,615,000*

❼ 31日⑪

第1製造部門費配賦差異＝31日⑤予定配賦額－部門費振替表の第1製造部門費合計

－*¥6,000*（借方差異）＝*¥585,000*－*¥591,000*

第2製造部門費配賦差異＝31日⑤予定配賦額－部門費振替表の第2製造部門費合計

＋*¥8,000*（貸方差異）＝*¥720,000*－*¥712,000*

●ポイント

❶ 素　材

前月繰越高　250個（@*¥2,660*）	
6日仕入高　450個（@*¥2,800*）	

$\dfrac{¥665,000+¥1,260,000}{250\text{個}+450\text{個}}$＝@*¥2,750*（消費単価）

❷ 工 場 消 耗 品

前月繰越高　450個	消費高　2,300個
6日仕入高　2,600個	月末棚卸高　750個

×@*¥60*＝*¥138,000*（製造間接費）

❻ 消　費　賃　金

実際消費高　*3,615,000*	予定消費高　*3,600,000*
	賃率差異　*15,000*

賃　率　差　異

消費賃金より　*15,000*	

❼ 第1製造部門費

実際配賦額　*431,000* *160,000*	予定配賦額　*585,000*
	配賦差異　*6,000*

第2製造部門費

実際配賦額　*616,000* *96,000*	予定配賦額　*720,000*
配賦差異　*8,000*	

製造部門費配賦差異

前月繰越高　*7,000*	第2製造部門費　*8,000*
第1製造部門費　*6,000*	

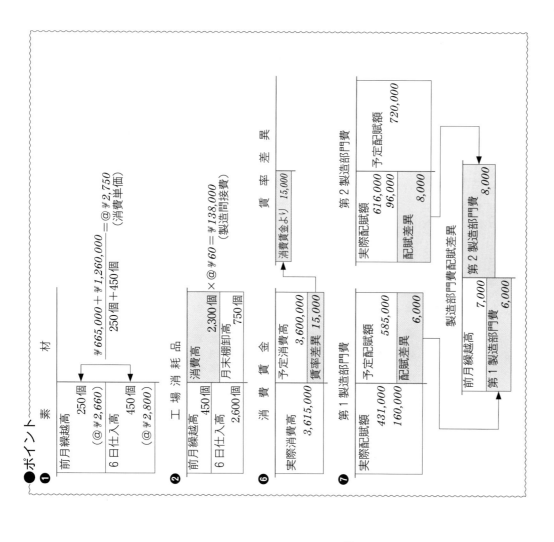

4

@4点×5＝20点

	借方		貸方		
a	作業くず	*16,000*	仕掛品	*16,000*	❶
b	賃率差異	*10,000*	売上原価	*10,000*	❷
c	棚卸減耗損	*15,200*	素材	*15,200*	❸
d	健康保険料	*240,000*	本社	*240,000*	❹
e	売掛金 売上原価	*1,580,000* *1,250,000*	売上 第1工程半製品	*1,580,000* *1,250,000*	❺

解説

❶ 製造指図書別に発生額を区別している評価額は，仕掛品勘定から直接差し引く。

❷ 賃率差異は，消費賃金勘定（賃金勘定）の借方に実際消費高を，貸方に予定消費高を記入して，その差異を求める。

❸ 帳簿棚卸数量＝前月繰越数量＋当月仕入数量－当月消費数量
260kg＝500kg＋(400kg＋600kg)－(700kg＋540kg)
棚卸減耗数量　10kg＝帳簿棚卸数量260kg－実地棚卸数量250kg
棚卸減耗損　*¥15,200*＝消費単価@*¥1,520*＊×棚卸減耗数量10kg
＊消費単価@*¥1,520*は5月21日の単価である（先入先出法）。

❹ 本社の仕訳　（借）工　　場　*240,000*　（貸）×　×　×　*480,000*
健康保険料預り金　*240,000*

❺ 第1工程半製品→売上原価（売り上げた半製品の原価は売上原価に計上する）

●ポイント

❷

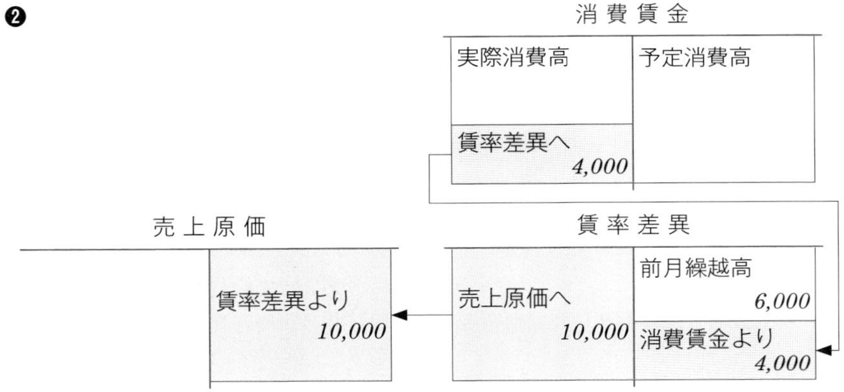

❸

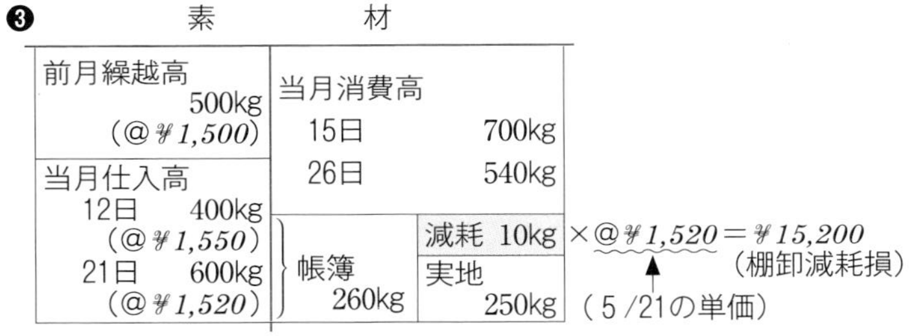

1級原価計算模擬試験問題　第９回

1

@３点×12＝36点

(1)

ア	イ	
2	3	❶

(注意) 枠の中が２つとも合っている場合に正答とする。

(2)

ア	¥	927,000	❷
イ	¥	8,634,000	❸
ウ	¥	1,704,000	❹

(3)

a	販売数量が 2,500 個のときの営業利益	¥	1,748,000	❺
b	損益分岐点の売上高	¥	5,130,000	❻
c	目標営業利益 ¥3,268,000 を達成するための販売数量		3,500 個	❼

(4)

完成品単価	¥	2,550	❽

(5)

a	月末仕掛品の標準原価	¥	1,824,000	❾
b	材料消費価格差異	¥	66,000(有利)	❿
c	作業時間差異	¥	60,000(不利)	⓫
d	操業度差異	¥	40,000(不利)	⓬

解説

(1)

❶ 製品の製造に失敗し，通常の製品と同様の価値ではないものを仕損品として処理する。また，仕損品の補修や代品の製造のために生じる費用を仕損費という。

(2)

❷ 製造間接費勘定の減価償却費＝製造原価報告書の経費－外注加工賃－電力料－雑費
¥927,000＝¥2,212,000－¥640,000－¥578,000－¥67,000

❸ 製造原価報告書の当期製品製造原価＝当期製造費用*1＋期首仕掛品棚卸高－期末仕掛品棚卸高
¥8,634,000＝¥8,674,000＋¥420,000－¥460,000

＊1　当期製造費用＝素材＋仕掛品勘定の賃金*2＋外注加工賃＋製造間接費
¥8,674,000＝¥2,820,000＋¥2,353,000＋¥640,000＋¥2,861,000

または，材料費(¥2,820,000＋¥449,000)＋労務費(¥3,193,000)＋経費(¥2,212,000)

＊2　仕掛品勘定の賃金＝労務費－製造間接費勘定の賃金－給料
¥2,353,000＝¥3,193,000－¥304,000－¥536,000

❹ 損益計算書の売上総利益＝売上高－売上原価*3
¥1,704,000＝¥10,226,000－¥8,522,000

＊3　売上原価＝製品勘定合計金額－期末製品棚卸高（貸借対照表残高）
¥8,522,000＝¥9,342,000－¥820,000

●ポイント

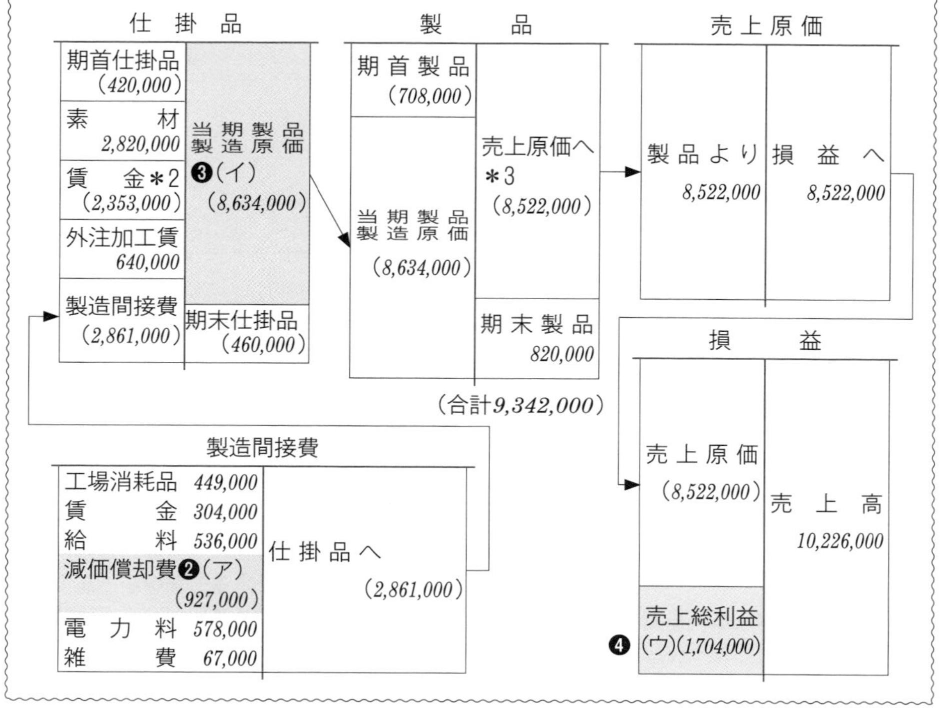

(3)

❺ 販売数量が2,500個のときの営業利益

¥1,748,000＝貢献利益¥3,800,000*－固定費¥2,052,000

＊貢献利益＝売上高¥9,500,000－変動売上原価¥4,550,000－変動販売費¥1,150,000

❻ 損益分岐点の売上高¥5,130,000＝固定費¥2,052,000÷貢献利益率0.4*

＊貢献利益率0.4＝貢献利益¥3,800,000÷売上高¥9,500,000

❼ 目標営業利益¥3,268,000を達成するための販売数量

3,500個＝目標営業利益達成の売上高¥13,300,000*÷販売単価@¥3,800

＊¥13,300,000＝(目標営業利益¥3,268,000＋固定費¥2,052,000)÷貢献利益率0.4

●ポイント

直接原価計算による損益計算書

損益計算書

			❻	
Ⅰ	売上高	9,500,000×0.4	5,130,000	13,300,000
Ⅱ	変動売上原価	4,550,000	――	――
	変動製造マージン	4,950,000		
Ⅲ	変動販売費	1,150,000		
	貢献利益	3,800,000	2,052,000÷0.4	5,320,000÷0.4
Ⅳ	固定費	2,052,000	2,052,000	2,052,000
	営業利益	1,748,000❺	0	3,268,000
			損益分岐点	目標営業利益

¥13,300,000÷@¥3,800(販売単価)＝3,500個 ❼

(4)

正常減損が製造工程の終点で発生しているため，正常減損費は完成品がすべて負担する。よって，正常減損は完成品に含めて計算する。

❽ 完成品単価¥2,550＝完成品原価¥12,750,000*1÷完成品数量5,000kg

＊1 完成品原価＝月初仕掛品原価＋当月製造費用－月末仕掛品原価*2

¥12,750,000＝¥440,000＋¥460,000＋¥6,000,000＋¥6,830,000－¥980,000

＊2 月末仕掛品原価(平均法)¥980,000＝素材費¥575,000*3＋加工費¥405,000*4

＊3 素材費＝(月初素材費＋当月素材費)×$\frac{月末仕掛品数量}{完成品数量＋正常減損＋月末仕掛品数量}$

¥575,000＝(¥440,000＋¥6,000,000)×$\frac{500kg}{5,000kg＋100kg＋500kg}$

＊4 加工費＝(月初加工費＋当月加工費)×$\frac{月末仕掛品完成品換算数量}{完成品数量＋正常減損＋月末仕掛品完成品換算数量}$

¥405,000＝(¥460,000＋¥6,830,000)×$\frac{500kg×0.6}{5,000kg＋100kg＋500kg×0.6}$

●ポイント

仕掛品（素材費）

月初仕掛品 440,000	完成品 5,000kg
当月素材費 6,000,000	正常減損 100kg
	月末仕掛品 500kg

仕掛品（加工費）

月初仕掛品 460,000	完成品 5,000kg
当月加工費 6,830,000	正常減損 100kg
	月末仕掛品 500kg×0.6

(5)

❾ 月末仕掛品の標準原価＝直接材料費標準原価＋直接労務費標準原価＋製造間接費標準原価

¥1,824,000＝@¥2,000×400個＋@¥4,000×400個×0.4＋@¥2,400×400個×0.4

❿ 材料消費価格差異＝(標準単価－実際単価)×実際消費数量

＋¥66,000(有利)＝(@¥400－@¥390)×6,600kg

⓫ 作業時間差異＝標準賃率×(標準直接作業時間*－実際直接作業時間)

－¥60,000(不利)＝@¥1,000×(5,440時間－5,500時間)

＊標準直接作業時間5,440時間＝4時間×(1,500個－600個×0.5＋400個×0.4)

⓬ 操業度差異＝固定費率*×(実際直接作業時間－基準操業度)

－¥40,000(不利)＝@¥400×(5,500時間－5,600時間)

＊固定費率＝$\frac{固定費予算額}{基準操業度}$　@¥400＝$\frac{¥2,240,000}{5,600時間}$

●ポイント

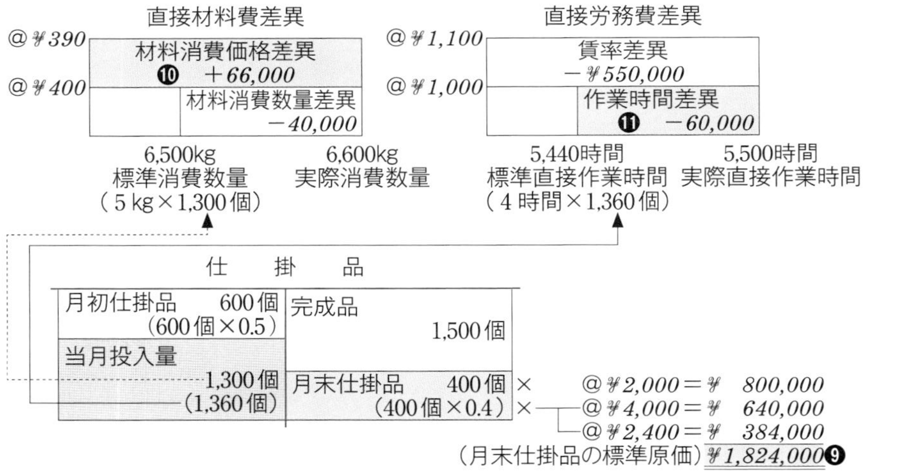

2 ●印@4点×5＝20点

(1)

組別総合原価計算表

令和○年//月分

摘要		A組	B組
組直接費	素材費	3,990,000	1,890,000
	加工費	1,925,000	1,110,000
組間接費	加工費	❶ 525,000	❷ 315,000
当月製造費用		6,440,000	3,315,000
月初仕掛品原価	素材費	897,000	207,000
	加工費	598,000	108,000
計		7,935,000	3,630,000
月末仕掛品原価	素材費	❸● 1,890,000	720,000
	加工費	630,000	❹● 300,000
完成品原価		5,415,000	2,610,000
完成品数量		3,000個	1,800個
製品単価		¥ 1,805	¥ 1,450 ●

(2)

A組仕掛品

前月繰越	1,495,000	(A組製品)	(5,415,000) ●
素材	3,990,000	次月繰越	(2,520,000)
労務費	(1,500,000)		
経費	(425,000)		
❶(組間接費)	(525,000) ●		
	(7,935,000)		(7,935,000)

解説

❶ A組への組間接費配賦額＝組間接費*×$\frac{\text{A組の直接労務費}}{\text{A組の直接労務費＋B組の直接労務費}}$

¥525,000＝¥840,000×$\frac{¥1,500,000}{¥1,500,000＋¥900,000}$

＊組間接費¥840,000＝材料費¥259,000＋労務費¥453,000＋経費¥128,000

❷ B組への組間接費配賦額＝組間接費×$\frac{\text{B組の直接労務費}}{\text{A組の直接労務費＋B組の直接労務費}}$

¥315,000＝¥840,000×$\frac{¥900,000}{¥1,500,000＋¥900,000}$

❸ A組月末仕掛品素材費＝当月素材費×$\frac{\text{月末仕掛品数量}}{\text{(完成品数量－月初仕掛品数量)＋月末仕掛品数量}}$
(先入先出法)

¥1,890,000＝¥3,990,000×$\frac{1,800個}{(3,000個－1,000個)＋1,800個}$

❹ B組月末仕掛品加工費＝
(先入先出法)

当月加工費×$\frac{\text{月末仕掛品完成品換算数量}}{\text{(完成品数量－月初仕掛品完成品換算数量)＋月末仕掛品完成品換算数量}}$

¥300,000＝(¥1,110,000＋¥315,000)×$\frac{800個×0.5}{(1,800個－500個×0.6)＋800個×0.5}$

●ポイント

❸ A組仕掛品(素材費)

月初仕掛品	月初仕掛品 1,000個	完成品 3,000個
組直接費	当月製造費用 2,000個	
3,990,000	月末仕掛品 1,800個	

❹ B組仕掛品(加工費)

月初仕掛品	月初仕掛品 500個×0.6	完成品 1,800個
組直接費 1,110,000	当月製造費用 1,500個	
組間接費 315,000	月末仕掛品 800個×0.5	

3　　●印@３点×８＝24点

(1)

	借方		貸方		
5月31日①	製造間接費	92,000	工場消耗品	92,000	❸●

(2)

消費賃金

	借		貸		
5/31	賃金	3,791,000	5/31 諸口	3,770,000	❹
			〃 賃率差異	21,000	❻●
		3,791,000		3,791,000	

仕掛品

		借		貸		
	5/1 前月繰越	2,710,000	5/27 製品	5,478,000	❷●
❶●	13 素材	1,282,000	31 次月繰越	3,201,000	
❹	31 消費賃金	3,380,000			
	〃 外注加工賃	189,000			
❺	〃 製造間接費	1,118,000			
		8,679,000		8,679,000	

製造間接費

		借		貸		
❸●	5/31 工場消耗品	92,000	5/31 仕掛品	1,118,000	❺
❹	〃 消費賃金	390,000			
	〃 健康保険料	137,000			
	〃 諸口	475,000			
❼●	〃 製造間接費配賦差異	24,000			
		1,118,000		1,118,000	

(3)

製造指図書＃1　　原価計算表

直接材料費	直接労務費	製造間接費	集計 摘要	金額
1,845,000	650,000	215,000	直接材料費	1,845,000
❹	2,080,000	688,000	直接労務費	2,730,000
	2,730,000	903,000	製造間接費	903,000
			製造原価	5,478,000 ❷
			完成品数量	300個
			製品単価	¥ 18,260 ●

(4)

予算差異 ¥ 44,000（借方・(貸方)）	❽●

※（借方・貸方）のいずれかを○で囲むこと

〈取引の仕訳〉

日付	借方科目	金額	貸方科目	金額	
5月9日	(借)素材	1,920,000	(貸)買掛金	2,008,000	
	工場消耗品	88,000			
13日	(借)仕掛品	1,282,000	(貸)素材	1,282,000	❶
26日	(借)賃金	3,440,000	(貸)所得税預り金	264,000	
			健康保険料預り金	137,000	
			当座預金	3,039,000	
27日	(借)製品	5,478,000	(貸)仕掛品	5,478,000	❷
31日 ①	(借)製造間接費	92,000	(貸)工場消耗品	92,000	❸
②	(借)仕掛品	3,380,000	(貸)消費賃金	3,770,000	❹
	製造間接費	390,000			
③	(借)製造間接費	137,000	(貸)健康保険料	137,000	
④	(借)仕掛品	189,000	(貸)外注加工賃	189,000	
	製造間接費	475,000	電力料	198,000	
			減価償却費	243,000	
			雑費	34,000	
⑤	(借)仕掛品	1,118,000	(貸)製造間接費	1,118,000	❺
⑥	(借)消費賃金	3,791,000	(貸)賃金	3,791,000	
⑦	(借)賃率差異	21,000	(貸)消費賃金	21,000	❻
⑧	(借)製造間接費	24,000	(貸)製造間接費配賦差異	24,000	❼

解説

❶ 13日　素材消費高（移動平均法）

消費単価　@¥3,205＝月初棚卸高¥964,500＋９日仕入分¥1,920,000 ／ 月初棚卸数量300個＋９日仕入数量600個

消費高　¥1,282,000＝消費単価@¥3,205×消費数量400個

❷ 27日　A製品の製造原価（製造指図書＃１の原価計算表の製造原価を仕訳に使用する）

❸ 31日①　工場消耗品消費高（棚卸計算法）

消費数量　1,150個＝前月繰越240個＋９日仕入数量1,100個－月末棚卸数量190個

工場消耗品消費高　¥92,000＝@¥80×1,150個

❹ 31日②　賃金予定消費高＝１時間あたりの予定賃率@¥1,300×作業時間

消費賃金勘定　¥3,770,000

- 製造指図書＃１　@¥1,300×1,600時間＝¥2,080,000 ┐
- 製造指図書＃２　@¥1,300×1,000時間＝¥1,300,000 ┘ ¥3,380,000（仕掛品勘定）
- 間接作業　@¥1,300×　300時間＝¥　390,000（製造間接費勘定）

❺ 31日⑤　各製造部門費予定配賦額の計算（ただし書きⅳ参照）

製造間接費予定配賦率　@¥430＝年間製造間接費予定額¥13,932,000 ／ 年間予定直接作業時間32,400時間

製造間接費予定配賦額　@¥430×(1,600時間＋1,000時間)＝¥1,118,000（仕掛品勘定）

❻ 31日⑦　賃率差異　－¥21,000＝31日②予定消費高¥3,770,000
（借方差異）　－31日⑥実際消費高¥3,791,000

❼ 31日⑧　製造間接費配賦差異＝31日⑤予定配賦額－製造間接費実際発生額
＋¥24,000（貸方差異）＝¥1,118,000－（¥92,000＋¥390,000＋¥137,000＋¥475,000）

❽ 予算差異＝（変動費率×実際直接作業時間＋固定費予算額）－製造間接費実際発生額
＋¥44,000（貸方）＝（@¥230×2,600時間＋¥540,000）－¥1,094,000
〈参考〉操業度差異＝固定費率×（実際直接作業時間－基準操業度）
－¥20,000（借方）＝@¥200*×（2,600時間－2,700時間）

＊固定費率＝$\frac{固定費予算額}{基準操業度}$

@¥200＝$\frac{¥540,000}{2,700時間}$

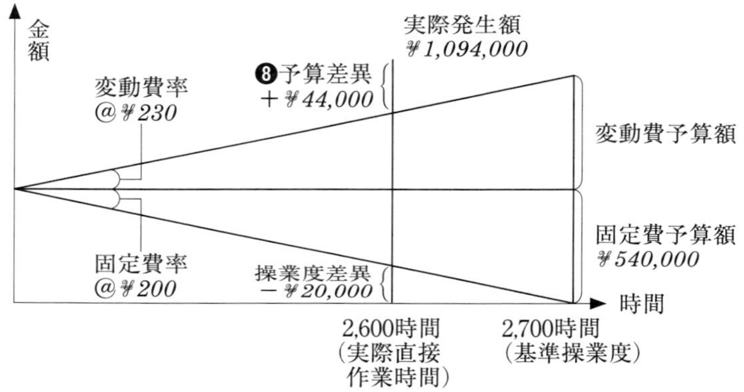

●ポイント

❶ 素材

前月繰越高　300個（@¥3,215）	
9日仕入高　600個（@¥3,200）	

$\frac{¥964,500＋¥1,920,000}{300個＋600個}$＝@¥3,205（消費単価）

❸ 工場消耗品

前月繰越高　240個	消費高　1,150個
9日仕入高　1,100個	月末棚卸高　190個

1,150個×@¥80＝¥92,000（製造間接費）

❻ 消費賃金

実際消費高　3,791,000	予定消費高　3,770,000
	賃率差異　21,000

賃率差異

消費賃金より　21,000	

❼ 製造間接費

実際配賦額	予定配賦額
31①　92,000	31⑤　1,118,000
31②　390,000	
31③　137,000	
31④　475,000	
配賦差異　24,000	

製造間接費配賦差異

	製造間接費　24,000

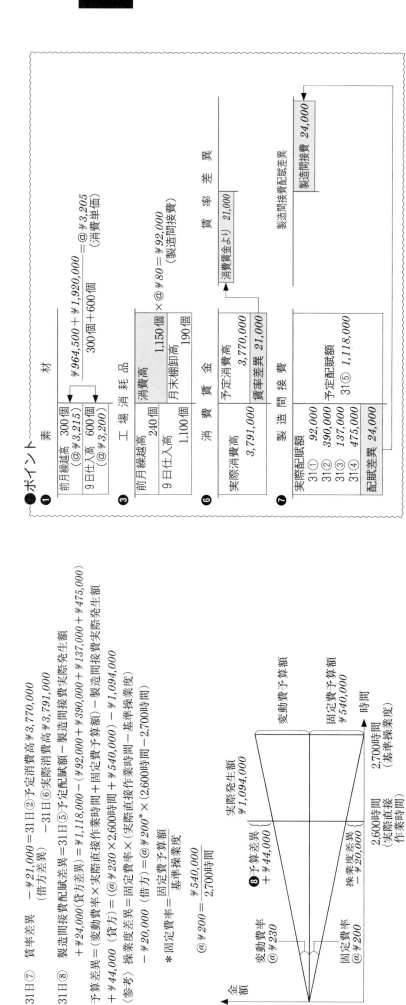

4

@ 4 点× 5 ＝20点

	借方		貸方		
a	第 1 製造部門費 第 2 製造部門費	388,000 168,000	動力部門費 工場事務部門費	364,000 192,000	❶
b	1 級製品 2 級製品 副産物	4,800,000 4,050,000 140,000	仕掛品	8,990,000	❷
c	工場 健康保険料預り金	378,000 378,000	当座預金	756,000	❸
d	第 2 工程仕掛品 製品	4,800,000 6,000,000	第 1 工程仕掛品 第 2 工程仕掛品	4,800,000 6,000,000	❹
e	仕掛品	134,000	仕損費	134,000	❺

解説

❶ 補助部門費から各製造部門への配賦である。

❷

	重量	係数	完成品数量	積数	等級別製造原価
1 級製品	280 g	4	800 個	3,200	¥4,800,000
2 級製品	210 〃	3	900 〃	2,700	¥4,050,000
				5,900	¥8,850,000

¥8,850,000 ← 完成品の総合原価－副産物 (¥8,990,000－¥140,000)

❸ 工場の仕訳 (借) 健康保険料 378,000 (貸) 本社 378,000

❹ 第 1 工程仕掛品→第 2 工程仕掛品，第 2 工程仕掛品→製品

❺ 補修指図書に集計された製造原価を製造指図書に賦課するため，仕損費勘定から仕掛品勘定へ振り替える。

●ポイント

❶ (1) 第 1 製造部門費への配賦 ¥388,000＝¥260,000＋¥128,000

a．動力部門費

$$¥260,000 = ¥364,000 \times \frac{(40\text{kW} \times 500\text{時間})}{(40\text{kW} \times 500\text{時間}) + (20\text{kW} \times 400\text{時間})}$$

b．工場事務部門費

$$¥128,000 = ¥192,000 \times \frac{8\text{人}}{8\text{人} + 4\text{人}}$$

(2) 第 2 製造部門費への配賦 ¥168,000＝¥104,000＋¥64,000

a．動力部門費

$$¥104,000 = ¥364,000 \times \frac{(20\text{kW} \times 400\text{時間})}{(40\text{kW} \times 500\text{時間}) + (20\text{kW} \times 400\text{時間})}$$

b．工場事務部門費

$$¥64,000 = ¥192,000 \times \frac{4\text{人}}{8\text{人} + 4\text{人}}$$

1級原価計算模擬試験問題　第 10 回

1

@3点×12=36点

(1)

ア	イ
2	4

❶

（注意）枠の中が2つとも合っている場合に正答とする。

(2)

a	当期材料費	¥	3,143,000	❷
b	当期労務費	¥	3,052,000	❸
c	当期製品製造原価	¥	6,695,000	❹

(3)

a	損益分岐点の売上高	¥	3,600,000	❺
b	目標営業利益を達成するための販売数量		3,180 個	❻
c	変動製造費が製品1個あたり¥160増加した場合の損益分岐点の売上高	¥	3,920,000	❼

(4)

2級製品の製品単価	¥	1,350	❽

(5)

a	月末仕掛品の標準原価	¥	1,540,000	❾
b	作業時間差異	¥	32,000(有利)	❿
c	操業度差異	¥	60,000(不利)	⓫
d	材料消費価格差異	¥	172,000(不利)	⓬

解説

(1)

❶ 特定の製品との関連が直接的で明確な製造直接費を，その製品に直接集計する手続きを賦課といい，各種製品に共通して発生する製造間接費を，各製品に配分する手続きを配賦という。

(2)

❷ 当期材料費＝素材当期消費高[*1]＋工場消耗品当期消費高[*2]＋消耗工具器具備品当期消費高

¥3,143,000＝¥2,454,000＋¥427,000＋¥262,000

＊1　素材当期消費高＝期首棚卸高＋当期仕入高－期末棚卸高

¥2,454,000＝¥418,000＋¥2,374,000－¥338,000

＊2　工場消耗品当期消費高＝期首棚卸高＋当期仕入高－期末棚卸高

¥427,000＝¥85,000＋¥432,000－¥90,000

❸ 当期労務費＝賃金実際消費高(当期支払高－前期未払高＋当期未払高)＋給料消費高＋健康保険料消費高

¥3,052,000＝(¥2,073,000－¥261,000＋¥274,000)＋¥773,000＋¥193,000

❹ 当期製品製造原価＝期首仕掛品棚卸高＋当期製造費用－期末仕掛品棚卸高

¥6,695,000＝¥449,000＋(❷¥3,143,000＋❸¥3,052,000＋¥549,000*)－¥498,000

＊当期経費＝水道料消費高＋減価償却費消費高

¥549,000＝¥392,000＋¥157,000

●ポイント

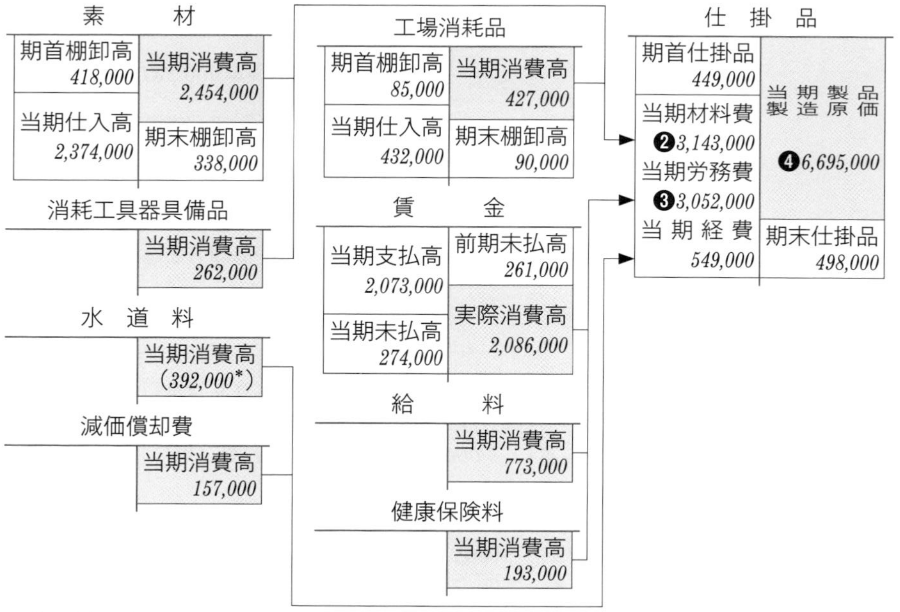

＊水道料＝基本料金＋単価×当期使用料

¥392,000＝¥28,000＋@¥140×2,600㎥

(3)

❺ 損益分岐点の売上高

¥3,600,000＝固定費¥1,764,000÷貢献利益率0.49*1

＊1　貢献利益率0.49＝貢献利益¥5,488,000÷売上高¥11,200,000

❻ 目標営業利益を達成するための販売数量＝目標営業利益達成の売上高*2÷販売単価

3,180個＝¥12,720,000÷@¥4,000

＊2　目標営業利益達成の売上高＝(目標営業利益*3＋固定費)÷貢献利益率

¥12,720,000＝(¥4,468,800＋¥1,764,000)÷0.49

＊3　目標営業利益¥4,468,800＝営業利益¥3,724,000×1.2

❼ 変動製造費が製品1個あたり¥160増加した場合の損益分岐点の売上高

¥3,920,000＝固定費¥1,764,000÷貢献利益率0.45*4

＊4　貢献利益率0.45＝1個の貢献利益(¥4,000－¥1,960－¥240)÷1個の売上高¥4,000

変動製造費（¥1,800＋¥160）

●ポイント

直接原価計算による損益計算書

損益計算書

Ⅰ 売上高	11,200,000×0.49	3,600,000 ❺	12,720,000*2	3,920,000 ❼
Ⅱ 変動売上原価	5,040,000	――	――	――
変動製造マージン	6,160,000			
Ⅲ 変動販売費	672,000			
貢献利益	5,488,000	1,764,000÷0.49*1	6,232,800÷0.49*1	1,764,000÷0.45*4
Ⅳ 固定費	1,764,000	1,764,000	1,764,000	1,764,000
営業利益	3,724,000	0	4,468,800*3	0
		損益分岐点	目標営業利益 (3,724,000×1.2)	損益分岐点

¥12,720,000*2÷@¥4,000(販売単価)＝3,180個❻

(4)

① 各級製品の等価係数＝(720g：540g＝4：3)

② 1級製品の積数10,000＝①4×2,500個

③ 2級製品の積数5,400＝①3×1,800個

④ 1級製品の等級別製造原価¥4,500,000＝製造原価合計¥6,930,000×②10,000/積数合計15,400

⑤ 1級製品の製品単価¥1,800＝④¥4,500,000÷2,500個（完成品数量）

⑥ 2級製品の等級別製造原価¥2,430,000＝製造原価合計¥6,930,000×③5,400/積数合計15,400

⑦ 2級製品の製品単価❽¥1,350＝⑥¥2,430,000÷1,800個（完成品数量）

●ポイント

等級別製品	重量	等価係数	完成品数量	積数	等級別製造原価	製品単価
1級製品	720g	4 ①	2,500個	(10,000)②	(4,500,000)④	¥(1,800)⑤
2級製品	540〃	3 ①	1,800〃	(5,400)③	(2,430,000)⑥	〃(❽1,350)⑦
				(15,400)	6,930,000	

(5)

❾ 月末仕掛品の標準原価＝直接材料費標準原価＋直接労務費標準原価＋製造間接費標準原価

¥1,540,000＝@¥1,600×400個＋@¥2,400×400個×0.5＋@¥2,100×400個×0.5

❿ 作業時間差異＝(標準直接作業時間－実際直接作業時間)×標準賃率

＋¥32,000（有利）＝(8,940時間－8,900時間)×@¥800

⓫ 操業度差異＝固定費率*×(実際直接作業時間－基準操業度)

－¥60,000（不利）＝@¥300×(8,900時間－9,100時間)

＊固定費率@¥300＝固定費予算額¥2,730,000÷基準操業度9,100時間

⓬ 材料消費価格差異＝(標準単価－実際単価)×実際消費数量

－¥172,000（不利）＝(@¥200－@¥208)×21,500kg

●ポイント

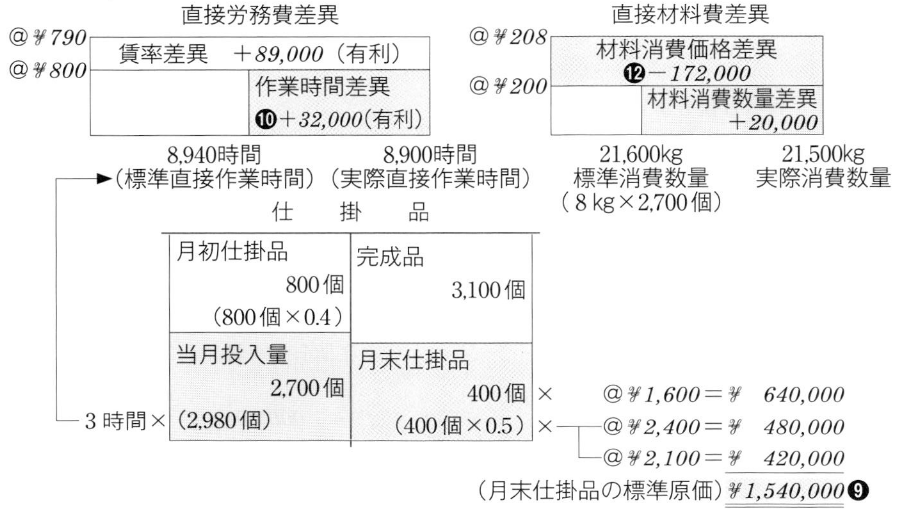

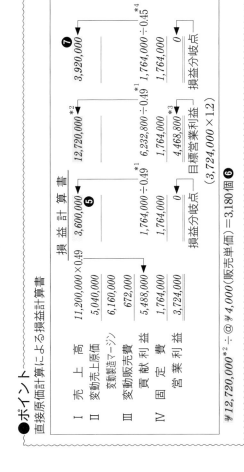

2

●印@4点×5＝20点

(1)

工程別総合原価計算表

令和○年8月分

摘要	第1工程	第2工程
工程個別費　素材費	6,336,000	――――
前工程費	――――	❸ 10,560,000
労務費	3,602,000	5,879,000
経費	729,000	1,103,000
部門共通費配賦額	505,000	959,000
補助部門費配賦額	❶● 456,000	❶ 684,000
当月製造費用	11,628,000	19,185,000
月初仕掛品原価	2,379,000	2,535,000
計	14,007,000	21,720,000
月末仕掛品原価	❷ 1,782,000	1,320,000
工程完成品原価	12,225,000	● 20,400,000
工程完成品数量	2,500個	2,400個
工程単価	¥ 4,890 ●	¥ 8,500

(2)

¥ 940,000	❹●

(3)

第1工程半製品

借方		貸方	
前月繰越	2,175,000	第2工程仕掛品	10,560,000 ❸
(第1工程仕掛品)	(12,225,000)	売上原価	(1,440,000) ●
		次月繰越	(2,400,000)
	(14,400,000)		(14,400,000)

解説

❶ 補助部門から各製造部門への配賦額

補助部門費　¥1,140,000＝¥896,000(労務費)＋¥172,000(経費)＋¥72,000(部門共通費)

第1工程　¥456,000＝補助部門費¥1,140,000×0.4

第2工程　¥684,000＝補助部門費¥1,140,000×0.6

❷ 第1工程月末仕掛品原価　¥1,782,000＝素材費¥1,340,000＋加工費¥442,000（平均法）

素材費＝(月初素材費＋当月素材費)×$\frac{\text{月末仕掛品数量}}{\text{完成品数量＋月末仕掛品数量}}$

¥1,340,000＝(¥1,704,000＋¥6,336,000)×$\frac{\text{500個}}{\text{2,500個＋500個}}$

加工費＝(月初加工費＋当月加工費*)×$\frac{\text{月末仕掛品完成品換算数量}}{\text{完成品数量＋月末仕掛品完成品換算数量}}$

¥442,000＝(¥675,000＋¥5,292,000)×$\frac{\text{500個×0.4}}{\text{2,500個＋500個×0.4}}$

*¥5,292,000＝¥3,602,000(労務費)＋¥729,000(経費)＋¥505,000(共通費)＋¥456,000(補助)

❸ 第1工程完成品のうち¥10,560,000は第2工程仕掛品勘定へ投入された。

❹ 第2工程月末仕掛品原価　¥1,320,000＝前工程費¥940,000＋加工費¥380,000（平均法）

前工程費＝(月初前工程費＋当月前工程費)×$\frac{\text{月末仕掛品数量}}{\text{完成品数量＋月末仕掛品数量}}$

¥940,000＝(¥1,660,000＋¥10,560,000)×$\frac{\text{200個}}{\text{2,400個＋200個}}$

●ポイント

第1工程半製品

月初仕掛品 2,175,000	第2工程仕掛品へ 10,560,000 (@¥4,800×2,200個)
第1工程仕掛品より 12,225,000	売上原価へ 1,440,000 (@¥4,800×300個)
	月末仕掛品 2,400,000

第2工程仕掛品(前工程費)

月初仕掛品 1,660,000	完成品 2,400個
当月製造費用 10,560,000	月末仕掛品 200個 (❹940,000)

第2工程仕掛品(加工費)

月初仕掛品 875,000	完成品 2,400個
当月製造費用 8,625,000	月末仕掛品 200個×0.5 (380,000)

3 ●印@3点×8＝24点

(1)

	借	方	貸	方	
/0月3/日⑨	賃率差異	35,000	消費賃金	35,000	❽●

(2)

素　材

10/1	前月繰越	930,000	10/12	仕掛品	2,630,000	❶●
9	買掛金	2,890,000	31	次月繰越	1,190,000	
		3,820,000			3,820,000	

製造間接費

❸●	10/31 工場消耗品	154,000	10/31	諸口	1,902,000
❹	〃 消費賃金	528,000			
	〃 健康保険料	238,000			
●	〃 諸口	982,000			
		1,902,000			1,902,000

第/製造部門費

	10/31 製造間接費	932,400	10/31	仕掛品	1,173,000	❺
❻❼	〃 諸口	219,600				
❾●	〃 製造部門費配賦差異	21,000				
		1,173,000			1,173,000	

(3)

製造指図書＃/　　原価計算表

直接材料費	直接労務費	製造間接費 部門	時間	配賦率	金額	集計 摘要	金額
/,64/,000	896,000	第/	560	850	476,000	直接材料費	1,641,000
	❹●2,160,000	第1	440	850	374,000	直接労務費	3,056,000
	3,056,000	第2	910	700	637,000	製造間接費	1,487,000
					1,487,000	製造原価	6,184,000 ❷
						完成品数量	80個
						製品単価	¥ 77,300

(4)

部門費振替表

相互配賦法　　令和○年/0月分

部門費	配賦基準	金額	製造部門 第/部門	製造部門 第2部門	補助部門 動力部門	補助部門 修繕部門
部門費合計		/,902,000	932,400	603,600	222,000	/44,000
動力部門費	kW数×運転時間数	222,000	111,000	74,000	――	37,000 ❻
修繕部門費	修繕回数	144,000	72,000	48,000	24,000	――
第/次配賦額		366,000	183,000	122,000	24,000	37,000
動力部門費	kW数×運転時間数	24,000	14,400	9,600		
修繕部門費	修繕回数	37,000	22,200	14,800 ❼		
第2次配賦額		61,000	● 36,600	24,400		
製造部門費合計		1,902,000	1,152,000	750,000		

(5) ¥ 2,251,000 ❿●

〈取引の仕訳〉

		借方		貸方		
10月9日		(借)素材	2,890,000	(貸)買掛金	3,023,000	
		工場消耗品	133,000			
12日		(借)仕掛品	2,630,000	(貸)素材	2,630,000	❶
26日		(借)賃金	3,649,000	(貸)所得税預り金	267,000	
				健康保険料預り金	238,000	
				当座預金	3,144,000	
28日		(借)製品	6,184,000	(貸)仕掛品	6,184,000	❷
31日	①	(借)製造間接費	154,000	(貸)工場消耗品	154,000	❸
	②	(借)仕掛品	3,952,000	(貸)消費賃金	4,480,000	❹
		製造間接費	528,000			
	③	(借)仕掛品	1,936,000	(貸)第1製造部門費	1,173,000	❺
				第2製造部門費	763,000	
	④	(借)製造間接費	238,000	(貸)健康保険料	238,000	
	⑤	(借)製造間接費	982,000	(貸)電力料	496,000	
				保険料	108,000	
				減価償却費	378,000	
	⑥	(借)第1製造部門費	932,400	(貸)製造間接費	1,902,000	
		第2製造部門費	603,600			
		動力部門費	222,000			
		修繕部門費	144,000			
	⑦	(借)第1製造部門費	219,600	(貸)動力部門費	222,000	❻
		第2製造部門費	146,400	修繕部門費	144,000	❼
	⑧	(借)消費賃金	4,515,000	(貸)賃金	4,515,000	
	⑨	(借)賃率差異	35,000	(貸)消費賃金	35,000	❽
	⑩	(借)第1製造部門費	21,000	(貸)製造部門費配賦差異	21,000	❾
	⑪	(借)第2製造部門費	13,000	(貸)製造部門費配賦差異	13,000	❾

解説

❶ 12日　素材消費高（先入先出法）

消費数量　800個┬前月繰越分より　@¥3,100×300個＝¥　930,000
　　　　　　　　└10/9仕入分より　@¥3,400×500個＝¥1,700,000
　　　　　　　　　　　　　　　　　　　　　　800個　¥2,630,000（消費高）

❷ 28日　A製品の製造原価（製造指図書＃1の原価計算表の製造原価を仕訳に使用する）

❸ 31日①　工場消耗品消費高（棚卸計算法）

消費数量　1,100個＝前月繰越320個＋9日仕入数量950個－月末棚卸数量170個

工場消耗品消費高　¥154,000＝@¥140×1,100個

❹ 31日②　賃金予定消費高＝1時間あたりの予定賃率@¥1,600×作業時間

消費賃金勘定¥4,480,000

┌製造指図書＃1　@¥1,600×1,350時間＝¥2,160,000┐
│製造指図書＃2　@¥1,600×1,120時間＝¥1,792,000┘¥3,952,000（仕掛品勘定）
└間　接　作　業　@¥1,600×　330時間＝¥　528,000（製造間接費勘定）

❺ 31日③　各製造部門費予定配賦額の計算（ただし書きⅳ参照）

第1製造部門費予定配賦額　@¥850×(440時間＋940時間)＝¥1,173,000┐
第2製造部門費予定配賦額　@¥700×(910時間＋180時間)＝¥　763,000┘¥1,936,000（仕掛品勘定）

❻ 31日⑦－1　補助部門費から各製造部門への第1次配賦（補助部門へも配賦する）

※動力部門費¥222,000の第1次配賦（修繕部門費も同様に計算する）

第1製造部門費　$¥111,000 = ¥222,000 \times \dfrac{(12kW \times 500時間)}{(12kW \times 500時間)+(10kW \times 400時間)+(10kW \times 200時間)}$

第2製造部門費　$¥\ 74,000 = ¥222,000 \times \dfrac{(10kW \times 400時間)}{(12kW \times 500時間)+(10kW \times 400時間)+(10kW \times 200時間)}$

修繕部門費　$¥\ 37,000 = ¥222,000 \times \dfrac{(10kW \times 200時間)}{(12kW \times 500時間)+(10kW \times 400時間)+(10kW \times 200時間)}$

❼ 31日⑦－2　補助部門費から各製造部門への第2次配賦(補助部門への配賦はおこなわない)

※修繕部門費¥37,000の第2次配賦（動力部門費も同様に計算する）

第1製造部門費　$¥22,200 = ¥37,000 \times \dfrac{3回}{3回+2回}$

第2製造部門費　$¥14,800 = ¥37,000 \times \dfrac{2回}{3回+2回}$

❽ 31日⑨　賃率差異　－¥35,000＝31日②予定消費高¥4,480,000
　　　　（借方差異）　　－31日⑧実際消費高¥4,515,000

❾ 31日⑩　第1製造部門費配賦差異＝31日③予定配賦額－部門費振替表の第1製造部門費合計
＋¥21,000（貸方差異）＝¥1,173,000－¥1,152,000

❾ 31日⑪　第2製造部門費配賦差異＝31日③予定配賦額－部門費振替表の第2製造部門費合計
＋¥13,000（貸方差異）＝¥763,000－¥750,000

❿ 10月末の賃金未払高＝前月未払高＋31日⑧当月実際消費高－26日当月支払高
¥2,251,000＝¥1,385,000＋¥4,515,000－¥3,649,000

●ポイント

❶ 素　材

前月繰越高 300個（@¥3,100）	12日消費高 300個 ×@¥3,100＝¥　930,000
9日仕入高 850個（@¥3,400）	500個 ×@¥3,400＝¥1,700,000

¥2,630,000
（仕掛品）

❸ 工 場 消 耗 品

前月繰越高　320個	消費高　1,100個 ×@¥140＝¥154,000（製造間接費）
9日仕入高　950個	月末棚卸高　170個

❻ 動力部門費（配賦基準による配分図）
（¥222,000）

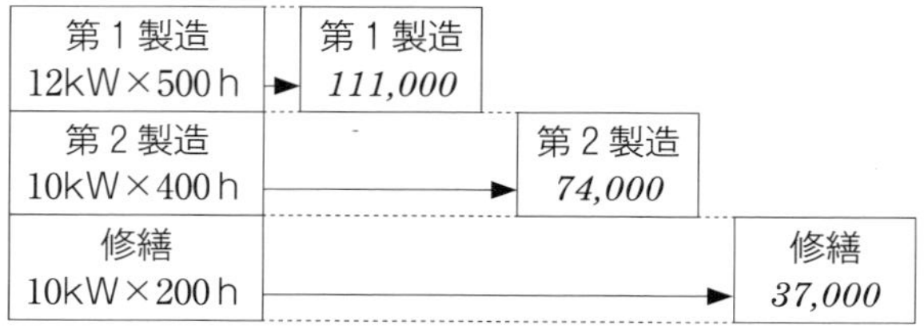

❼ 修繕部門費（配賦基準による配分図）
（¥37,000）

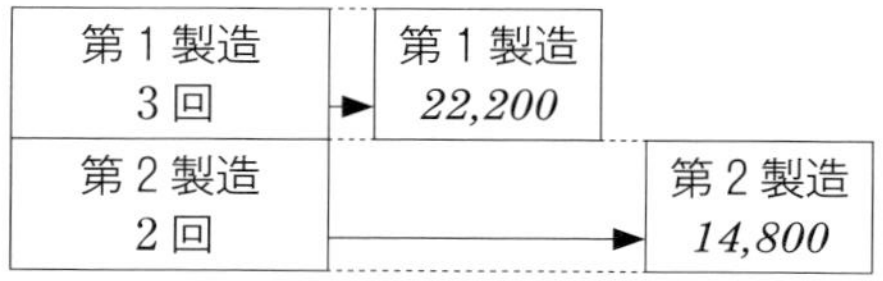

❽ 消 費 賃 金

実際消費高 4,515,000	予定消費高 4,480,000
	賃率差異 35,000

賃 率 差 異

消費賃金より 35,000	

❾ 第1製造部門費

実際配賦額 932,400 / 183,000 / 36,600	予定配賦額 1,173,000
配賦差異 21,000	

第2製造部門費

実際配賦額 603,600 / 122,000 / 24,400	予定配賦額 763,000
配賦差異 13,000	

製造部門費配賦差異

	第1製造部門費 21,000
	第2製造部門費 13,000

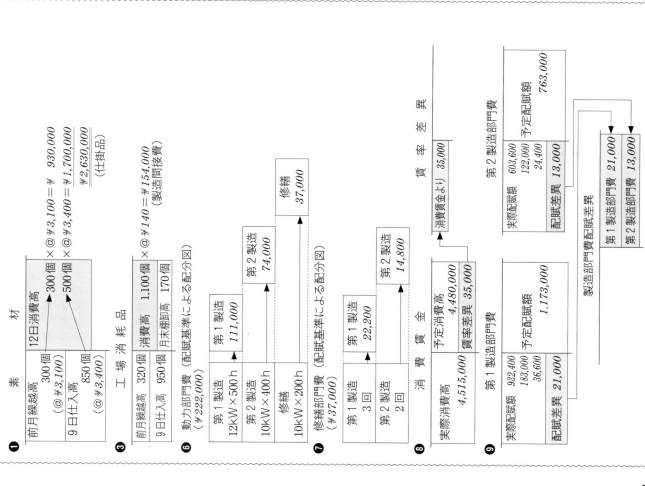

4

@4点×5＝20点

	借方		貸方		
a	仕掛品	*420,000*	特許権使用料	*420,000*	❶
b	棚卸減耗損	*27,080*	素材	*27,080*	❷
c	A組仕掛品 B組仕掛品	*528,000* *432,000*	組間接費	*960,000*	❸
d	減価償却費 工場	*1,080,000* *1,180,000*	建物減価償却累計額	*2,260,000*	❹
e	売上原価	*3,000*	材料消費価格差異	*3,000*	❺

解説

❶ 月割額　*¥420,000*＝*¥5,040,000*÷12か月

❷ 消費単価（総平均法）　@*¥1,354*＝$\dfrac{\text{前月繰越高}¥924{,}000＋\text{当月仕入高}（¥1{,}206{,}000＋¥1{,}932{,}000）}{\text{前月繰越数量}700\text{kg}＋\text{仕入数量}（900\text{kg}＋1{,}400\text{kg}）}$

棚卸減耗損　*¥27,080*＝消費単価@*¥1,354*×(帳簿棚卸数量600kg*－実地棚卸数量580kg)

＊帳簿棚卸数量600kg＝前月繰越数量700kg＋当月仕入数量（900kg＋1,400kg）－当月消費数量2,400kg

❸ A組の組間接費＝組間接費×$\dfrac{\text{A組機械運転時間}}{\text{A組機械運転時間}＋\text{B組機械運転時間}}$

¥528,000＝*¥960,000*×$\dfrac{2{,}750\text{時間}}{2{,}750\text{時間}＋2{,}250\text{時間}}$

B組の組間接費＝組間接費×$\dfrac{\text{B組機械運転時間}}{\text{A組機械運転時間}＋\text{B組機械運転時間}}$

¥432,000＝*¥960,000*×$\dfrac{2{,}250\text{時間}}{2{,}750\text{時間}＋2{,}250\text{時間}}$

❹ 工場の仕訳　（借）減価償却費　*1,180,000*　（貸）本社　*1,180,000*

❺ 材料消費価格差異は，消費材料勘定（素材勘定）の借方に実際消費高を，貸方に予定消費高を記入して，その差異を求める。

●ポイント

❷ 素材

前月繰越高 700kg (@*¥1,320*)	実際消費数量 2,400kg
当月仕入高 7日 900kg (@*¥1,340*) 19日 1,400kg (@*¥1,380*)	帳簿 600kg：減耗 20kg ／ 実地 580kg

減耗 20kg×@*¥1,354*＝*¥27,080*（棚卸減耗損）

❺ 消費材料

実際消費高	予定消費高
	差異 *8,000*

材料消費価格差異

消費材料より *8,000*	前月繰越高 *5,000*
	売上原価へ *3,000*

売上原価

材料消費価格差異より *3,000*	

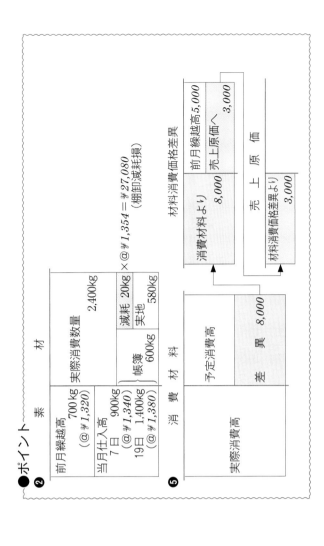

1級原価計算模擬試験問題　第 11 回

1

@3点×13=39点

(1)

ア	イ
2	3

❶ （注意）枠の中が2つとも合っている場合に正答とする。

(2)

ア	¥ 1,734,000	❷
イ	¥ 7,389,000	❸
ウ	¥ 2,129,000	❹

(3)

a	当月の営業利益	¥ 6,552,000	❺
b	損益分岐点の売上高	¥ 1,996,800	❻
c	目標営業利益¥7,392,000を達成するための販売数量	2,880 個	❼

(4)

a	A組の組間接費配賦額	¥ 3,790,000	❽
b	B組の月末仕掛品原価に含まれる素材費	¥ 1,210,000	❾

(5)

a	完成品の標準原価	¥ 12,580,000	❿
b	直接材料費差異	¥ 32,000（不利）	⓫
c	作業時間差異	¥ 70,000（不利）	⓬
d	予算差異	¥ 14,000（不利）	⓭

解説

(1)

❶ 同種製品を連続して大量生産している製造業でおもに採用される記帳方法で，1か月間の実際生産量が判明した時点で，原価差異を計算する方法である。

(2)

❷ 仕掛品勘定の賃金＝製造原価報告書の労務費－製造間接費勘定の賃金－給料－健康保険料
¥1,734,000＝¥2,961,000－¥615,000－¥470,000－¥142,000

❸ 製造原価報告書の当期製品製造原価＝当期製造費用[*1]＋期首仕掛品棚卸高－期末仕掛品棚卸高
¥7,389,000＝¥7,462,000＋¥451,000－¥524,000

＊1　当期製造費用＝素材＋買入部品＋仕掛品勘定の賃金＋外注加工賃＋製造間接費[*2]
¥7,462,000＝¥1,952,000＋¥423,000＋¥1,734,000＋¥681,000＋¥2,672,000

または，材料費（¥1,952,000＋¥423,000＋¥293,000）＋労務費（¥2,961,000）＋経費（¥1,833,000）

＊2　製造間接費＝製造間接費勘定の借方合計
¥2,672,000＝¥293,000＋¥615,000＋¥470,000＋¥142,000＋¥602,000＋¥493,000[*3]＋¥57,000

＊3　製造間接費勘定の電力料＝製造原価報告書の経費－外注加工賃－減価償却費－雑費
¥493,000＝¥1,833,000－¥681,000－¥602,000－¥57,000

❹ 損益計算書の売上総利益＝売上高－売上原価[*4]
¥2,129,000＝¥9,431,000－¥7,302,000

＊4　売上原価＝製品勘定合計金額－期末製品棚卸高（貸借対照表残高）
¥7,302,000＝¥8,097,000－¥795,000

●ポイント

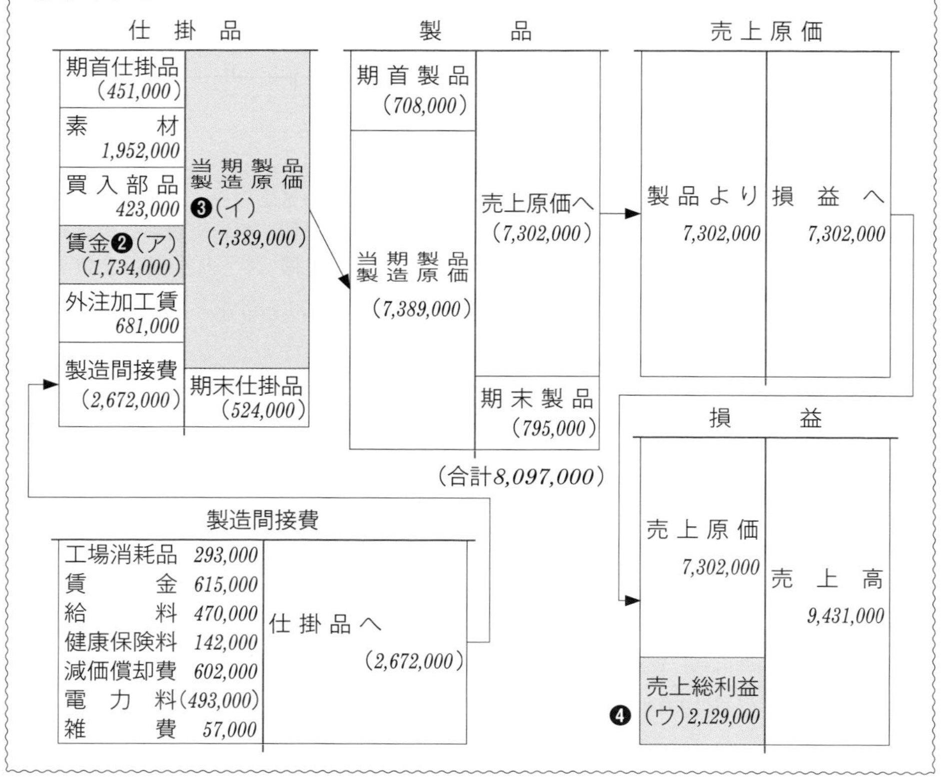

(3)

❺ 当月の営業利益

¥6,552,000＝貢献利益¥7,800,000[*1]－固定費¥1,248,000

＊1　貢献利益＝売上高¥12,480,000－変動売上原価¥3,640,000－変動販売費¥1,040,000

❻ 損益分岐点の売上高

¥1,996,800＝固定費¥1,248,000÷貢献利益率0.625[*2]

＊2　貢献利益率0.625＝貢献利益¥7,800,000÷売上高¥12,480,000

❼ 目標営業利益¥7,392,000を達成するための販売数量＝目標営業利益達成の売上高[*3]÷販売単価

2,880個＝¥13,824,000÷@¥4,800

＊3　目標営業利益達成の売上高＝(目標営業利益＋固定費)÷貢献利益率

¥13,824,000＝(¥7,392,000＋¥1,248,000)÷0.625

●ポイント

直接原価計算による損益計算書

損益計算書

			❻	
Ⅰ	売上高	12,480,000×0.625	1,996,800	13,824,000
Ⅱ	変動売上原価	3,640,000		
	変動製造マージン	8,840,000		
Ⅲ	変動販売費	1,040,000		
	貢献利益	7,800,000	1,248,000÷0.625	8,640,000÷0.625
Ⅳ	固定費	1,248,000	1,248,000	1,248,000
	営業利益	6,552,000❺	0	7,392,000
			損益分岐点	目標営業利益

¥13,824,000÷@¥4,800（販売単価）＝2,880個❼

(4)

❽ A組の組間接費配賦額＝組間接費×$\frac{\text{A組の直接材料費}}{\text{A組の直接材料費＋B組の直接材料費}}$

¥3,790,000＝¥6,656,000×$\frac{¥9,475,000}{¥9,475,000＋¥7,165,000}$

❾ B組の月末仕掛品素材費＝(月初仕掛品素材費＋当月素材費)×$\frac{\text{月末仕掛品数量}}{\text{完成品数量＋月末仕掛品数量}}$
（平均法）

¥1,210,000＝(¥1,789,000＋¥7,165,000)×$\frac{500個}{3,200個＋500個}$

●ポイント

❾ B組仕掛品（素材費）

月初仕掛品 1,789,000	完成品 3,200個
組直接費 7,165,000	月末仕掛品 500個

(5)

❿ 完成品の標準原価＝1個あたりの標準原価×完成品数量

¥12,580,000＝@¥14,800×850個

⓫ 直接材料費差異＝標準直接材料費－実際直接材料費

－¥32,000（不利）＝¥1,350,000－¥1,382,000

⓬ 作業時間差異＝標準賃率×(標準直接作業時間[*]－実際直接作業時間)

－¥70,000（不利）＝@¥1,400×(4,200時間－4,250時間)

＊標準直接作業時間4,200時間＝5時間×(850個－300個×0.3＋200個×0.4)

⓭ 予算差異＝(変動費率×実際直接作業時間＋固定費予算額)－実際製造間接費発生額

－¥14,000（不利）＝(@¥500×4,250時間＋¥3,045,000)－¥5,184,000

●ポイント

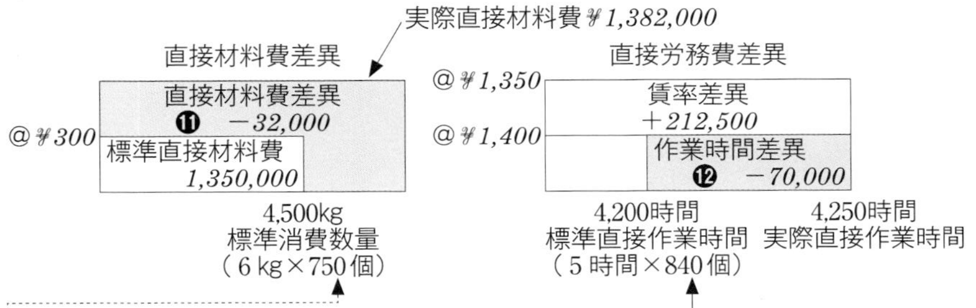

仕掛品

月初仕掛品 300個（300個×0.3）	完成品 850個
当月投入量 750個（840個）	月末仕掛品 200個（200個×0.4）

×@¥14,800＝¥12,580,000❿
（完成品の標準原価）

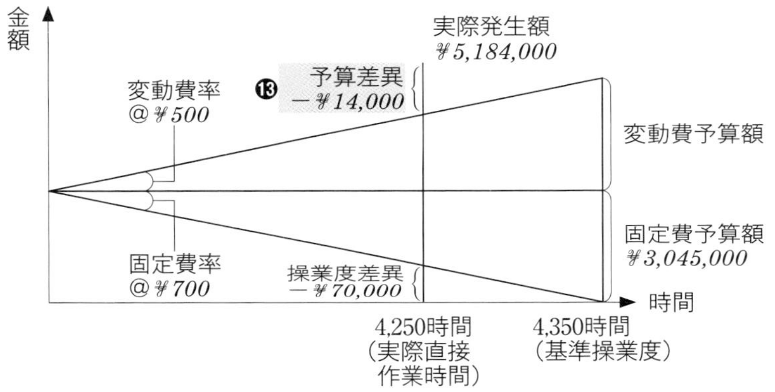

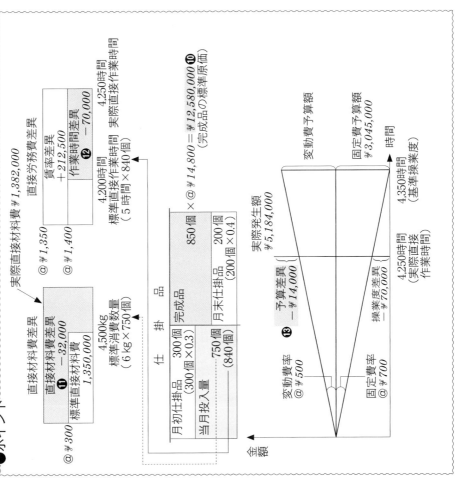

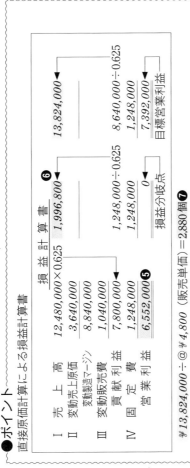

2

●印@4点×5＝20点

(1)

単純総合原価計算表

令和○年7月分

摘要	素材費	加工費	合計
材料費	9,338,000	294,000	9,632,000
労務費	―――	4,418,000	4,418,000
経費	―――	682,000	● 682,000
計	9,338,000	5,394,000	14,732,000
月初仕掛品原価	2,545,000	726,000	3,271,000
計	11,883,000	6,120,000	18,003,000
月末仕掛品原価	❶● 2,001,000	❷ 558,000	2,559,000
完成品原価	9,882,000	● 5,562,000	15,444,000
完成品数量	3,000kg	3,000kg	3,000kg
製品／kgあたりの原価	¥ 3,294	¥ 1,854	¥ 5,148 ●

(2)

¥ 528,000 ●

❸

●ポイント

仕掛品（素材費）

借方		貸方	
月初仕掛品	2,545,000	月初仕掛品 800kg	完成品 3,000kg
当月素材費	9,338,000	→ 当月製造費用 2,200kg	
		正常減損 ~~100kg~~	
		→ 月末仕掛品 600kg	

仕掛品（加工費）

借方		貸方	
月初仕掛品	726,000	月初仕掛品 800kg×0.5	完成品 3,000kg
当月加工費	5,394,000	→ 当月製造費用 2,600kg	
		正常減損 ~~100kg~~	
		→ 月末仕掛品 600kg×0.5	

解説

正常減損が製造工程の始点で発生しているため，正常減損費は完成品と月末仕掛品の両方で負担する。よって，正常減損は最初から投入しなかったものとして計算する。

❶ 月末仕掛品素材費（先入先出法）＝当月素材費×$\dfrac{\text{月末仕掛品数量}}{(\text{完成品数量}-\text{月初仕掛品数量})+\text{月末仕掛品数量}}$

$¥2,001,000=¥9,338,000\times\dfrac{600\text{kg}}{(3,000\text{kg}-800\text{kg})+600\text{kg}}$

❷ 月末仕掛品加工費（先入先出法）＝当月加工費

$\times\dfrac{\text{月末仕掛品完成品換算数量}}{(\text{完成品数量}-\text{月初仕掛品完成品換算数量})+\text{月末仕掛品完成品換算数量}}$

$¥558,000=¥5,394,000\times\dfrac{(600\text{kg}\times0.5)}{(3,000\text{kg}-800\text{kg}\times0.5)+(600\text{kg}\times0.5)}$

❸ 仕掛品勘定の減価償却費（アの金額）＝当月加工費－仕掛品勘定の減価償却費以外の加工費

¥528,000＝¥5,394,000－（¥294,000＋¥2,278,000＋¥1,142,000＋¥878,000＋¥120,000＋¥101,000＋¥53,000）

3

●印@３点×７＝21点

(1)

	借	方	貸	方
/0月/4日	仕掛品	1,172,000	素材	1,172,000 ❸●

(2)

消費賃金

10/31 賃金	1,974,800	10/31 諸口	1,958,000	❺
		〃 賃率差異	16,800	❼●
	1,974,800		1,974,800	

仕掛品

	10/ 1 前月繰越	9/3,000	10/10 製品	1,361,000	❷
❶	3 素材	580,000	31 次月繰越	3,752,000	
❸●	14 素材	1,172,000			
❺	31 消費賃金	1,683,000			
❻	〃 製造間接費	765,000			
		5,113,000		5,113,000	

製造間接費

❹	10/31 工場消耗品	86,000	10/31 仕掛品	765,000	❻
❺	〃 消費賃金	275,000			
	〃 健康保険料	64,000			
	〃 諸口	331,000			
❽●	〃 製造間接費配賦差異	9,000			
		765,000		765,000	

(3) 製造指図書＃/　　原価計算表

直接材料費	直接労務費	製造間接費	集計 摘要	金額
609,000	209,000	95,000	直接材料費	609,000
	308,000	140,000	直接労務費	517,000
	517,000	235,000	製造間接費	235,000
			製造原価	1,361,000 ❷●
			完成品数量	100個
			製品単価	￥ 13,610

(4) ￥ 4,000（(借方)・貸方） ❾●

※（借方・貸方）のいずれかを○で囲むこと

(5) ￥ 204,000 ❿●

〈取引の仕訳〉

10月３日	(借)仕掛品	580,000	(貸)素材	580,000	❶
７日	(借)素材	2,655,000	(貸)買掛金	2,749,000	
	工場消耗品	94,000			
10日	(借)製品	1,361,000	(貸)仕掛品	1,361,000	❷
14日	(借)仕掛品	1,172,000	(貸)素材	1,172,000	❸
31日 ①	(借)製造間接費	86,000	(貸)工場消耗品	86,000	❹
②	(借)仕掛品	1,683,000	(貸)消費賃金	1,958,000	❺
	製造間接費	275,000			
③	(借)製造間接費	64,000	(貸)健康保険料	64,000	
④	(借)製造間接費	331,000	(貸)電力料	76,000	
			保険料	34,000	
			減価償却費	221,000	
⑤	(借)仕掛品	765,000	(貸)製造間接費	765,000	❻
⑥	(借)消費賃金	1,974,800	(貸)賃金	1,974,800	
⑦	(借)賃率差異	16,800	(貸)消費賃金	16,800	❼
⑧	(借)製造間接費	9,000	(貸)製造間接費配賦差異	9,000	❽

解説

❶ ３日　月初棚卸高より　@￥2,900×200個＝￥580,000

❷ 10日　Ａ製品の製造原価（製造指図書＃１の原価計算表の製造原価を仕訳に使用する）

❸ 14日　素材消費高（移動平均法）

消費単価　$@￥2,930=\frac{月初棚卸高の残高(￥2,320,000-￥580,000)+７日仕入分￥2,655,000}{月初棚卸数量の残高(800個-200個)+７日仕入数量900個}$

消費高　￥1,172,000＝消費単価@￥2,930×消費数量400個

❹ 31日①　工場消耗品消費高（棚卸計算法）

消費数量　2,150個＝前月繰越750個＋７日仕入数量2,350個－月末棚卸数量950個

工場消耗品消費高　￥86,000＝@￥40×2,150個

❺ 31日②　賃金予定消費高＝１時間あたりの予定賃率@￥1,100×作業時間

消費賃金勘定　￥1,958,000

製造指図書＃１　@￥1,100×280時間＝￥308,000
製造指図書＃２　@￥1,100×710時間＝￥781,000　―￥1,683,000（仕掛品勘定）
製造指図書＃３　@￥1,100×540時間＝￥594,000
間接作業　@￥1,100×250時間＝￥275,000（製造間接費勘定）

❻ 31日⑤　製造間接費予定配賦額の計算（ただし書きⅳ参照）

製造間接費予定配賦率　$@￥500=\frac{年間製造間接費予定額￥9,300,000}{年間予定直接作業時間18,600時間}$

製造間接費予定配賦額　@￥500×(280時間＋710時間＋540時間)＝￥765,000(仕掛品勘定)

❼ 31日⑦　賃率差異　$-$￥*16,800*＝31日②予定消費高￥*1,958,000*
（借方差異）　－31日⑥実際消費高￥*1,974,800*

❽ 31日⑧　製造間接費配賦差異＝31日⑤予定配賦額－製造間接費実際発生額
＋￥*9,000*（貸方差異）＝￥*765,000*－（31日①￥*86,000*＋31日②￥*275,000*＋31日③￥*64,000*
＋31日④￥*331,000**）

＊経費消費高￥*331,000*＝電力料￥*76,000*＋保険料￥*34,000*（１か月分）
＋減価償却費￥*221,000*（１か月分）

❾ 操業度差異＝固定費率*×（実際直接作業時間－基準操業度）
－￥*4,000*（借方差異）＝@￥*200*×（1,530時間－1,550時間）

＊固定費率＝$\dfrac{\text{固定費予算額}}{\text{基準操業度}}$

@￥*200*＝$\dfrac{\text{￥}310,000}{1,550\text{時間}}$

〈参考〉予算差異＝（変動費率×実際直接作業時間＋固定費予算額）－実際製造間接費発生額
＋￥*13,000*（貸方差異）＝（@￥*300*×1,530時間＋￥*310,000*）－￥*756,000*

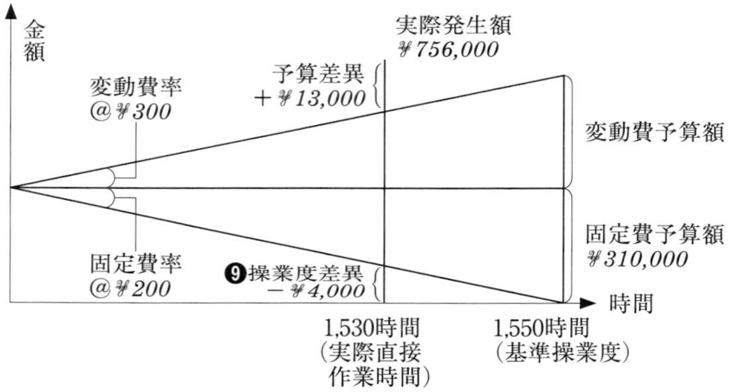

❿ 保険料勘定の次月繰越高　￥*204,000*＝前月繰越高￥*238,000*
－31日④当月消費高￥*34,000*（１か月分）

●ポイント

❸ 素材

借方	貸方
前月繰越高 800個（@￥*2,900*）	3日消費高 200個
7日仕入高 900個（@￥*2,950*）	

$\dfrac{(\text{￥}2{,}320{,}000-\text{￥}580{,}000)+\text{￥}2{,}655{,}000}{(800\text{個}-200\text{個})+900\text{個}}$＝@￥*2,930*（消費単価）

❹ 工場消耗品

借方	貸方
前月繰越高 750個	消費高 2,150個
7日仕入高 2,350個	月末棚卸高 950個

2,150個×@￥*40*＝￥*86,000*（製造間接費）

❼ 消費賃金

借方	貸方
実際消費高 *1,974,800*	予定消費高 *1,958,000*
	賃率差異 *16,800*

賃率差異

借方	貸方
消費賃金より *16,800*	

❽ 製造間接費

借方	貸方
実際配賦額	予定配賦額
31日① *86,000*	31日⑤ *765,000*
31日② *275,000*	
31日③ *64,000*	
31日④ *331,000*	
配賦差異 *9,000*	

製造間接費配賦差異

借方	貸方
	製造間接費 *9,000*

❿ 保険料

借方	貸方
前月繰越高 *238,000*（７か月分）	31日④消費高 *34,000*
	次月繰越高 *204,000*

4

@ 4 点× 5 ＝20点

	借　方		貸　方		
a	仕掛品	*1,326,000*	第 1 製造部門費 第 2 製造部門費	*528,000* *798,000*	❶
b	消費材料	*44,000*	材料消費価格差異	*44,000*	❷
c	1 級製品 2 級製品	*4,680,000* *3,600,000*	仕掛品	*8,280,000*	❸
d	第 1 工程半製品 第 2 工程仕掛品 製品	*2,136,000* *1,556,000* *2,862,000*	第 1 工程仕掛品 第 1 工程半製品 第 2 工程仕掛品	*2,136,000* *1,556,000* *2,862,000*	❹
e	工場 健康保険料預り金	*457,000* *457,000*	当座預金	*914,000*	❺

解説

❶ 第 1 製造部門費予定配賦率　$@¥330=\frac{\text{年間製造間接費予算額}¥5,940,000}{\text{年間予定直接作業時間18,000時間}}$

第 2 製造部門費予定配賦率　$@¥420=\frac{\text{年間製造間接費予算額}¥10,080,000}{\text{年間予定直接作業時間24,000時間}}$

第 1 製造部門費予定配賦額　@¥*330*×1,600時間＝¥*528,000*
第 2 製造部門費予定配賦額　@¥*420*×1,900時間＝¥*798,000*
→ ¥*1,326,000*（仕掛品勘定）

❷ 消費材料勘定の貸方に予定消費高を記入して，その後，実際消費高との差異を求める。
材料消費価格差異＋¥*44,000*(貸方)＝予定消費高¥*5,852,000*[*1]－実際消費高¥*5,808,000*[*2]

＊1　予定消費高¥*5,852,000*＝予定消費単価@¥*2,660*×当月消費数量2,200個

＊2　実際消費高¥*5,808,000*＝消費単価@¥*2,640*[*3]×当月消費数量2,200個

＊3　消費単価$@¥2,640=\frac{\text{前月繰越高}¥780,000+\text{12日仕入高}¥3,144,000+\text{23日仕入高}¥3,996,000}{\text{前月繰越数量300個}+\text{12日仕入数量1,200個}+\text{23日仕入数量1,500個}}$
（総平均法）

❸

	重　量	係　数	完成品数量	積　数	完成品原価
1 級製品	420 g	6	5,200個	31,200	¥*4,680,000*
2 級製品	350 g	5	4,800個	24,000	¥*3,600,000*
				55,200	¥*8,280,000*

❹ 第 1 工程仕掛品→第 1 工程半製品，第 1 工程半製品→第 2 工程仕掛品，
第 2 工程仕掛品→製品

❺ 工場の仕訳　（借）健康保険料　*457,000*　　（貸）本社　*457,000*

●ポイント

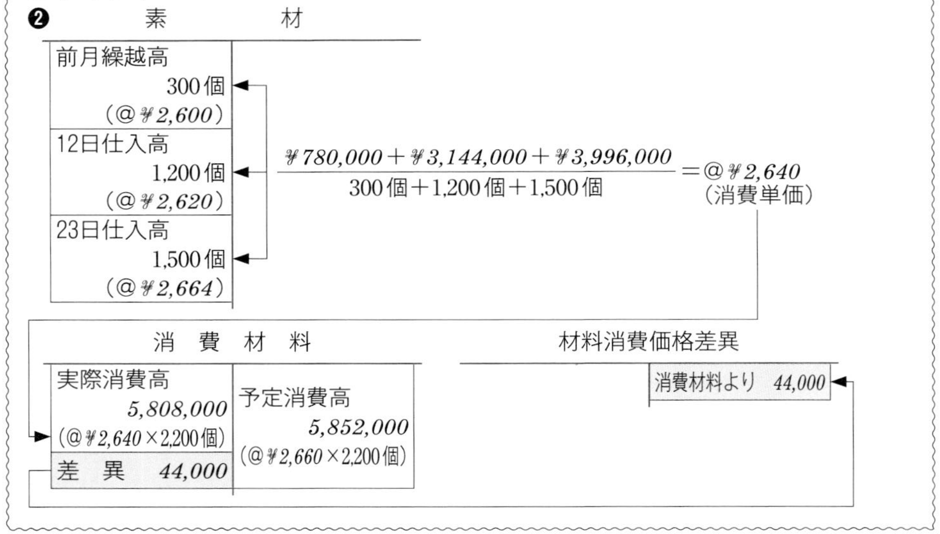

1級原価計算模擬試験問題　第 12 回

1

@３点×12＝36点

(1)

ア	イ
1	3

❶

（注意）枠の中が２つとも合っている場合に正答とする。

(2)

ア	￥ 89,000	❷
イ	￥ 894,500	❸
ウ	￥ 2,786,000	❹

(3)

/級製品の製品単価（単位原価）	￥ 8,900	❺

(4)

a	変動売上原価	￥ 1,460,000	❻
b	損益分岐点の売上高	￥ 2,450,000	❼
c	目標営業利益￥220,000を達成するための製品/個あたりの変動費を削減する金額	￥ 750	❽

(5)

a	月末仕掛品の標準原価	￥ 1,840,000	❾
b	材料消費価格差異	￥ 140,000(不利)	❿
c	能率差異	￥ 81,000(不利)	⓫
d	作業時間差異	￥ 117,000(不利)	⓬

解説

(1)

❶ 原価計算は原則として，３つの段階の計算手続きを経ておこなわれ，費目別計算，部門別計算，製品別計算の順に計算手続きをおこなう。

(2)

❷ 製造間接費勘定の工場消耗品＝製造原価報告書の材料費－素材

￥89,000＝￥3,769,000－(￥3,659,000＋￥21,000)

❸ 製造原価報告書の経費＝外注加工賃*＋減価償却費＋電力料＋保管料＋棚卸減耗損

￥894,500＝￥308,000＋￥360,000＋￥138,000＋￥72,000＋￥16,500

＊外注加工賃＝当期製造費用－素材－賃金－製造間接費

￥308,000＝￥6,726,000－￥3,659,000－￥1,531,000－￥1,228,000

❹ 損益計算書の売上総利益＝売上高－売上原価*[1]

￥2,786,000＝￥9,328,000－￥6,542,000

＊1　売上原価＝期首製品棚卸高＋当期製品製造原価*[2]－期末製品棚卸高

￥6,542,000＝￥169,000＋￥6,687,000－￥314,000

＊2　当期製品製造原価＝当期製造費用＋期首仕掛品棚卸高－期末仕掛品棚卸高

￥6,687,000＝￥6,726,000＋￥259,000－￥298,000

●ポイント

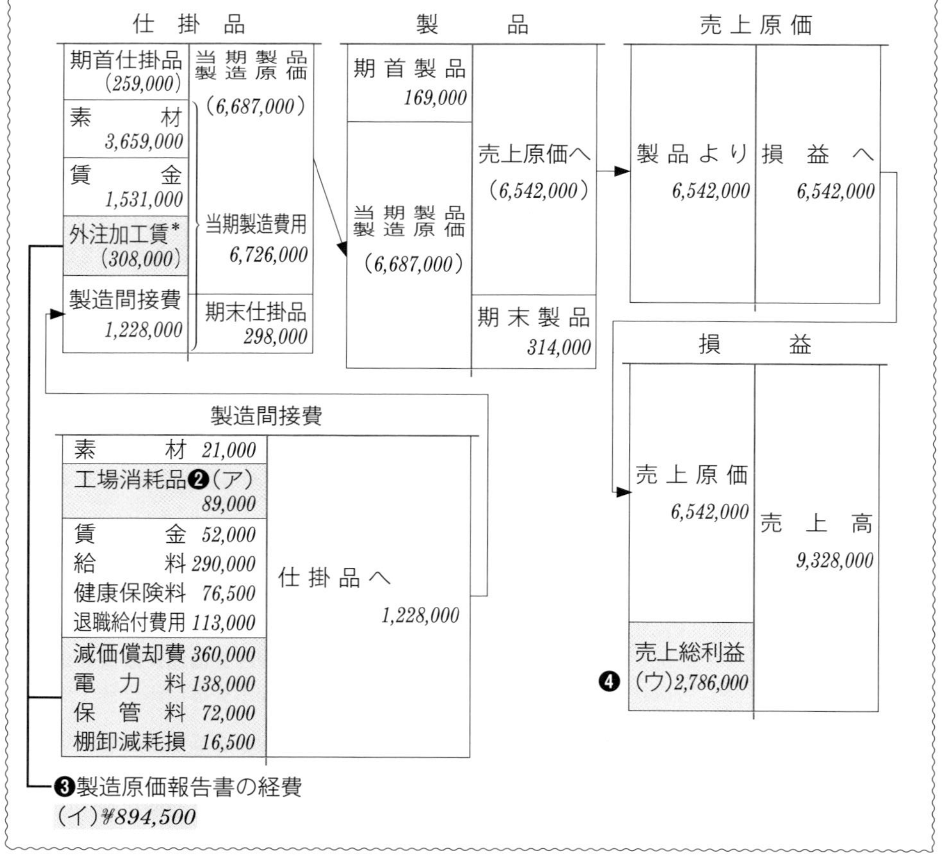

(3)

月末仕掛品素材費（平均法）＝（月初素材費＋当月素材費）×$\dfrac{月末仕掛品数量}{完成品数量＋月末仕掛品数量}$

¥1,590,000＝（¥2,288,000＋¥6,192,000）×$\dfrac{6{,}000\,g}{26{,}000\,g+6{,}000\,g}$

月末仕掛品加工費（平均法）＝（月初加工費＋当月加工費）×$\dfrac{月末仕掛品完成品換算数量}{完成品数量＋月末仕掛品完成品換算数量}$

¥432,000＝（¥836,000＋¥4,276,000）×$\dfrac{6{,}000\,g\times0.4}{26{,}000\,g+6{,}000\,g\times0.4}$

完成品原価（等級別製造原価）＝月初仕掛品＋当月製造費用－月末仕掛品

¥11,570,000＝（¥2,288,000＋¥836,000）＋（¥6,192,000＋¥4,276,000）－（¥1,590,000＋¥432,000）

○等級別総合原価計算表の作成をおこなう。

① 各等級製品の等価係数＝（20g：8g＝5：2）
② 1級製品の積数　5,000＝①5×1,000個
③ 2級製品の積数　1,500＝①2×750個
④ 1級製品の製造原価　¥8,900,000＝完成品原価¥11,570,000×$\dfrac{②5{,}000}{積数合計6{,}500}$
⑤ 1級製品の製品単価　❺¥8,900＝④¥8,900,000÷1,000個

●ポイント

等級別総合原価計算表

等級別製品	重量	等価係数	完成品数量	積　数	等級別製造原価	製品単価
1 級 製 品	20g	5 ①	1,000個	5,000②	8,900,000④	¥8,900❺
2 級 製 品	8〃	2	750〃	1,500③	2,670,000	〃3,560
				6,500	11,570,000	

仕掛品（素材費）

月初仕掛品 2,288,000	完成品 26,000g (6,890,000)
当月素材費 6,192,000	月末仕掛品 6,000g (1,590,000)

仕掛品（加工費）

月初仕掛品 836,000	完成品 26,000g (4,680,000)
当月加工費 4,276,000	月末仕掛品 6,000g×0.4 (432,000)

(4)

❻ 変動売上原価＝売上原価－固定製造間接費
¥1,460,000＝¥2,000,000－¥540,000

❼ 損益分岐点の売上高　¥2,450,000＝固定費¥980,000÷貢献利益率0.4*1

＊1　貢献利益率0.4＝貢献利益¥1,200,000*2÷売上高¥3,000,000

＊2　貢献利益＝売上高－変動売上原価－変動販売費*3
¥1,200,000＝¥3,000,000－¥1,460,000－¥340,000

＊3　変動販売費＝販売費及び一般管理費－固定販売費及び一般管理費
¥340,000＝¥780,000－¥440,000

❽ 販売単価を20％引き下げ，当月の販売数量を維持したとき，目標営業利益¥220,000を達成するための製品1個あたりの変動費を削減する金額

変動費を削減する金額＝（目標営業利益達成の貢献利益－販売数量を維持した貢献利益）÷販売数量
@¥750＝（¥1,200,000－¥600,000）÷800個

●ポイント

直接原価計算による損益計算書　　3,000,000×（1－0.2）

損益計算書

			損益分岐点	販売数量を維持	目標営業利益
Ⅰ	売上高	3,000,000×0.4	2,450,000❼	2,400,000	
Ⅱ	変動売上原価	1,460,000❻		1,460,000	
	変動製造マージン	1,540,000		940,000	
Ⅲ	変動販売費	340,000		340,000	
	貢献利益	1,200,000	980,000÷0.4	600,000	1,200,000
Ⅳ	固定費	980,000	980,000	980,000	980,000
	営業利益	220,000	0	−380,000	220,000

（¥1,200,000－¥600,000）÷800個（販売数量）＝@¥750❽

(5)

❾ 月末仕掛品の標準原価＝直接材料費標準原価＋直接労務費標準原価＋製造間接費標準原価
¥1,840,000＝@¥2,400×400個＋@¥2,600×400個×0.5＋@¥1,800×400個×0.5

❿ 材料消費価格差異＝（標準単価－実際単価）×実際消費数量
－¥140,000（不利）＝（@¥600－@¥610）×14,000kg

⓫ 能率差異＝標準配賦率×（標準直接作業時間*－実際直接作業時間）
－¥81,000（不利）＝@¥900×（6,760時間－6,850時間）

⓬ 作業時間差異＝標準賃率×（標準直接作業時間*－実際直接作業時間）
－¥117,000（不利）＝@¥1,300×（6,760時間－6,850時間）

＊標準直接作業時間6,760時間＝2時間×（3,300個－300個×0.4＋400個×0.5）

●ポイント

直接材料費差異

@¥610	材料消費価格差異 ❿－140,000（不利）	
@¥600		材料消費数量差異 －240,000（不利）
	13,600kg（4kg×3,400個） 標準消費数量	14,000kg 実際消費数量

直接労務費差異

@¥1,280	賃率差異 ＋137,000	
@¥1,300		作業時間差異 ⓬－117,000
	6,760時間 標準直接作業時間（2時間×3,380個）	6,850時間 実際直接作業時間

仕　掛　品

月初仕掛品 300個 (300個×0.4)	完成品 3,300個
当月投入量 3,400個 (3,380個)	月末仕掛品 400個 (400個×0.5)

＊6,760時間（標準直接作業時間）＝2時間×（3,380個）

400個×@¥2,400＝¥960,000
(400個×0.5)×@¥2,600＝¥520,000
@¥1,800＝¥360,000
（月末仕掛品の標準原価）¥1,840,000❾

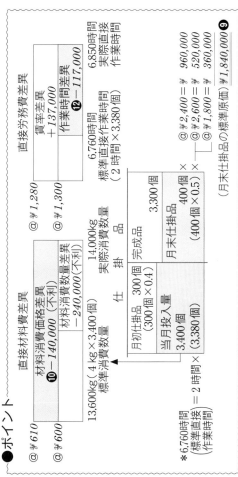

2

●印@ 4 点× 5 =20点

組別総合原価計算表

令和○年4月分

摘要		A組	B組
組直接費	素材費	2,520,000	2,872,000
	加工費	4,608,000	6,077,000
組間接費	加工費	❶ 672,000	❷ 448,000
当月製造費用		7,800,000	9,397,000
月初仕掛品原価	素材費	476,000	591,000
	加工費	156,000	234,000
計		8,432,000	10,222,000
月末仕掛品原価	素材費	❸● 504,000	718,000
	加工費	480,000	❹● 900,000
完成品原価		7,448,000	8,604,000
完成品数量		1,600個	1,800個
製品単価		¥ 4,655 ●	¥ 4,780

B組仕掛品

前月繰越	825,000	(B組製品)	(8,604,000)
素材	2,872,000	次月繰越	(1,618,000)●
労務費	4,987,000		
経費	1,090,000		
❷●(組間接費)	(448,000)		
	(10,222,000)		(10,222,000)

解説

❶ A組への組間接費配賦額＝組間接費*×$\frac{\text{A組の直接作業時間}}{\text{A組の直接作業時間}+\text{B組の直接作業時間}}$

$¥672{,}000=¥1{,}120{,}000\times\frac{2{,}400\text{時間}}{2{,}400\text{時間}+1{,}600\text{時間}}$

*組間接費¥1,120,000＝材料費¥286,000＋労務費¥537,000＋経費¥297,000

❷ B組への組間接費配賦額＝組間接費×$\frac{\text{B組の直接作業時間}}{\text{A組の直接作業時間}+\text{B組の直接作業時間}}$

$¥448{,}000=¥1{,}120{,}000\times\frac{1{,}600\text{時間}}{2{,}400\text{時間}+1{,}600\text{時間}}$

❸ A組月末仕掛品素材費＝当月素材費
(先入先出法)

$\times\frac{\text{月末仕掛品数量}}{(\text{完成品数量}+\text{正常減損数量}^{*}-\text{月初仕掛品数量})+\text{月末仕掛品数量}}$

$¥504{,}000=¥2{,}520{,}000\times\frac{300\text{個}}{(1{,}600\text{個}+100\text{個}-500\text{個})+300\text{個}}$

*正常減損が製造工程の終点で発生しているため，正常減損費は完成品がすべて負担する。よって，正常減損数量は完成品に含めて計算する。

❹ B組月末仕掛品加工費＝当月加工費
(先入先出法)

$\times\frac{\text{月末仕掛品完成品換算数量}}{(\text{完成品数量}-\text{月初仕掛品完成品換算数量})+\text{月末仕掛品完成品換算数量}}$

$¥900{,}000=(¥6{,}077{,}000+¥448{,}000)\times\frac{400\text{個}\times0.6}{(1{,}800\text{個}-600\text{個}\times0.5)+400\text{個}\times0.6}$

●ポイント

❸ A組仕掛品(素材費)

月初仕掛品	月初仕掛品 500個	完成品 1,600個
組直接費 2,520,000	→ 当月製造費用 1,100個	
	正常減損 100個	
	→ 月末仕掛品 300個 (504,000)	

❹ B組仕掛品(加工費)

月初仕掛品	月初仕掛品 600個×0.5	完成品 1,800個
組直接費 6,077,000	→ 当月製造費用 1,500個	
組間接費 448,000	→ 月末仕掛品 400個×0.6 (900,000)	

3

●印@3点×8＝24点

(1)

	借　　　方		貸　　　方		
8月28日	製　　品	5,257,000	仕　掛　品	5,257,000	❷●

(2)

素　　材

8/1	前月繰越	1,140,000	8/13	仕　掛　品	2,928,000	❶●
7	買　掛　金	2,520,000	31	次月繰越	732,000	
		3,660,000			3,660,000	

製　造　間　接　費

❸● 8/31	工場消耗品	138,000	8/31	諸　　口	1,366,000	
❹ 〃	消費賃金	248,000				
〃	健康保険料	197,000				
〃	諸　　口	783,000				
		1,366,000			1,366,000	

第1製造部門費

8/31	製造間接費	628,000	8/31	仕　掛　品	822,800	❺
❻❼ 〃	諸　　口	231,000	〃	製造部門費配賦差異	36,200	❾●
		859,000			859,000	

(3)

製造指図書＃1

原　価　計　算　表

直接材料費	直接労務費	製造間接費				集計	
		部門	時間	配賦率	金額	摘要	金額
1,969,000	744,000	第1	600	680	408,000	直接材料費	1,969,000
	❹● 1,488,000	第1	640	680	435,200	直接労務費	2,232,000
	2,232,000	第2	560	380	212,800	製造間接費	1,056,000
					1,056,000	製造原価	5,257,000 ❷
						完成品数量	70個
						製品単価	¥ 75,100 ●

(4)

部　門　費　振　替　表

相互配賦法　　　　令和○年8月分

部門費	配賦基準	金額	製造部門 第1部門	製造部門 第2部門	補助部門 動力部門	補助部門 修繕部門
部門費合計		1,366,000	628,000	339,000	264,000	135,000
動力部門費	kW数×運転時間数	264,000	132,000	105,600	――	26,400 ❻
修繕部門費	修繕回数	135,000	67,500	40,500	27,000	――
第1次配賦額		399,000	199,500	146,100	27,000	26,400
動力部門費	kW数×運転時間数	27,000	15,000	12,000		
修繕部門費	修繕回数	26,400	16,500	9,900 ❼		
第2次配賦額		53,400	31,500	21,900 ●		
製造部門費合計		1,366,000	859,000	507,000		

(5)

¥ 1,285 ❿●

〈取引の仕訳〉

		借方		貸方		
8月7日		(借)素　　材	2,520,000	(貸)買　掛　金	2,646,000	
		工場消耗品	126,000			
13日		(借)仕　掛　品	2,928,000	(貸)素　　材	2,928,000	❶
26日		(借)賃　　金	3,820,000	(貸)所得税預り金	273,000	
				健康保険料預り金	197,000	
				当座預金	3,350,000	
28日		(借)製　　品	5,257,000	(貸)仕　掛　品	5,257,000	❷
31日	①	(借)製造間接費	138,000	(貸)工場消耗品	138,000	❸
	②	(借)仕　掛　品	3,224,000	(貸)消費賃金	3,472,000	❹
		製造間接費	248,000			
	③	(借)仕　掛　品	1,351,000	(貸)第1製造部門費	822,800	❺
				第2製造部門費	528,200	
	④	(借)製造間接費	197,000	(貸)健康保険料	197,000	
	⑤	(借)製造間接費	783,000	(貸)電　力　料	379,000	
				保　険　料	89,000	
				減価償却費	315,000	
	⑥	(借)第1製造部門費	628,000	(貸)製造間接費	1,366,000	
		第2製造部門費	339,000			
		動力部門費	264,000			
		修繕部門費	135,000			
	⑦	(借)第1製造部門費	231,000	(貸)動力部門費	264,000	❻
		第2製造部門費	168,000	修繕部門費	135,000	❼
	⑧	(借)消費賃金	3,598,000	(貸)賃　　金	3,598,000	
	⑨	(借)賃率差異	126,000	(貸)消費賃金	126,000	❽
	⑩	(借)製造部門費配賦差異	36,200	(貸)第1製造部門費	36,200	❾
	⑪	(借)第2製造部門費	21,200	(貸)製造部門費配賦差異	21,200	❾

解説

❶ 13日　素材消費高（移動平均法）

消費単価　$@¥3,660=\frac{\text{月初棚卸高}¥1,140,000+\text{7日仕入分}¥2,520,000}{\text{月初棚卸数量300個}+\text{7日仕入数量700個}}$

消費高　*¥2,928,000*＝消費単価@*¥3,660*×消費数量800個

❷ 28日　A製品の製造原価（製造指図書＃1の原価計算表の製造原価を仕訳に使用する）

❸ 31日①　工場消耗品消費高（棚卸計算法）

消費数量　2,300個＝前月繰越430個＋7日仕入数量2,100個－月末棚卸数量230個

工場消耗品消費高　*¥138,000*＝@*¥60*×2,300個

❹ 31日②　賃金予定消費高＝1時間あたりの予定賃率@*¥1,240*＊×作業時間

＊1時間あたりの予定賃率＝1年間の予定賃金総額÷1年間の予定総作業時間

@*¥1,240*＝*¥44,640,000*÷36,000時間

消費賃金勘定*¥3,472,000*

製造指図書＃1　@*¥1,240*×1,200時間＝*¥1,488,000*
製造指図書＃2　@*¥1,240*×1,400時間＝*¥1,736,000*　}*¥3,224,000*（仕掛品勘定）
間　接　作　業　@*¥1,240*×　200時間＝*¥*　*248,000*（製造間接費勘定）

❺ 31日③　各製造部門費予定配賦額の計算（ただし書きⅳ参照）

第1製造部門費予定配賦額　@*¥680*×（640時間＋570時間）＝*¥822,800*
第2製造部門費予定配賦額　@*¥380*×（560時間＋830時間）＝*¥528,200*　}*¥1,351,000*（仕掛品勘定）

❻ 31日⑦－1　補助部門費から各製造部門への第1次配賦（補助部門へも配賦する）

※動力部門費*¥264,000*の第1次配賦（修繕部門費も同様に計算する）

第1製造部門費　$¥132,000=¥264,000\times\frac{(20kW\times500\text{時間})}{(20kW\times500\text{時間})+(16kW\times500\text{時間})+(10kW\times200\text{時間})}$

第2製造部門費　$¥105,600=¥264,000\times\frac{(16kW\times500\text{時間})}{(20kW\times500\text{時間})+(16kW\times500\text{時間})+(10kW\times200\text{時間})}$

修繕部門費　$¥26,400=¥264,000\times\frac{(10kW\times200\text{時間})}{(20kW\times500\text{時間})+(16kW\times500\text{時間})+(10kW\times200\text{時間})}$

❼ 31日⑦－2　補助部門費から各製造部門への第2次配賦（補助部門への配賦はおこなわない）

※修繕部門費*¥26,400*の第2次配賦（動力部門費も同様に計算する）

第1製造部門費　$¥16,500=¥26,400\times\frac{\text{5回}}{\text{5回}+\text{3回}}$

第2製造部門費　$¥9,900=¥26,400\times\frac{\text{3回}}{\text{5回}+\text{3回}}$

❽ 31日⑨　賃率差異　－*¥126,000*＝31日②予定消費高*¥3,472,000*
（借方差異）　－31日⑧実際消費高*¥3,598,000*

❾ 31日⑩　第1製造部門費配賦差異＝31日③予定配賦額－第1製造部門費合計
－*¥36,200*（借方差異）＝*¥822,800*－*¥859,000*

❾ 31日⑪　第2製造部門費配賦差異＝31日③予定配賦額－第2製造部門費合計
＋*¥21,200*（貸方差異）＝*¥528,200*－*¥507,000*

❿ 実際平均賃率$=\frac{\text{1か月間の実際賃金総額}}{\text{1か月間の実際総作業時間}}$　$¥1,285=\frac{¥3,598,000}{\text{1,200時間}+\text{1,400時間}+\text{200時間}}$
（＃1）（＃2）（間接）

●ポイント

❶ 素材

前月繰越高 300個（@*¥3,800*）	
7日仕入高 700個（@*¥3,600*）	

$\frac{¥1,140,000+¥2,520,000}{\text{300個}+\text{700個}}=@¥3,660$（消費単価）

❸ 工場消耗品

前月繰越高 430個	消費高 2,300個
7日仕入高 2,100個	月末棚卸高 230個

×@*¥60*＝*¥138,000*（製造間接費）

❻ 動力部門費（配賦基準による配分図）（*¥264,000*）

第1製造 20kW×500h	→ 第1製造 *132,000*
第2製造 16kW×500h	→ 第2製造 *105,600*
修繕部門 10kW×200h	→ 修繕部門 *26,400*

❽ 消費賃金

実際消費高 *3,598,000*	予定消費高 *3,472,000*
	賃率差異 *126,000*

賃率差異

消費賃金より *126,000*	

❾ 第1製造部門費

実際配賦額	予定配賦額
628,000	*822,800*
199,500	
31,500	配賦差異 *36,200*

第2製造部門費

実際配賦額	予定配賦額
339,000	*528,200*
146,100	
21,900	
配賦差異 *21,200*	

製造部門費配賦差異

第1製造部門費 *36,200*	第2製造部門費 *21,200*

4

@ 4 点× 5 =20点

	借方		貸方		
a	仕掛品	*197,000*	減価償却費	*197,000*	❶
b	棚卸減耗損	*28,400*	素材	*28,400*	❷
c	賃率差異	*11,000*	売上原価	*11,000*	❸
d	売掛金 売上原価	*1,356,000* *1,130,000*	売上 第 1 工程半製品	*1,356,000* *1,130,000*	❹
e	工場	*1,859,000*	所得税預り金 健康保険料預り金 当座預金	*122,000* *63,000* *1,674,000*	❺

解説

❶ 月割額　*¥197,000* = *¥2,364,000* ÷ 12か月

❷ 帳簿棚卸数量＝前月繰越数量＋当月受入数量－当月払出数量
500kg＝400kg＋(1,800kg＋1,200kg)－(1,400kg＋1,500kg)
棚卸減耗数量　20kg＝帳簿棚卸数量500kg－実地棚卸数量480kg
棚卸減耗損　*¥28,400*＝消費単価@*¥1,420**×棚卸減耗数量20kg
消費単価@¥1,420*は当月受入高の 2 月21日の単価から計算する（先入先出法）。

❸ 賃率差異は，消費賃金勘定（賃金勘定）の借方に実際消費高を，貸方に予定消費高を記入して，その差異を求める。

❹ 第 1 工程半製品→売上原価（売り上げた半製品の原価は売上原価に計上する）

❺ 工場の仕訳 （借）賃　金 *1,859,000* （貸）本　社 *1,859,000*

●ポイント

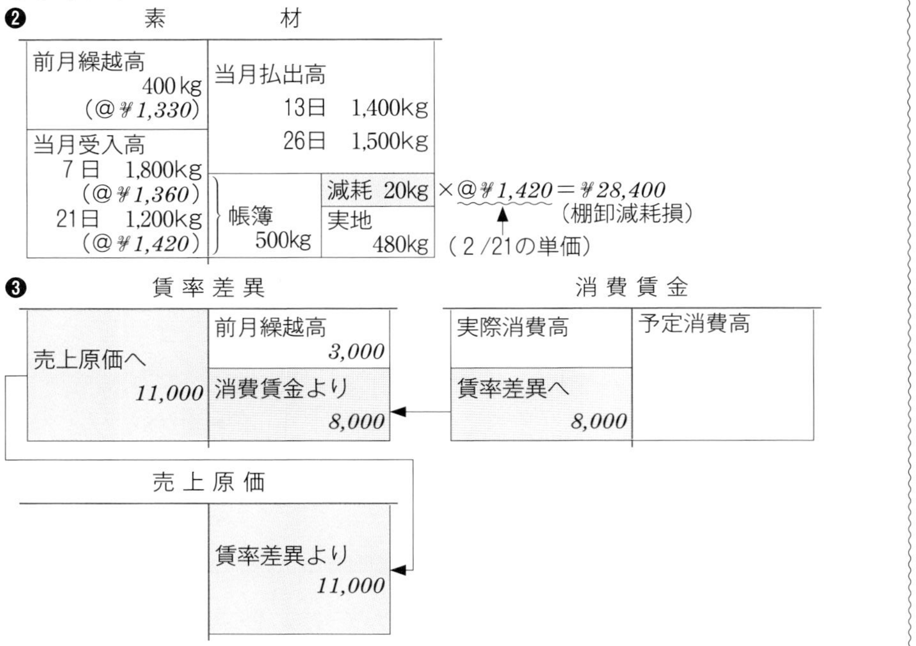

重要仕訳問題

	借方		貸方		
1	棚卸減耗損	*25,000*	買入部品	*25,000*	❶
2	棚卸減耗損	*24,880*	素材	*24,880*	❷
3	材料消費価格差異	*32,000*	素材	*32,000*	❸

解説

❶ 帳簿棚卸数量　320個＝前月繰越数量500個＋当月仕入数量1,400個
　　　　　　　－当月消費数量1,580個
棚卸減耗数量　20個＝帳簿棚卸数量320個－実地棚卸数量300個
棚卸減耗損　*¥25,000*＝消費単価@*¥1,250**×棚卸減耗数量20個
消費単価@¥1,250*は当月仕入高の単価から計算する（先入先出法）。

❷ 消費単価＝（前月繰越高*¥720,000*＋当月仕入高*¥5,500,000*）／（前月繰越数量300個＋当月仕入数量2,200個）
(@*¥2,488*)
棚卸減耗損　*¥24,880*＝消費単価@*¥2,488*×(帳簿棚卸数量450個*
　　　　　　－実地棚卸数量440個)
*帳簿棚卸数量450個＝前月繰越数量300個＋当月仕入数量2,200個
　　　　　　－当月消費数量2,050個

❸ 素材勘定の貸方に予定消費高を記入して，その後，実際消費高との差異を求める。
材料消費価格差異　－*¥32,000*(借方)＝予定消費高*¥2,160,000**1
　　　　　　－実際消費高*¥2,192,000**2
1　予定消費高¥2,160,000*＝予定消費単価@*¥450*×当月消費数量4,800個
2　実際消費高¥2,192,000*＝前月繰越高@*¥400*×1,400個
　　　　　　＋当月仕入高より@*¥480*×3,400個（先入先出法）

●ポイント

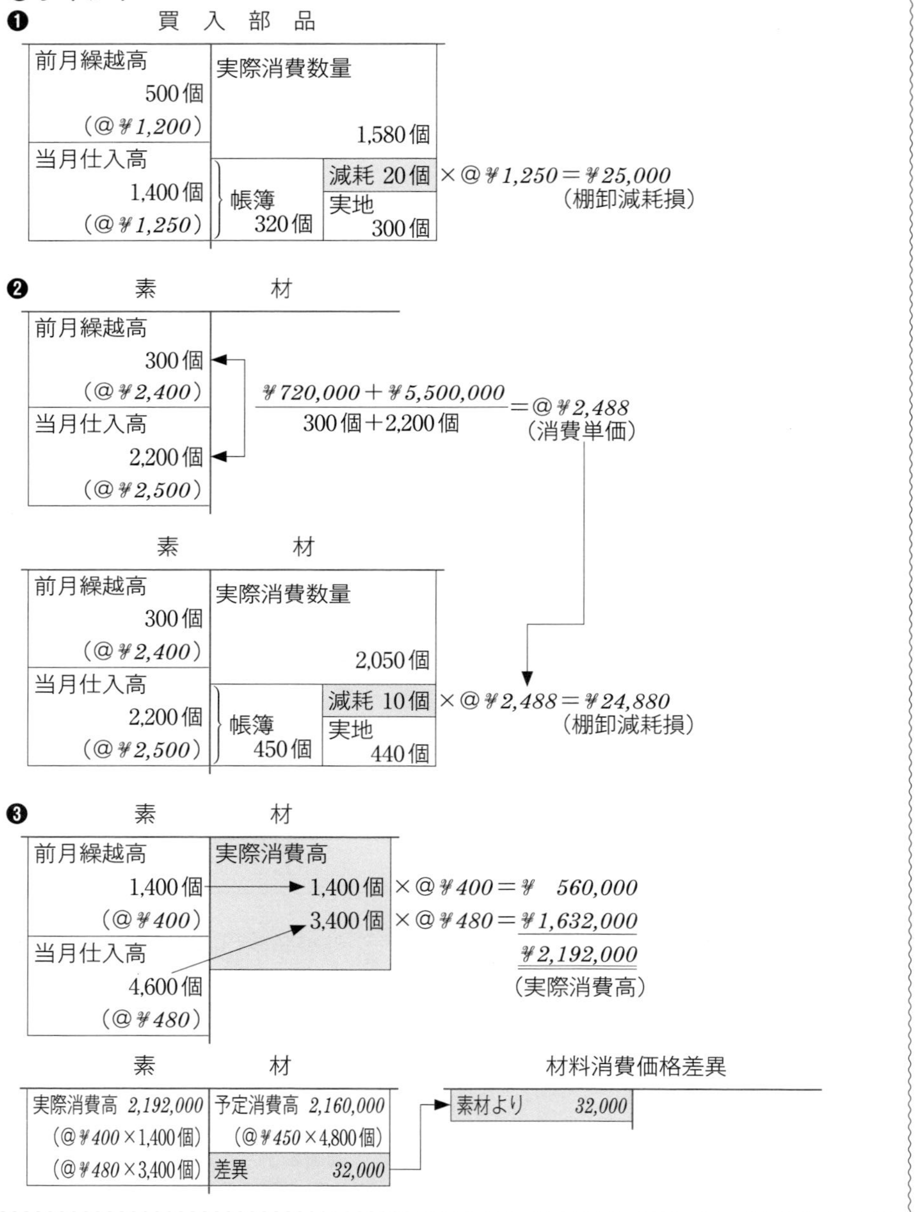

	借方		貸方		
4	材料消費価格差異	3,000	売上原価	3,000	❹
5	仕掛品	520,000	退職給付費用	520,000	❺
6	仕掛品	400,000	従業員賞与手当	400,000	❻
7	賃金 従業員賞与手当	3,350,000 220,000	所得税預り金 健康保険料預り金 当座預金	282,000 154,000 3,134,000	❼
8	仕掛品	46,000	保険料	46,000	❽
9	A組仕掛品 組間接費	160,000 139,000	外注加工賃 修繕料 保険料	160,000 124,000 15,000	❾
10	製造間接費 販売費及び一般管理費	288,000 72,000	修繕料	360,000	❿
11	A組仕掛品 B組仕掛品	1,296,000 864,000	組間接費	2,160,000	⓫

解説

❹ 材料消費価格差異は，消費材料勘定（素材勘定）の借方に実際消費高を，貸方に予定消費高を記入して，その差異を求める。実際消費高が予定消費高より¥2,000多かった（借方差異）が，前月繰越高¥5,000（貸方差異）があるので，相殺した差額¥3,000を売上原価から差し引く。

❺ 退職給付費用の消費高は仕掛品勘定へ振り替える（等級別総合原価計算）。

❻ 従業員賞与手当の月割額　¥400,000＝¥2,400,000÷6か月

❼ 賃金総額→賃金勘定で処理する。諸手当→従業員賞与手当勘定で処理する。
所得税→所得税預り金勘定で処理する。健康保険料→健康保険料預り金勘定で処理する。
総支払高から控除額を差し引いた正味支払高を，小切手を振り出して支払うことになる。

❽ 保険料の月割額　¥46,000＝¥552,000÷12か月

❾ 外注加工賃の賦課→A組仕掛品勘定，修繕料・保険料の計上→組間接費勘定

❿ 修繕料の消費高　¥360,000＝前月前払高¥12,000＋当月支払高¥361,000
－当月前払高¥13,000
工場の消費高　¥288,000＝¥360,000×0.8（製造間接費勘定へ振り替える）
販売部の消費高　¥ 72,000＝¥360,000×0.2
（販売費及び一般管理費勘定へ振り替える）

⓫ 組間接費　¥2,160,000＝材料費¥60,000＋労務費¥840,000＋経費¥1,260,000

$$\text{A組の組間接費}=\text{組間接費}\times\frac{\text{A組直接費}}{\text{A組直接費}+\text{B組直接費}}$$

$$¥1,296,000=¥2,160,000\times\frac{(¥300,000+¥6,100,000+¥200,000)}{(¥300,000+¥6,100,000+¥200,000)+(¥400,000+¥3,800,000+¥200,000)}$$

$$\text{B組の組間接費}=\text{組間接費}\times\frac{\text{B組直接費}}{\text{A組直接費}+\text{B組直接費}}$$

$$¥864,000=¥2,160,000\times\frac{(¥400,000+¥3,800,000+¥200,000)}{(¥300,000+¥6,100,000+¥200,000)+(¥400,000+¥3,800,000+¥200,000)}$$

●ポイント

❹

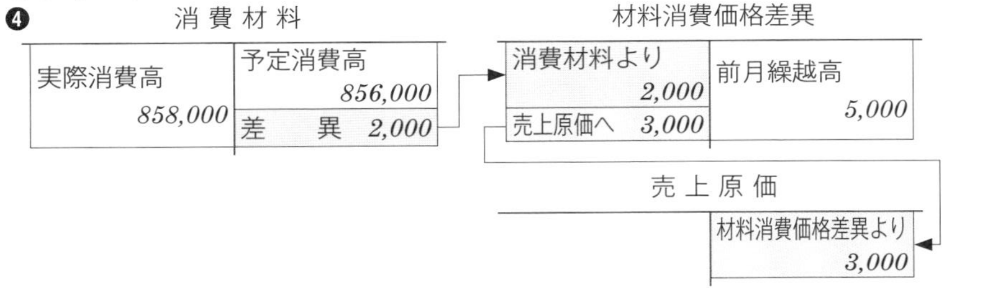

	借方		貸方		
12	売上原価	33,000	製造間接費配賦差異	33,000	⓬
13	第2工程仕掛品 製品	2,670,000 3,400,000	第1工程仕掛品 第2工程仕掛品	2,670,000 3,400,000	⓭
14	売掛金 売上原価	8,520,000 4,830,000	売上 製品	8,520,000 4,830,000	⓮
15	減価償却費 工場	502,000 360,000	建物減価償却累計額	862,000	⓯
16	賃金	2,413,000	本社	2,413,000	⓰

解説

⓬ 製造間接費勘定の貸方に予定配賦額，借方に実際発生額を計上して差異を求める。

製造間接費配賦差異　＋￥12,000(貸方)＝予定配賦額￥1,320,000

－実際発生額￥1,308,000

￥12,000(貸方)－前月繰越高￥45,000(借方)＝－￥33,000(借方)を，製造間接費配賦差異勘定から売上原価勘定へ振り替える。

⓭ 第1工程仕掛品→第2工程仕掛品，第2工程仕掛品→製品

（第1工程完成品原価が，すべて第2工程の前工程費に振り替えられている）

⓮ A製品とB製品の合計金額で売上高および売上原価を計上する。

⓯ 工場の仕訳　(借) 減価償却費　360,000　(貸) 本社　360,000

⓰ 本社の仕訳　(借) 工場　2,413,000　(貸) 所得税預り金　167,000

健康保険料預り金　86,000

当座預金　2,160,000

●ポイント

⓬

製造間接費配賦差異

前月繰越高 45,000	製造間接費より 12,000
	売上原価へ 33,000

製造間接費

実際発生額 1,308,000	予定配賦額
差異 12,000	1,320,000

売上原価

製品より	
配賦差異より 33,000	

目　次

出題形式別練習問題

模擬試験問題

※(　　)内は解答用紙のページ番号です。

本書の特色

本書は，公益財団法人全国商業高等学校協会が実施する簿記実務検定試験を受験するみなさんが，検定試験の形式と傾向を的確にとらえ，受験に備えられるように編集いたしました。

1．模擬試験問題の前に，検定試験で出題される４問の出題形式ごとに，問題演習ができるよう，**出題形式別練習問題**を掲載いたしました。
2．**模擬試験問題12回分を掲載**いたしました。
3．収録しているすべての問題は，全商協会発表の「簿記実務検定試験出題範囲」に準拠して作成しました。
4．模擬試験の解答用紙は切り取り式とし，切り離して使えるようにしました。
5．解答は別冊とし，問題を解くうえで直接必要となる「解説」と，理解が深まるような内容の「●ポイント」を入れました。
6．補充問題（２回分）について，弊社WEBサイト（https://www.jikkyo.co.jp/）の「令和６年度版　全商簿記実務検定模擬試験問題集１級原価計算」のページより，ダウンロードしてご利用いただけます。
　パスワードは「bokimogi01g」です。
7．出題形式別練習問題について，解説動画を用意しました。各問題ページのＱＲコードよりアクセスしてご利用ください。

※コンテンツ利用料は発生しませんが，通信料は自己負担となります。

出題形式別練習問題　適語選択・計算の問題

1　次の各問いに答えなさい。

(1)　次の各文の ［　　］ のなかに，下記の語群のなかから，もっとも適当なものを選び，その番号を記入しなさい。

a．製品の原価を算出する一連の計算手続きは，最初に，原価要素を材料費・労務費・経費に分類して費目ごとに消費高を計算し，次に，その消費高を発生場所である部門ごとに ［ ア ］ する。最後に，製品ごとに原価を集計し，製品1単位あたりの原価を計算する。

b．経費は消費高の計算方法の違いによって支払経費・［ イ ］・測定経費に分類できる。このうち支払経費は，当月の支払高に前月や当月の前払高・未払高を加減して消費高を算出し，勘定記入する。月末に当月未払高があるときは，支払経費の勘定は貸方残高となる。

1．配賦・振替　　2．分類・集計　　3．月割経費　　4．直接経費

ア	イ

(2)　富士製作所では，直接原価計算をおこない短期利益計画をたてている。当月における下記の資料から，次の金額または数量を求めなさい。

a．売上高が ¥4,500,000 のときの営業利益　　b．損益分岐点の売上高

c．目標営業利益 ¥1,300,000 を達成するための販売数量

資　料

① 売上高	¥3,920,000	④ 固定製造間接費	¥ 360,000
② 変動売上原価	¥2,450,000	⑤ 固定販売費及び一般管理費	¥ 200,000
③ 変動販売費	¥ 490,000	⑥ 販売単価	¥ 2,000

a	売上高が ¥4,500,000 のときの営業利益	¥
b	損益分岐点の売上高	¥
c	目標営業利益 ¥1,300,000 を達成するための販売数量	個

(3)　次の資料から，製造原価報告書ならびに損益計算書（一部）の（ア）～（ウ）に入る金額を求めなさい。

資　料

① 素材	期首棚卸高	¥128,000
	当期仕入高	¥618,200
	期末棚卸高	¥101,000
② 工場消耗品	期首棚卸高	¥ 41,600
	当期仕入高	¥158,600
	期末棚卸高	¥ 55,000
③ 賃金	前期未払高	¥ 25,800
	当期支払高	¥662,800
	当期未払高	¥ 24,200

製造原価報告書

令和○年1月1日から令和○年12月31日まで

Ⅰ 材料費	（　ア　）
Ⅱ 労務費	（　　　）
Ⅲ 経費	219,200
当期製造費用	（　　　）
期首仕掛品棚卸高	（　　　）
合計	2,030,200
期末仕掛品棚卸高	（　　　）
当期製品製造原価	（　イ　）

④　給　　料　　当期消費高　¥144,400
⑤　仕 掛 品　　期首棚卸高　¥□
　　　　　　　　期末棚卸高　¥267,200
⑥　製　　品　　期首棚卸高　¥252,800
　　　　　　　　期末棚卸高　¥211,800

損益計算書(一部)	
令和○年1月1日から令和○年12月31日まで	
Ⅰ　売上高	2,540,000
Ⅱ　売上原価	(　　　　)
売上総利益	(　ウ　)

ア	材料費	¥
イ	当期製品製造原価	¥
ウ	売上総利益	¥

(4)　津製作所は，標準原価計算を採用している。下記の資料により，次の金額を求めなさい。

a．月末仕掛品の標準原価　　b．材料消費数量差異　　c．賃率差異　　d．能率差異

ただし，i　直接材料は製造着手のときにすべて投入されるものとする。

ii　能率差異は変動費能率差異と固定費能率差異を合計すること。

iii　解答欄の（　　）のなかに不利差異の場合は（不利），有利差異の場合は（有利）と記入すること。

資　料

①　標準原価カード

A製品　　標準原価カード

	標準消費数量	標準単価	金額
直接材料費	40kg	¥800	¥32,000
	標準直接作業時間	標準賃率	
直接労務費	30時間	¥400	¥12,000
	標準直接作業時間	標準配賦率	
製造間接費	30時間	¥500	¥15,000
	製品1個あたりの標準原価		¥59,000

②　生産データ

月初仕掛品　10個（加工進捗度50%）
当月投入　140個
合　計　150個
月末仕掛品　25個（加工進捗度40%）
完成品　125個

③　実際直接材料費　¥4,920,000
（実際消費数量　6,000kg　　実際単価　¥820）

④　実際直接労務費　¥1,845,000
（実際直接作業時間　4,100時間　　実際賃率　¥450）

⑤　製造間接費実際発生額　¥2,132,000

⑥　製造間接費予算
変動費予算額　¥630,000
（変動費率　¥150）
固定費予算額　¥1,470,000
基準操業度(直接作業時間)　4,200時間

⑦　製品棚卸数量　月初棚卸数量　5個
（製品単価¥59,000）
月末棚卸数量　10個

a	月末仕掛品の標準原価	¥	
b	材料消費数量差異	¥	(　　)
c	賃率差異	¥	(　　)
d	能率差異	¥	(　　)

(5) 新潟工業株式会社における次の等級別原価計算表の（ ア ）に入る金額と（ イ ）に入る数量を求めなさい。ただし，等価係数は，各製品の1個あたりの重量を基準としている。

等級別原価計算表

令和○年5月分

等級別製品	重量	等価係数	完成品数量	積数	等級別製造原価	製品単価
1級製品	360kg	（ ）	900 個	（ ）	（ ）	¥（ ア ）
2級製品	270 〃	（ ）	1,100 〃	3,300	（ ）	〃（ ）
3級製品	180 〃	2	（ イ ）〃	（ ）	1,040,000	〃（ ）
				9,500	3,800,000	

ア	¥	イ	個

2 次の各問いに答えなさい。

(1) 山口製作所における下記の勘定記録と資料から，製造原価報告書に記載する次の金額を求めなさい。ただし，会計期間は原価計算期間と一致しているものとする。

a．当期材料費　　b．当期労務費　　c．期末仕掛品棚卸高

仕掛品

借方	金額	貸方	金額
前期繰越	159,200	製品	（ ）
素材	426,200	作業くず	（ ）
賃金	（ ）	次期繰越	（ ）
特許権使用料	37,800		
製造間接費	（ ）		
	（ ）		（ ）

作業くず

借方	金額	貸方	金額
（ ）	6,400	現金	6,400

資料

① 工場消耗品　期首棚卸高 ¥25,800　当期仕入高 ¥99,000　期末棚卸高 ¥27,600
② 賃金　前期未払高 ¥34,600　当期支払高 ¥506,200　当期未払高 ¥38,800
③ 給料　当期消費高 ¥107,600
④ 電力料　当期支払高 ¥41,400　当期測定高 ¥43,000
⑤ 減価償却費　当期消費高 ¥27,000
⑥ 完成品製造原価　製造指図書#1 ¥700,000（作業くず ¥6,400 控除後の金額）
　製造指図書#2 ¥600,000

a	当期材料費	¥
b	当期労務費	¥
c	期末仕掛品棚卸高	¥

(2) 次の各文の □ のなかに，下記の語群のなかから，もっとも適当なものを選び，その番号を記入しなさい。

a．原価計算の手続きは費目別計算・部門別計算・製品別計算の3つの段階からなるが，製品別計算はさらに，生産形態の違いにもとづき，種類の異なる特定の製品を製造指図書別に製造する場合に用いられる［ ア ］と，同じ種類または異なる種類の製品を連続して製造する場合に用いられる総合原価計算に分けることができる。

b．原価計算の目的のひとつに，原価管理に必要な資料を提供することがあげられる。そのための有効な方法として，科学的・統計的調査にもとづいて原価の達成目標を設定し，これによって算出された原価と実際原価を比較して差異を求め，その原因を分析する［ イ ］がある。

1．標準原価計算　　2．個別原価計算　　3．直接原価計算　　4．部分原価計算

ア	イ

(3) 標準原価計算を採用している静岡製作所の当月における下記の資料から，次の金額を求めなさい。

a．月末仕掛品の標準原価　　b．予 算 差 異　　c．能 率 差 異

ただし，ⅰ 直接材料は製造着手のときにすべて投入されるものとする。

ⅱ 能率差異は標準直接作業時間と実際直接作業時間の差異に標準配賦率を掛けて計算する。

ⅲ 解答欄の(　　)のなかに不利差異の場合は(不利)，有利差異の場合は(有利)と記入すること。

資　　料

① 標準原価カード

A製品　　標準原価カード

	標準消費数量	標準単価	金　　額
直接材料費	30kg	¥500	¥15,000
	標準直接作業時間	標準賃率	
直接労務費	20時間	¥600	¥12,000
	標準直接作業時間	標準配賦率	
製造間接費	20時間	¥800	¥16,000
	製品1個あたりの標準原価		¥43,000

② 生 産 データ

月初仕掛品　10個（加工進捗度30％）

当月投入　100個

合　計　110個

月末仕掛品　20個（加工進捗度50％）

完 成 品　90個

③ 製造間接費実際発生額　¥1,571,000

④ 実際直接作業時間　1,960時間

⑤ 製造間接費予算

基準操業度（直接作業時間）　2,000時間

製造間接費予算額　¥1,600,000

変 動 費 率　¥350

固定費予算額　¥900,000

a	月末仕掛品の標準原価	¥	
b	予　算　差　異	¥	(　　)
c	能　率　差　異	¥	(　　)

(4) 裾野工業株式会社において，A製品を販売価格@¥1,500で500個製造・販売したときの直接原価計算による損益計算書は下記のとおりである。よって，次の金額または数量を求めなさい。

a．販売数量が2倍になったときの営業利益　　b．損益分岐点の売上高

c．目標営業利益 ¥700,000 を達成するための販売数量

裾野工業株式会社　　損 益 計 算 書

Ⅰ 売　上　高		750,000
Ⅱ 変動売上原価		350,000
変動製造マージン		400,000
Ⅲ 変動販売費		100,000
貢 献 利 益		300,000
Ⅳ 固　定　費		
1．固定製造間接費	150,000	
2．固定販売費及び一般管理費	50,000	200,000
営 業 利 益		100,000

a	販売数量が2倍になったときの営業利益	¥
b	損益分岐点の売上高	¥
c	目標営業利益 ¥700,000 を達成するための販売数量	個

(5) 単純総合原価計算を採用してA製品を製造している香川製作所の次の資料から，月末仕掛品原価を求めなさい。

ただし，i 素材は製造着手のときに投入され，加工費は製造の進行に応じて消費されるものとする。

ii 月末仕掛品原価の計算は平均法による。

iii 正常減損は製造工程の始点で発生しており，正常減損費は完成品と月末仕掛品の両方に負担させる。

資　　料

① 生 産 デ ー タ

月初仕掛品	250kg（加工進捗度60％）
当 月 投 入	2,470kg
合　計	2,720kg
月末仕掛品	200kg（加工進捗度50％）
正 常 減 損	20kg
完 成 品	2,500kg

② 月初仕掛品原価

素 材 費	¥ 184,000
加 工 費	¥ 357,000

③ 当月製造費用

素 材 費	¥1,490,000
加 工 費	¥2,581,000

月　末　仕　掛　品　原　価　　¥

3 次の各問いに答えなさい。

(1) 新潟工業株式会社は，等級別総合原価計算を採用し，1級製品・2級製品・3級製品の3種類の製品を製造している。下記の資料によって，次の金額を求めなさい。

ただし，i 等価係数は，各製品の1個あたりの重量を基準とする。

ii 売上製品の払出単価の計算は，先入先出法による。

a．当月の2級製品の製造原価　　b．当月の3級製品の製品単価（単位原価）

c．当月の1級製品の売上原価

資　　料

① 当月完成品総合原価　¥1,620,000

②

製　　品	1個あたりの重量	当月完成品数量	月初棚卸数量	月末棚卸数量
1 級 製 品	30 g	600個	50個	60個
2 級 製 品	24 g	900個	20個	15個
3 級 製 品	12 g	750個	48個	38個

なお，月初棚卸製品の単価は，1級製品¥1,150　2級製品¥920　3級製品¥460である

a	当月の2級製品の製造原価　　¥
b	当月の3級製品の製品単価　　¥
c	当月の1級製品の売上原価　　¥

(2) 次の文の ＿＿＿ のなかに，下記の語群のなかから，もっとも適当なものを選び，その番号を記入しなさい。

標準原価計算において，仕掛品勘定の借方・貸方ともに標準原価を記入する ［ア］ がある。この場合，各原価要素勘定において ［イ］ を把握する。

1．シングルプラン　2．パーシャルプラン　3．原価差異　4．実際原価

ア	イ

(3) 単純総合原価計算を採用している佐賀製作所の次の資料から，月末仕掛品原価を求めなさい。

ただし，i 素材は製造着手のときにすべて投入され，加工費は製造の進行に応じて消費されるものとする。

ii 月末仕掛品の計算は先入先出法による。

iii 正常減損は製造工程の終点で発生しており，正常減損費は完成品のみに負担させる。

資　　料

① 生産データ

月初仕掛品	500kg	（加工進捗度40％）
当月投入	1,200kg	
合　計	1,700kg	
月末仕掛品	500kg	（加工進捗度20％）
正常減損	200kg	
完成品	1,000kg	

② 月初仕掛品原価

素材費	￥ 175,000
加工費	￥ 58,000

③ 当月製造費用

素材費	￥ 840,000
加工費	￥1,078,000

月末仕掛品原価	￥

(4) 標準原価計算を採用している前橋製作所の当月における下記の資料から，次の金額を求めなさい。

a．完成品の標準原価　　b．材料消費価格差異　　c．作業時間差異

ただし，i 直接材料は製造着手のときにすべて投入されるものとする。

ii 解答欄の（　）のなかに不利差異の場合は（不利），有利差異の場合は（有利）と記入すること。

資　　料

① 標準原価カード

A製品	標準原価カード		
	標準消費数量	標準単価	金　額
直接材料費	3kg	￥300	￥ 900
	標準直接作業時間	標準賃率	
直接労務費	5時間	￥400	￥2,000
	標準直接作業時間	標準配賦率	
製造間接費	5時間	￥500	￥2,500
	製品／個あたりの標準原価		￥5,400

② 生産データ

月初仕掛品	300個	（加工進捗度50％）
当月投入	900個	
合　計	1,200個	
月末仕掛品	200個	（加工進捗度60％）
完成品	1,000個	

③ 実際直接材料費　￥ 660,000

実際消費数量	2,750kg
実際単価	￥240

④ 実際直接労務費　￥1,862,000

実際直接作業時間	4,900時間
実際賃率	￥380

a	完成品の標準原価　￥	
b	材料消費価格差異　￥	（　　）
c	作業時間差異　￥	（　　）

(5) 高知工業株式会社の下記勘定記録と資料により，次の金額を求めなさい。ただし，会計期間は原価計算期間と一致しているものとする。なお，製造間接費配賦差異は売上原価に振り替える。

a．材料の実際消費高　　b．間接労務費の実際発生額　　c．売 上 原 価

仕　掛　品

前期繰越	473,000	製　品	7,710,000
素　材	1,797,000	次期繰越	563,000
賃　金	2,280,000		
外注加工賃	341,000		
製造間接費	(　　　)		
	8,273,000		8,273,000

製 造 間 接 費

素　材	(　　　)	仕掛品	(　　　)
工場消耗品	(　　　)	製造間接費配賦差異	77,000
賃　金	(　　　)		
給　料	1,493,000		
退職給付費用	395,000		
健康保険料	125,000		
水道料	(　　　)		
減価償却費	138,000		
	3,459,000		3,459,000

資　　料

1．素　　材　期首棚卸高 ¥446,000　当期仕入高 ¥2,038,000　期末棚卸高 ¥371,000

2．工場消耗品　期首棚卸高 ¥ 89,000　当期仕入高 ¥ 255,000　期末棚卸高 ¥ 73,000

3．賃　　金　実際平均賃金　作業時間/時間につき ¥600

直接作業時間3,800時間　間接作業時間400時間

4．水 道 料　基本料金 ¥ 31,000

当期使用量 1,800㎥　単価/㎥あたり ¥250

水道料の計算方法は，基本料金に当期使用料を加算して求める。

5．仕 掛 品　期首棚卸高 ¥473,000　期末棚卸高 ¥ 563,000

6．製　　品　期首棚卸高 ¥691,000　期末棚卸高 ¥ 873,000

7．製造間接費配賦額は，直接作業時間/時間につき ¥890 の予定配賦率を用いている。

a	材料の実際消費高	¥
b	間接労務費の実際発生額	¥
c	売上原価	¥

出題形式別練習問題　総合原価計算の問題

1　松江製作所は，単純総合原価計算を採用し，A製品を製造している。下記の資料と仕掛品勘定によって，

(1)　単純総合原価計算表を完成しなさい。

(2)　仕掛品勘定の電力料（アの金額）を求めなさい。

ただし，i　素材は製造着手のときにすべて投入され，加工費は製造の進行に応じて消費されるものとする。

ii　月末仕掛品原価の計算は先入先出法による。

資　　料

a．生産データ

月初仕掛品	400個	（加工進捗度50％）
当月投入	2,300個	
合　計	2,700個	
月末仕掛品	200個	（加工進捗度60％）
完成品	2,500個	

b．月初仕掛品原価

素材費　¥1,060,000

加工費　¥ 280,000

c．当月製造費用

素材費　¥5,520,000

加工費　¥3,630,000

仕　掛　品

前月繰越	(　　　)	製　品	(　　　)
素　材	(　　　)	次月繰越	(　　　)
工場消耗品	324,000		
賃　金	1,690,000		
従業員賞与手当	878,000		
健康保険料	100,000		
減価償却費	250,000		
電力料	(　ア　)		
雑　費	32,000		
	(　　　)		(　　　)

(1)

単純総合原価計算表

令和○年1月分

摘要	素材費	加工費	合計
材料費			
労務費	――――		
経費	――――		
計			
月初仕掛品原価	1,060,000	280,000	1,340,000
計			
月末仕掛品原価			
完成品原価			
完成品数量	個	個	個
製品単価	¥	¥	¥

(2)

仕掛品勘定の電力料 （ア　の　金　額）	¥

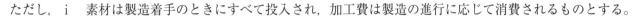

2 金山製作所は，組別総合原価計算を採用し，A組製品とB組製品を製造している。次の資料によって，組別総合原価計算表とA組仕掛品勘定および組間接費勘定を完成しなさい。

ただし，i　組間接費は直接材料費を基準として配賦する。

ii　素材は製造着手のときにすべて投入され，加工費は製造の進行に応じて消費されるものとする。

iii　月末仕掛品原価の計算は先入先出法による。

資　　料

a．当月製造費用

	A　組	B　組	組間接費
材料費	¥4,410,000	¥3,040,000	¥2,661,000
労務費	¥1,322,000	¥1,121,000	¥ 723,000
経　費	¥ 898,000	¥ 707,000	¥ 341,000

b．生産データ

	A　組	B　組
月初仕掛品	400個（加工進捗度40％）	400個（加工進捗度50％）
当月投入	3,600個	3,200個
合　計	4,000個	3,600個
月末仕掛品	600個（加工進捗度50％）	500個（加工進捗度40％）
完成品	3,400個	3,100個

組別総合原価計算表

令和○年8月分

摘　要		A　組	B　組
組直接費	素材費		
	加工費		
組間接費	加工費		
当月製造費用			
月初仕掛品原価	素材費	447,000	254,000
	加工費	158,000	94,000
計			
月末仕掛品原価	素材費		475,000
	加工費	375,000	
完成品原価			
完成品数量		個	個
製品単価		¥	¥

A　組　仕　掛　品

前月繰越	605,000	(　　　　)	(　　　　)
素　材	4,410,000	次月繰越	(　　　　)
労務費	1,322,000		
経　費	898,000		
(　　　　)	(　　　　)		
	(　　　　)		(　　　　)

組　間　接　費

素　材	(　　　　)	諸　口	(　　　　)
労務費	(　　　　)		
経　費	(　　　　)		
	(　　　　)		(　　　　)

3 青森製作所は，工程別総合原価計算を採用している。次の資料によって，

(1) 工程別総合原価計算表を完成しなさい。

(2) 第1工程仕掛品勘定を完成しなさい。

ただし，i 第1工程の完成品はすべていったん倉庫に保管し，その後，第2工程(最終工程)に投入している。

ii 素材は製造着手のときにすべて投入され，第1工程の完成品は第2工程の始点で投入されるものとする。

iii 加工費は第1工程・第2工程ともに製造の進行に応じて消費されるものとする。

iv 月末仕掛品原価の計算は平均法による。

資　　料

a．生 産 デ ー タ

	第1工程		第2工程	
月初仕掛品	500個	(加工進捗度40％)	200個	(加工進捗度50％)
当 月 投 入	1,200個		1,100個	
合　　計	1,700個		1,300個	
月末仕掛品	100個	(加工進捗度50％)	100個	(加工進捗度60％)
完　成　品	1,600個		1,200個	

b．月初仕掛品原価

第1工程 ¥55,200 (素 材 費 ¥31,600　加 工 費 ¥23,600)

第2工程 ¥76,300 (前工程費 ¥53,200　加 工 費 ¥23,100)

c．当月製造費用

① 工程個別費および補助部門個別費

費　　目	第 1 工 程	第 2 工 程	補 助 部 門	部門共通費
素 材 費	¥281,200	———	———	———
労 務 費	¥237,500	¥254,800	¥ 76,400	¥ 74,000
経　　費	¥ 23,700	¥ 27,100	¥ 18,200	¥156,000

② 部門共通費を第1工程に40％，第2工程に50％，補助部門に10％の割合で配賦する。

③ 補助部門費を第1工程と第2工程にそれぞれ50％の割合で配賦する。

d．前 工 程 費　当月中に倉庫から第2工程に投入した第1工程の完成品は ¥492,800 である。

(1)

工 程 別 総 合 原 価 計 算 表

令和○年1月分

摘　　要	第1工程	第2工程
工程個別費 素材費	281,200	———
前工程費	———	
労務費	237,500	254,800
経　費	23,700	27,100
部門共通費配賦額		
補助部門費配賦額		
当 月 製 造 費 用		
月 初 仕 掛 品 原 価	55,200	76,300
計		
月 末 仕 掛 品 原 価		
工 程 完 成 品 原 価		
工 程 完 成 品 数 量	個	個
工　程　単　価	¥	¥

(2)

第1工程仕掛品

前 月 繰 越	55,200	(　　　)	(　　　)
素　　材	281,200	次 月 繰 越	(　　　)
労　務　費	237,500		
経　　費	23,700		
部門共通費	(　　　)		
補助部門費	(　　　)		
	(　　　)		(　　　)

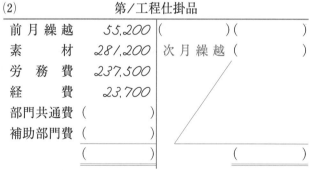

出題形式別練習問題　個別原価計算の問題

1　愛媛製作所は，個別原価計算を採用し，A製品（製造指図書＃1）とB製品（製造指図書＃2）を製造している。下記の資料によって，次の各問いに答えなさい。

(1)　1月31日②の取引の仕訳を示しなさい。

(2)　部門費振替表を直接配賦法によって完成しなさい。

(3)　A製品（製造指図書＃1）とB製品（製造指図書＃2）の原価計算表を作成しなさい。なお，完成していない製品の原価計算表の集計欄は記入しないこと。

ただし，ⅰ　素材の消費高の計算は1個あたり ¥460 の予定価格を用いている。

ⅱ　賃金の消費高の計算には，作業時間1時間につき ¥840 の予定平均賃率（予定賃率）を用いている。

ⅲ　製造間接費は部門別計算をおこない，直接作業時間を基準として予定配賦している。

	第1製造部門	第2製造部門
年間製造間接費予定額	¥6,000,000	¥2,940,000
年間予定直接作業時間	15,000時間	8,400時間

取　　　引

1月 4日　B製品（製造指図書＃2）の注文を受け，素材500個を消費して製造を開始した。なお，素材勘定のみで処理する方法による。

31日　①　当月の賃金予定消費高を次の作業時間によって計上した。（消費賃金勘定を設けている。）

製造指図書＃1　1,150時間　　製造指図書＃2　800時間　　間接作業　50時間

②　当月の直接作業時間は次のとおりであった。よって，製造部門費を予定配賦した。

		第1製造部門	第2製造部門
直接作業時間	製造指図書＃1	750時間	400時間
	製造指図書＃2	500時間	300時間

③　製造間接費を次の部門費配分表によって各部門に配分した。

部　門　費　配　分　表

令和○年1月分

費　目	配賦基準	金　額	製造部門		補助部門		
			第1部門	第2部門	動力部門	修繕部門	工場事務部門
部門費合計		741,000	389,000	196,000	72,000	48,000	36,000

④　補助部門費を次の配賦基準によって各製造部門に配賦した。

	配賦基準	第1製造部門	第2製造部門
動力部門費	kW数×運転時間数	30kW×150時間	15kW×100時間
修繕部門費	修繕回数	5回	3回
工場事務部門費	従業員数	6人	3人

⑤　A製品（製造指図書＃1）50個が完成した。

(1)

	借　　方	貸　　方
1月31日②		

(2)

部　門　費　振　替　表

直接配賦法　　　　令和○年1月分

部　門　費	配 賦 基 準	金　　額	製　造　部　門		補　助　部　門		
			第1部門	第2部門	動力部門	修繕部門	工場事務部門
部門費合計		741,000	389,000	196,000	72,000	48,000	36,000
動力部門費	kW数×運転時間数						
修繕部門費	修　繕　回　数						
工場事務部門費	従　業　員　数						
配賦額合計							
製造部門費合計							

(3)

製造指図書#1　　　　原　価　計　算　表

直接材料費	直接労務費	製　造　間　接　費				集　　計	
		部　門	時　間	配賦率	金　　額	摘　　要	金　　額
828,000	168,000	第　1	200	400	80,000	直接材料費	
						直接労務費	
						製造間接費	
						製造原価	
						完成品数量	50個
						製品単価	¥

製造指図書#2　　　　原　価　計　算　表

直接材料費	直接労務費	製　造　間　接　費				集　　計	
		部　門	時　間	配賦率	金　　額	摘　　要	金　　額
						直接材料費	
						直接労務費	
						製造間接費	
						製造原価	

2 個別原価計算を採用している北郷工業株式会社の下記の資料によって，次の各問いに答えなさい。

(1) 6月30日①と⑦の取引の仕訳を示しなさい。

(2) 消費賃金勘定・製造間接費勘定・第1製造部門費勘定に必要な記入をおこない，締め切りなさい。なお，勘定記入は日付・相手科目・金額を示すこと。

(3) A製品（製造指図書＃1）とB製品（製造指図書＃2）の原価計算表を作成しなさい。

ただし，i 前月繰越高は，次のとおりである。

素　　材	200個	@¥1,500	¥　300,000
工場消耗品	550〃	〃〃　90	¥　49,500
仕　掛　品（製造指図書＃1）			¥2,520,000（原価計算表に記入済み）

ii 素材の消費高の計算は移動平均法，工場消耗品の消費数量の計算は棚卸計算法によっている。

iii 賃金の消費高の計算には，作業時間1時間につき ¥1,250 の予定賃率を用いている。

iv 製造間接費は部門別計算をおこない，直接作業時間を配賦基準として予定配賦している。

	第1製造部門	第2製造部門
年間製造間接費予定額（予算額）	¥6,250,000	¥4,690,000
年間予定直接作業時間（基準操業度）	12,500時間	13,400時間

取　　引

6月 6日 素材および工場消耗品を次のとおり買い入れ，代金は掛けとした。

素　　材	600個	@¥1,520	¥912,000
工場消耗品	2,100〃	〃〃　90	¥189,000

11日 B製品（製造指図書＃2）の注文を受け，素材600個を消費して製造を開始した。

25日 賃金を次のとおり小切手を振り出して支払った。

賃金総額　¥3,120,000

うち，控除額　所得税 ¥237,000　健康保険料 ¥126,000

30日 ① 工場消耗品の月末棚卸数量は250個であった。よって，消費高を計上した。（間接材料）

② 当月の賃金予定消費高を次の作業時間によって計上した。ただし，消費賃金勘定を設けている。

製造指図書＃1　1,300時間　製造指図書＃2　1,050時間　間接作業　150時間

③ 健康保険料の事業主負担分 ¥126,000 を計上した。

④ 当月の製造経費消費高を次のとおり計上した。

電力料 ¥190,500　保険料 ¥52,000

減価償却費 ¥228,000　雑費 ¥13,000

⑤ 当月の直接作業時間は次のとおりであった。よって，製造部門費を予定配賦した。

		第1製造部門	第2製造部門
直接作業時間	製造指図書＃1	500時間	800時間
	製造指図書＃2	750時間	300時間

⑥ 製造間接費を次のとおり各部門に配分した。

第1製造部門 ¥403,000　第2製造部門 ¥280,000

動力部門 ¥240,000　修繕部門 ¥　90,000

⑦ 補助部門費を次の配賦基準によって，直接配賦法で各製造部門に配賦した。

	配賦基準	第1製造部門	第2製造部門
動力部門費	kW数×運転時間数	30kW×600時間	20kW×300時間
修繕部門費	修繕回数	5回	4回

⑧ A製品（製造指図書＃1）50個が完成した。

⑨ 当月の賃金実際消費高 ¥3,160,000 を計上した。

⑩ 賃金の予定消費高と実際消費高との差額を，賃率差異勘定に振り替えた。

⑪ 第1製造部門費および第2製造部門費の配賦差異を，製造部門費配賦差異勘定に振り替えた。

(1)

	借　　方	貸　　方
6月30日①		
30日⑦		

(2)

消　費　賃　金

製　造　間　接　費

第1製造部門費

(3)

製造指図書#1　　　原　価　計　算　表

直接材料費	直接労務費	製造間接費				集計	
		部門	時間	配賦率	金額	摘要	金額
1,845,000	375,000	第1	600	500	300,000	直接材料費	
		第1				直接労務費	
		第2				製造間接費	
						製造原価	
						完成品数量	個
						製品単価	¥

製造指図書#2　　　原　価　計　算　表

直接材料費	直接労務費	製造間接費				集計	
		部門	時間	配賦率	金額	摘要	金額
		第1				直接材料費	
		第2				直接労務費	

3 個別原価計算を採用している岡部製作所の下記の資料によって，次の各問いに答えなさい。

(1) 6月12日と30日①の取引の仕訳を示しなさい。

(2) 消費賃金勘定・第1製造部門費勘定・製造部門費配賦差異勘定に必要な記入をおこない，締め切りなさい。なお，勘定記入は日付・相手科目・金額を示すこと。

(3) 部門費振替表を直接配賦法によって完成しなさい。

(4) A製品（製造指図書#1）の原価計算表を完成しなさい。

(5) 月末仕掛品原価を求めなさい。

ただし，i 前月繰越高は，次のとおりである。

素　　材　300個　@¥2,500　¥　750,000

工場消耗品　400〃　〃〃　120　¥　48,000

仕　掛　品（製造指図書#1）　¥1,752,000（原価計算表に記入済み）

製造部門費配賦差異　¥　6,000（貸方）

ii 素材の消費高の計算は先入先出法により，工場消耗品の消費数量の計算は棚卸計算法によっている。

iii 賃金の消費高の計算には，作業時間1時間につき ¥1,200 の予定賃率を用いている。

iv 製造間接費は部門別計算をおこない，直接作業時間を基準として予定配賦している。

	第1製造部門	第2製造部門
年間製造間接費予定額（予算額）	¥7,455,000	¥3,500,000
年間予定直接作業時間（基準操業度）	21,300時間	17,500時間

取　　引

6月 8日 素材および工場消耗品を次のとおり買い入れ，代金は掛けとした。

素　　材　500個　@¥2,600　¥1,300,000

工場消耗品　1,000〃　〃〃　120　¥　120,000

12日 B製品（製造指図書#2）の注文を受け，素材550個を消費して製造を開始した。

25日 賃金を次のとおり小切手を振り出して支払った。

賃金総額　¥4,780,000

うち，控除額　所得税　¥285,000　健康保険料　¥142,000

30日 ① 工場消耗品の月末棚卸数量は300個であった。よって，消費高を計上した。（間接材料）

② 当月の賃金予定消費高を次の作業時間によって計上した。ただし，消費賃金勘定を設けている。

製造指図書#1　2,000時間　製造指図書#2　1,700時間　間接作業　300時間

③ 健康保険料の事業主負担分 ¥142,000 を計上した。

④ 当月の製造経費消費高を計上した。

電力料　¥126,000　保険料　¥31,000　減価償却費　¥202,000

⑤ 当月の直接作業時間は次のとおりであった。よって，製造部門費を予定配賦した。

		第1製造部門	第2製造部門
直接作業時間	製造指図書#1	600時間	1,400時間
	製造指図書#2	1,100時間	600時間

⑥ 製造間接費を次のとおり各部門に配分した。

第1製造部門　¥438,000　第2製造部門　¥315,000

動力部門　¥160,000　修繕部門　¥　80,000

⑦ 補助部門費を次の配賦基準によって各製造部門に配賦した。

	配賦基準	第1製造部門	第2製造部門
動力部門費	kW数×運転時間数	10kW×500時間	6kW×500時間
修繕部門費	修繕回数	5回	3回

⑧ A製品（製造指図書#1）50個が完成した。

⑨ 当月の賃金実際消費高 ¥4,825,000 を計上した。

⑩ 賃金の予定消費高と実際消費高との差額を，賃率差異勘定に振り替えた。

⑪ 第1製造部門費および第2製造部門費の配賦差異を，製造部門費配賦差異勘定に振り替えた。

(1)

	借方	貸方
6月12日		
30日①		

(2)

消費賃金	

第1製造部門費	

製造部門費配賦差異	
	6/1 前月繰越 6,000

(3)

部門費振替表

直接配賦法　　令和○年6月分

部門費	配賦基準	金額	製造部門		補助部門	
			第1部門	第2部門	動力部門	修繕部門
部門費合計						
動力部門費	kW数×運転時間数					
修繕部門費	修繕回数					
配賦額合計						
製造部門費合計						

(4)

製造指図書#1　　原価計算表

直接材料費	直接労務費	製造間接費				集計	
		部門	時間	配賦率	金額	摘要	金額
1,432,000	180,000	第1	400	350	140,000	直接材料費	
						直接労務費	
						製造間接費	
						製造原価	
						完成品数量	個
						製品単価	¥

(5)

月末仕掛品原価	¥

出題形式別練習問題　仕訳の問題

1　下記の取引の仕訳を示しなさい。ただし，勘定科目は，次のなかからもっとも適当なものを使用すること。

当座預金	売掛金	素材	所得税預り金
健康保険料預り金	売上	賃金	消費賃金
従業員賞与手当	退職給付費用	外注加工賃	特許権使用料
保険料	修繕料	棚卸減耗損	仕掛品
製造間接費	賃率差異	本社	工場

a．個別原価計算を採用している福岡製作所の月末における素材の実地棚卸数量は180kgであった。よって，次の素材に関する当月の資料から，素材勘定の残高を修正した。ただし，消費単価の計算は総平均法による。

1月 2日　前月繰越　300kg　@¥1,260　¥ 378,000
　　 7日　受　　入　600kg　@¥1,280　¥ 768,000
　　22日　受　　入　1,300kg　@¥1,310　¥1,703,000

当月消費数量　2,000kg

b．製造指図書#1の製品を製造するために，次の素材のうち800個を消費した。ただし，移動平均法によること。

10月1日　前月繰越高　200個　@¥320　　10月8日　買入高　800個　@¥360

c．月末における素材Aの帳簿棚卸高は，次の材料元帳に示されているとおりであり，実地棚卸高は530個 @¥700　¥371,000 であった。よって，素材勘定を修正した。

品名　素材A　　　　材料元帳　　　　単位　個

令和○年		摘要	受入			払出			残高		
			数量	単価	金額	数量	単価	金額	数量	単価	金額
4	30	払出				600	700	420,000	550	700	385,000

d．賃金消費高を計算するために，作業時間票を集計したところ，次のとおりであった。ただし，1時間につき ¥750 の予定賃率を用い，消費賃金勘定を設けている。

製造指図書#1　1,900時間　　製造指図書#2　700時間　　間接作業　300時間

e．単純総合原価計算を採用している熊本製作所は，月末に工場の従業員に対する退職給付引当金の繰入額 ¥300,000（月割額）を計上した。

f．個別原価計算を採用している秋田製作所は，月末に工場の従業員に対する賞与の月割額を消費高として計上した。ただし，上半期（6か月）の賞与の支払予定額は ¥4,260,000 である。

g．個別原価計算を採用している盛岡製作所の5月分の経費支払表は，次のとおりであったので消費高を計上した。ただし，外注加工賃は製造指図書#102用である。（当月消費高は，各自計算すること。）

経費支払表
令和○年5月分

費目	当月支払高	前月		当月		当月消費高
		前払高	未払高	前払高	未払高	
外注加工賃	360,000	30,000	――	50,000	――	
修繕料	110,000	――	9,000	――	21,000	

h．単純総合原価計算を採用している宮崎製造株式会社は，月末に特許権使用料の月割額を消費高として計上した。ただし，1年分の特許権使用料は ¥3,600,000 である。

1

	借　　　方	貸　　　方
a		
b		
c		
d		
e		
f		
g		
h		

2 下記の取引の仕訳を示しなさい。ただし，勘定科目は，次のなかからもっとも適当なものを使用すること。

売掛金	製品	1級製品	2級製品
A組製品	B組製品	第1工程半製品	素材
売上	売上原価	消費材料	仕掛品
A組仕掛品	B組仕掛品	第1工程仕掛品	第2工程仕掛品
製造間接費	組間接費	第1製造部門費	第2製造部門費
動力部門費	工場事務部門費	材料消費価格差異	製造間接費配賦差異

a．組別総合原価計算を採用している札幌工業株式会社は，組間接費 ¥540,000 を機械運転時間を基準に，A組とB組に配賦した。なお，当月の機械運転時間はA組700時間　B組1,100時間であった。

b．個別原価計算を採用している北海道製作所では，補助部門費を次の配賦基準によって各製造部門に配賦した。ただし，部門費配分表に集計された補助部門費の金額は，動力部門費 ¥588,000　工場事務部門費 ¥363,000 であった。

	配賦基準	第1製造部門	第2製造部門
動力部門費	kW数×運転時間数	8kW×400時間	5kW×340時間
工場事務部門費	従業員数	7人	4人

c．当月の素材の消費高について，次の資料を得たので，予定価格による消費高と実際価格による消費高との差額を材料消費価格差異勘定に振り替えた。ただし，消費材料勘定を設けている。

素材消費数量　500個　　予定価格　@¥400　　実際価格　@¥380

d．会計期末にあたり，製造間接費配賦差異勘定の残高を売上原価勘定に振り替えた。なお，製造間接費配賦差異勘定の前月繰越高は ¥38,000（貸方）であり，当月の製造間接費の予定配賦額は ¥1,396,000　実際発生額は ¥1,362,000 であった。

e．工程別総合原価計算を採用している大津製作所は，月末に工程別総合原価計算表を作成した結果，各工程の完成品原価は次のとおりであった。なお，各工程の完成品はすべていったん倉庫に保管しており，当月中に倉庫から第2工程（最終工程）に投入した第1工程の完成品原価は¥1,589,000である。ただし，当社では第1工程の完成品原価をすべて第1工程半製品勘定に振り替えている。

第1工程　¥1,478,000　　第2工程　¥2,856,000

f．等級別総合原価計算を採用している愛知製作所において，1級製品3,000個と2級製品4,000個が完成した。ただし，この完成品の総合原価は ¥2,720,000 であり，等価係数は次の各製品1個あたりの重量を基準としている。

1級製品　180g　　2級製品　120g

g．工程別総合原価計算を採用している松山工業株式会社では，第2工程（最終工程）において当月中に完成した製品800個の単価が ¥2,600 であることが判明したので，完成品原価を製品勘定に振り替えた。また，この製品はいったん倉庫に保管していたが，うち400個はすでに販売されているので，売上原価の計上もおこなった。ただし，月初に製品の在庫はなく，売上高の計上は済んでいる。

h．個別原価計算を採用している金沢製作所は，X製品（製造指図書#1）とY製品（製造指図書#2）を受注先に発送した。よって，売上高および売上原価を計上した。

売上高（掛け）　X製品　¥5,500,000　　Y製品　¥3,000,000
製造原価　X製品　¥2,600,000　　Y製品　¥1,300,000

i．組別総合原価計算を採用している兵庫工業株式会社の9月分の製品の販売に関する資料は，次のとおりであった。よって，売上高および売上原価を計上した。

売上高（掛け）　A組　¥412,000　　B組　¥739,000
売上製品原価　A組　¥289,000　　B組　¥546,000

2

	借　　方	貸　　方
a		
b		
c		
d		
e		
f		
g		
h		
i		

3 下記の取引の仕訳を示しなさい。ただし，勘定科目は，次のなかからもっとも適当なものを使用すること。

当座預金	売掛金	製品	1級製品
2級製品	副産物	作業くず	仕損品
素材	買入部品	健康保険料預り金	売上
売上原価	消費材料	賃金	健康保険料
棚卸減耗損	仕損費	仕掛品	第3工程仕掛品
製造間接費	材料消費価格差異	本社	工場

a．個別原価計算を採用している岡山製作所で，作業くずが発生し，これを ¥27,000 と評価して製造指図書#3の製造原価から差し引いた。

b．製造指図書#5の製品が仕損じとなり，新たに製造指図書を発行して，代品を製造することにした。ただし，これまでの製造原価は ¥380,000 である。なお，仕損品は ¥70,000 と評価した。

c．個別原価計算を採用している水戸製作所では，A製品（製造指図書#1）とB製品（製造指図書#2）を製造している過程で作業くずが発生し，これを ¥60,000 と評価した。なお，この作業くずは製造指図書別に発生額を区別することができない。

d．製造指図書#202の製品20個が仕損じとなり，補修指図書#202-1を発行し補修をおこない，仕損費を計上した。なお，補修費用は素材 ¥5,000　賃金 ¥4,000 である。

e．工場会計が独立している大分工業株式会社の本社は，かねて得意先和歌山商店に製品600個を@¥1,500 で掛け売りしていたが，本日，そのうち20個が工場に返品されたので，売上高および売上原価を修正した。なお，この製品の払出単価は ¥800 である。ただし，本社には製品勘定を設けていない。(本社の仕訳)

f．工場会計が独立している福井工業株式会社の本社は，健康保険料 ¥860,000（うち半額は事業主負担分）を小切手を振り出して支払った。ただし，事業主負担分のうち ¥190,000 は工場の従業員に対するものである。また，健康保険料預り金勘定は本社だけに設けてある。(本社の仕訳)

g．工場会計が独立している青森製作所の本社は，さきに得意先岩手商店に売り渡した製品について，月末に製造原価は ¥500,000 であったと工場から報告を受け，売上製品の原価を計上した。ただし，売上原価勘定は本社に，製品に関する勘定は工場に設けてある。(本社の仕訳)

h．工場会計が本社会計から独立している前橋工場では，本月分の賃金 ¥859,000 から所得税額 ¥78,000 を差し引いた正味支払額について，本社から送金があり，ただちに従業員に支払った。ただし，所得税預り金勘定は本社に設けてある。(工場の仕訳)

3

	借　　　　方	貸　　　　方
a		
b		
c		
d		
e		
f		
g		
h		

MEMO

第1回　簿記実務検定1級模擬試験問題　原価計算

解答上の注意

1　解答にあたえられた時間は90分です。試験開始後の途中退室はできません。

2　問題は全部で4問あります。

3　解答はすべて別紙解答用紙に記入しなさい。　解答用紙　p.97

●学習振り返りシート（模擬問題を解いた後に記入して，チェックボックス（□）に印をつけましょう。）

第1問　適語選択・計算の問題

小分類	出題内容・つまずいたポイント	点　数	チェック
(1)		点	□
(2)		点	□
(3)		点	□
(4)		点	□
(5)		点	□

第2問　総合原価計算の問題

小分類	出題内容・つまずいたポイント	点　数	チェック
			□
			□
		点	□

第3問　個別原価計算の問題

小分類	出題内容・つまずいたポイント	点　数	チェック
			□
			□
			□
			□
			□
		点	□

第4問　仕訳の問題

小分類	出題内容・つまずいたポイント	点　数	チェック
a.		点	□
b.		点	□
c.		点	□
d.		点	□
e.		点	□

合　計　点　数
（　　　　／100　）

1 次の各問いに答えなさい。

(1) 次の文の［　　　］のなかに，適当な金額・数量・比率を記入しなさい。

新橋製作所は，直接原価計算をおこない利益計画をたてている。当月における下記の資料から，損益計算書を作成したところ，営業利益は ¥［　a　］で，損益分岐点の販売数量は［　b　］個であった。

今後，変動費が製品1個あたり ¥4,200 になることが予想される。販売数量および販売単価は当月と変わらない場合，目標営業利益 ¥14,700,000 を達成するには，固定費を［　c　］%減らす必要がある。

資　　料

① 販売数量 4,500個
② 販売単価 ¥10,000
③ 変 動 費 ¥4,000（製品1個あたり）
④ 固 定 費 ¥12,000,000

(2) 京都製作所における当期（令和○年1月1日から令和○年12月31日）の勘定記録・製造原価報告書・損益計算書（一部）・貸借対照表（一部）により，（ア）から（ウ）に入る金額を求めなさい。ただし，会計期間は原価計算期間と一致しているものとする。

仕　掛　品

前期繰越	(　　　)	製　　品	(　　　)
素　　材	1,860,000	次期繰越	(　　　)
賃　　金	(　　　)		
外注加工賃	580,000		
製造間接費	(　　　)		
	(　　　)		(　　　)

製 造 間 接 費

工場消耗品	296,000	仕 掛 品	(　　　)
賃　　金	520,000		
給　　料	670,000		
減価償却費	(　ア　)		
電 力 料	330,000		
雑　　費	54,000		
	(　　　)		(　　　)

製　　品

前期繰越	(　　　)	売上原価	(　　　)
仕 掛 品	(　　　)	次期繰越	(　　　)
	6,895,000		6,895,000

製造原価報告書

京都製作所　令和○年1月1日から令和○年12月31日　(単位：円)

Ⅰ 材 料 費	(　　　)
Ⅱ 労 務 費	2,260,000
Ⅲ 経　　費	1,750,000
当期製造費用	(　　　)
期首仕掛品棚卸高	285,000
合　　計	(　　　)
期末仕掛品棚卸高	352,000
当期製品製造原価	(　イ　)

損 益 計 算 書（一部）

京都製作所　令和○年1月1日から令和○年12月31日　(単位：円)

Ⅰ 売 上 高	8,260,000
Ⅱ 売上原価	(　　　)
売上総利益	(　ウ　)

貸 借 対 照 表

京都製作所　令和○年12月31日　(単位：円)

製　　品	680,000	
仕 掛 品	(　　　)	

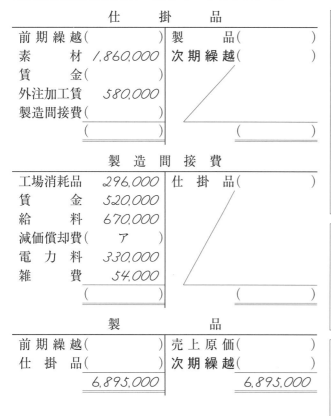

(3)　次の文の［　　　］にあてはまるもっとも適当な語を，下記の語群のなかから選び，その番号を記入しなさい。

製造工程に投入された原材料の一部が，加工中に蒸発，粉散，ガス化などにより消失することを［　ア　］という。これが製造工程のどの時点で発生したかによって原価への負担がかわり，製造工程の終点で発生した場合は，［　イ　］に負担させる。

1．減　　損　　2．仕　損　じ　　3．完成品のみ　　4．完成品と月末仕掛品

(4)　単純総合原価計算を採用してA製品を製造している山形製作所の次の資料から，完成品単価を求めなさい。

ただし，i　素材は製造着手のときに投入され，加工費は製造の進行に応じて消費されるものとする。
　　　　ii　月末仕掛品原価の計算は平均法による。
　　　　iii　正常減損は製造工程の終点で発生しており，正常減損費は完成品のみに負担させる。

資　　料

①　生 産 デ ー タ

月初仕掛品	500kg	（加工進捗度50％）
当 月 投 入	4,700kg	
合　　計	5,200kg	
月末仕掛品	600kg	（加工進捗度60％）
正 常 減 損	100kg	
完　成　品	4,500kg	

②　月初仕掛品原価

素　材　費	¥　365,000
加　工　費	¥　420,000

③　当月製造費用

素　材　費	¥3,535,000
加　工　費	¥7,020,000

(5)　標準原価計算を採用している静岡製作所の当月における下記の資料から，次の金額を求めなさい。

a．月末仕掛品の標準原価　　b．作業時間差異　　c．操業度差異

ただし，i　直接材料は製造着手のときにすべて投入されるものとする。
　　　　ii　操業度差異は，基準操業度と実際操業度を比較して把握している。
　　　　iii　解答欄の（　　）のなかに不利差異の場合は（不利），有利差異の場合は（有利）と記入すること。

資　　料

①　標準原価カード

A製品　　標準原価カード

	標準消費数量	標準単価	金　　額
直接材料費	8kg	¥　400	¥3,200
	標準直接作業時間	標準賃率	
直接労務費	3時間	¥1,000	¥3,000
	標準直接作業時間	標準配賦率	
製造間接費	3時間	¥　800	¥2,400
	製品/個あたりの標準原価		¥8,600

②　生 産 デ ー タ

月初仕掛品	400個	（加工進捗度50％）
当 月 投 入	1,700個	
合　　計	2,100個	
月末仕掛品	300個	（加工進捗度40％）
完　成　品	1,800個	

③　実際直接労務費

実際直接作業時間	5,100時間
実　際　賃　率	¥980

④　製造間接費実際発生額　¥4,130,000

⑤　製造間接費予算（公式法変動予算）

変　動　費　率	¥320
固 定 費 予 算 額	¥2,496,000
基準操業度(直接作業時間)	5,200時間

2 福島産業株式会社の下記の資料によって，次の各問いに答えなさい。

(1) 工程別総合原価計算表を完成しなさい。

(2) 第2工程の月末仕掛品原価に含まれる前工程費を答えなさい。

(3) 第1工程半製品勘定を完成しなさい。

ただし，i　第1工程の完成品原価は，すべて第1工程半製品勘定に振り替えている。

ii　素材は製造着手のときにすべて投入され，第1工程の完成品は第2工程の始点で投入されるものとする。

iii　加工費は第1工程・第2工程ともに製造の進行に応じて消費されるものとする。

iv　月末仕掛品原価の計算は平均法による。

資　　料

a．生産データ

	第1工程		第2工程	
月初仕掛品	500個	（加工進捗度40％）	400個	（加工進捗度50％）
当月投入	1,900個		1,600個	
合　計	2,400個		2,000個	
月末仕掛品	400個	（加工進捗度50％）	100個	（加工進捗度60％）
完成品	2,000個		1,900個	

b．当月製造費用

① 工程個別費および補助部門個別費

費　目	第1工程	第2工程	補助部門
素材費	¥1,425,000	――	――
労務費	¥1,068,000	¥861,200	¥113,000
経　費	¥　295,000	¥250,000	¥　47,000

② 部門共通費を次のとおり配賦する。

第1工程　¥125,000　　第2工程　¥112,000　　補助部門　¥60,000

③ 補助部門費を第1工程に60％，第2工程に40％の割合で配賦する。

c．月初仕掛品原価

第1工程　¥515,000（素材費　¥375,000　　加工費　¥140,000）

第2工程　¥694,800（前工程費　¥536,000　　加工費　¥158,800）

d．当月中に第1工程半製品1,600個を次工程に引き渡し，400個を外部に販売した。なお，払出単価（原価）は ¥1,540 である。

3 個別原価計算を採用している宮崎工業株式会社（決算年1回　3月31日）の下記の資料によって，

(1) 7月31日⑨の取引の仕訳を示しなさい。

(2) 仕掛品勘定・製造間接費勘定・製造部門費配賦差異勘定に必要な記入をおこない，締め切りなさい。なお，勘定記入は日付・相手科目・金額を示すこと。

(3) 部門費振替表を相互配賦法によって完成しなさい。

(4) Ａ製品（製造指図書＃1）の原価計算表を完成しなさい。

ただし，ⅰ　前月繰越高は，次のとおりである。

素　　材　250個　@￥1,680　￥ 420,000
工場消耗品　300〃　〃〃　90　￥ 27,000
仕　掛　品（製造指図書＃1）　￥2,820,000（原価計算表に記入済み）

ⅱ　素材の消費高の計算は先入先出法，工場消耗品の消費数量の計算は棚卸計算法によっている。

ⅲ　賃金の消費高は，作業時間1時間につき ￥1,250 の予定賃率を用いて計算し，消費賃金勘定を設けて記帳している。

ⅳ　製造間接費は部門別計算をおこない，直接作業時間を配賦基準として予定配賦している。

	第1製造部門	第2製造部門
年間製造間接費予定額（予算額）	￥7,540,000	￥5,704,000
年間予定直接作業時間（基準操業度）	13,000時間	12,400時間

取　　　　引

7月 8日　素材および工場消耗品を次のとおり買い入れ，代金は掛けとした。

素　　材　800個　@￥1,650　￥1,320,000
工場消耗品　2,050〃　〃〃　90　￥ 184,500

14日　Ｂ製品（製造指図書＃2）の注文を受け，素材600個を消費して製造を開始した。

25日　賃金を次のとおり小切手を振り出して支払った。

賃金総額　￥2,740,000
うち，控除額　所得税　￥246,000　健康保険料　￥147,000

26日　Ａ製品（製造指図書＃1）60個が完成した。なお，Ａ製品の賃金予定消費高と製造部門費予定配賦高を，次の作業時間によって計算し，原価計算表に記入した。ただし，賃金予定消費高と製造部門費予定配賦高を計上する仕訳は，月末におこなっている。

製造指図書＃1　1,200時間（第1製造部門400時間　第2製造部門800時間）

31日　①　工場消耗品の月末棚卸数量は350個であった。よって，消費高を計上した。（間接材料）

②　当月の直接作業時間は次のとおりであった。よって，当月の賃金予定消費高を計上した。

		合計　内訳	第1製造部門	第2製造部門
直接作業時間	製造指図書＃1	1,200時間	400時間	800時間
	製造指図書＃2	1,000時間	700時間	300時間
間接作業時間		300時間		

③　上記②の直接作業時間によって，製造部門費を予定配賦した。

④　健康保険料の事業主負担分 ￥147,000 を計上した。

⑤　当月の製造経費消費高を計上した。

電力料　￥134,000　保険料　￥78,000　減価償却費　￥238,000

⑥　製造間接費を次のように各部門に配分した。

第1製造部門　￥471,250　第2製造部門　￥394,750
動力部門　￥146,000　修繕部門　￥140,000

⑦　補助部門費を次の配賦基準によって各製造部門に配賦した。

	配賦基準	第1製造部門	第2製造部門	動力部門	修繕部門
動力部門費	kW数×運転時間数	50kW×800時間	60kW×500時間	―――	15kW×200時間
修繕部門費	修繕回数	5回	3回	2回	―――

⑧　当月の賃金実際消費高 ￥3,100,000 を計上した。

⑨　賃金の予定消費高と実際消費高との差額を，賃率差異勘定に振り替えた。

⑩　第1製造部門費の配賦差異を，製造部門費配賦差異勘定に振り替えた。

⑪　第2製造部門費の配賦差異を，製造部門費配賦差異勘定に振り替えた。

4 下記の取引の仕訳を示しなさい。ただし，勘定科目は，次のなかからもっとも適当なものを使用すること。

当座預金	売掛金	製品	A組製品
B組製品	副産物	素材	消費材料
売上	売上原価	仕掛品	A組仕掛品
B組仕掛品	第1工程仕掛品	第2工程仕掛品	組間接費
材料消費価格差異	本社	工場	

a．埼玉製作所の素材に関する資料は次のとおりであった。よって，予定価格による消費高と実際価格による消費高との差額を消費材料勘定から材料消費価格差異勘定に振り替えた。ただし，素材の予定価格は@¥850 であり，実際消費単価の計算は総平均法によっている。

前月繰越高	400個	@¥780	¥ 312,000
当月仕入高	2,000〃	〃〃900	¥1,800,000
当月消費数量	2,200〃		

b．組別総合原価計算を採用している諏訪製作所は，組間接費を各組の組直接費を基準として配賦率を求め，A組とB組に配賦した。なお，当月の製造費用は次のとおりである。

	A組直接費	B組直接費	組間接費
材料費	¥2,130,000	¥1,240,000	¥ 330,000
労務費	¥4,120,000	¥2,610,000	¥ 420,000
経費	¥1,250,000	¥1,150,000	¥1,850,000

c．工程別総合原価計算を採用している神場工業株式会社は，月末に工程別総合原価計算表を次のとおり作成し，各工程の完成品原価を計上した。なお，第1工程の完成品はすべて第2工程（最終工程）に引き渡している。

工程別総合原価計算表 （一部）
令和○年6月分

摘要	第1工程	第2工程
工程個別費 素材費	1,578,000	――――
前工程費	――――	2,900,000
〜〜〜	〜〜〜	〜〜〜
工程完成品原価	2,900,000	5,130,000
工程完成品数量	2,000個	1,800個
工程単価	¥ 1,450	¥ 2,850

d．工場会計が独立している神奈川工業株式会社の本社は，工場から製品 ¥3,260,000（製造原価）を得意先厚木商店に引き渡したとの通知を受けたので，売上高（掛け）¥5,120,000 および売上原価を計上した。ただし，売上勘定と売上原価勘定は本社に，製品に関する勘定は工場に設けてある。（本社の仕訳）

e．単純総合原価計算を採用している静岡産業株式会社において，製品の完成とともに副産物が発生した。ただし，総合原価は ¥2,860,000 であり，そのうち副産物の評価額は ¥275,000 であった。

第２回　簿記実務検定１級模擬試験問題　原価計算

解答上の注意

1　解答にあたえられた時間は90分です。試験開始後の途中退室はできません。

2　問題は全部で４問あります。

3　解答はすべて別紙解答用紙に記入しなさい。　解答用紙　p.101

●学習振り返りシート（模擬問題を解いた後に記入して，チェックボックス（□）に印をつけましょう。）

第１問　適語選択・計算の問題

小分類	出題内容・つまずいたポイント	点　数	チェック
(1)		点	□
(2)		点	□
(3)		点	□
(4)		点	□
(5)		点	□

第２問　総合原価計算の問題

小分類	出題内容・つまずいたポイント	点　数	チェック
			□
			□
		点	□

第３問　個別原価計算の問題

小分類	出題内容・つまずいたポイント	点　数	チェック
			□
			□
			□
			□
			□
		点	□

第４問　仕訳の問題

小分類	出題内容・つまずいたポイント	点　数	チェック
a.		点	□
b.		点	□
c.		点	□
d.		点	□
e.		点	□

合　計　点　数
（　　　　／100　）

1 次の各問いに答えなさい。

(1) 標準原価計算を採用している山梨製作所の当月における下記の資料と仕掛品勘定の記録から，仕掛品勘定の（ a ）～（ c ）の金額を求めなさい。なお，仕掛品勘定への記帳方法は，パーシャルプランによっている。

ただし，直接材料は製造着手のときにすべて投入されるものとする。

資　　料

① 標準原価カード（一部）

A製品　　標準原価カード

	標準消費数量	標準単価	金　額
直接材料費	5kg	¥360	¥1,800
	標準直接作業時間	標準賃率	
直接労務費	3時間	¥950	¥2,850
製品1個あたりの標準原価			¥6,450

仕　掛　品

前月繰越	549,000	製　品	（ a ）
材　料	1,938,000	材料消費価格差異	（ b ）
労務費	2,940,000	材料消費数量差異	36,000
製造間接費	2,025,000	賃率差異	90,000
予算差異	35,000	作業時間差異	（ c ）

② 生産データ

月初仕掛品	150個	（加工進捗度40％）
当月投入	1,000個	
合　計	1,150個	
月末仕掛品	200個	（加工進捗度50％）
完成品	950個	

③ 実際直接材料費

実際消費数量　5,100kg

実際単価　¥380

④ 実際直接労務費

実際直接作業時間　3,000時間

実際賃率　¥980

(2) 深沢産業株式会社は，直接原価計算をおこない利益計画をたてている。当月における下記の資料から，次の金額または数量を求めなさい。なお，目標営業利益は当月と比べて20％増加させた金額とする。

a．損益分岐点の売上高　　b．目標営業利益を達成するための販売数量

c．変動製造費が製品1個あたり ¥120 増加した場合の損益分岐点の売上高

資　　料

① 販売数量　3,000個

② 販売単価　¥6,000

③ 変動製造費（製品1個あたり）¥2,500

④ 変動販売費（製品1個あたり）¥　500

⑤ 固定製造間接費　¥3,150,000

⑥ 固定販売費及び一般管理費　¥450,000

(3) 次の各文の［　　　］のなかに，下記の語群のなかから，もっとも適当なものを選び，その番号を記入しなさい。

a．主産物の製造工程から必然的に発生した産物で，主産物ほど価値がないものを［　ア　］といい，その評価額は，主産物の製造原価から控除する。

b．製造原価を計算する手続きの第2段階は，原価要素を工場における各部門ごとに集計して，製品を製造するためにそれぞれいくら消費したかを計算する。これを原価の［　イ　］という。

1．主　産　物　2．部門別計算　3．副　産　物　4．製品別計算　5．作業くず

(4) 単純総合原価計算を採用している富士製作所の次の資料から，月末仕掛品原価を求めなさい。

ただし，ⅰ 素材は製造着手のときにすべて投入され，加工費は製造の進行に応じて消費されるものとする。

ⅱ 月末仕掛品原価の計算は先入先出法による。

ⅲ 正常減損は製造工程の終点で発生しており，正常減損費は完成品のみに負担させる。

資　　料

① 生産データ

月初仕掛品	500kg	（加工進捗度40％）
当月投入	3,200kg	
合　計	3,700kg	
月末仕掛品	400kg	（加工進捗度50％）
正常減損	□kg	
完成品	3,200kg	

② 月初仕掛品原価

素材費	¥686,000
加工費	¥494,000

③ 当月製造費用

素材費	¥4,864,000
加工費	¥9,306,000

(5) 米原製作所における次の勘定記録・製造原価報告書・損益計算書（一部）により，（ ア ）から（ ウ ）の金額を求めなさい。

製造間接費

燃料	35,000	仕掛品	1,857,000
工場消耗品	258,000		
賃金	296,000		
給料	740,000		
健康保険料	35,000		
退職給付費用	130,000		
減価償却費	186,000		
保険料	32,000		
電力料	87,000		
保管料	52,000		
棚卸減耗損	6,000		
	1,857,000		1,857,000

仕掛品

前期繰越	（ ア ）	製品	（　　）
素材	2,250,000	次期繰越	685,000
賃金	2,596,000		
外注加工賃	452,000		
製造間接費	（　　）		
	（　　）		（　　）

製品

前期繰越	640,000	売上原価	（　　）
仕掛品	（　　）	次期繰越	750,000
	（　　）		（　　）

米原製作所　製造原価報告書　（単位：円）

令和○年1月1日から令和○年12月31日まで

Ⅰ 材料費	（　　）
Ⅱ 労務費	（ イ ）
Ⅲ 経費	（　　）
当期製造費用	7,155,000
期首仕掛品棚卸高	680,000
合　計	（　　）
期末仕掛品棚卸高	（　　）
当期製品製造原価	（　　）

米原製作所　損益計算書（一部）　（単位：円）

令和○年1月1日から令和○年12月31日まで

Ⅰ 売上高		8,560,000
Ⅱ 売上原価		
1．期首製品棚卸高	（　　）	
2．当期製品製造原価	（　　）	
合　計	（　　）	
3．期末製品棚卸高	（　　）	（　　）
売上総利益		（ ウ ）

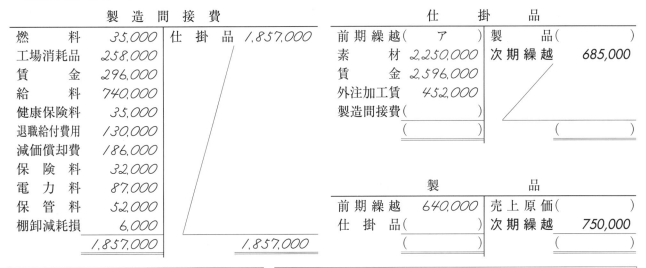

2 神戸製作所は，組別総合原価計算を採用し，A組製品およびB組製品を製造している。次の資料によって，組別総合原価計算表とA組仕掛品勘定および組間接費勘定を完成しなさい。

ただし，ｉ　組間接費は機械運転時間を基準として配賦する。

ⅱ　素材は製造着手のときにすべて投入され，加工費は製造の進行に応じて消費されるものとする。

ⅲ　月末仕掛品原価の計算は平均法による。

資　　料

a．月初仕掛品原価

A組　¥1,421,400（素材費　¥830,000　　加工費　¥591,400）

B組　¥　690,600（素材費　¥430,000　　加工費　¥260,600）

b．当月製造費用

①　材料費

素材の消費高は，1個あたり ¥850 の予定価格を用いて計算している。

素　　材　A組　2,600個　　B組　2,400個

工場消耗品　　¥363,000（組間接費）

②　労務費

賃金の消費高は作業時間1時間につき ¥1,400 の予定賃率を用いて計算している。

A組　1,100時間　　B組　950時間　　間接作業　250時間

健康保険料　　¥156,000

③　経　費

外注加工賃　A組　¥238,000　　B組　¥69,000

電　力　料　¥437,000　　保　険　料　¥220,000　　減価償却費　¥718,000

④　組間接費 ¥2,244,000 を，次の機械運転時間を基準に配賦する。

A組　4,320時間　　B組　2,480時間

c．生産データ

	A　組	B　組
月初仕掛品	600個（加工進捗度50％）	300個（加工進捗度50％）
当 月 投 入	1,300個	1,000個
合　　計	1,900個	1,300個
月末仕掛品	500個（加工進捗度50％）	200個（加工進捗度40％）
完 成 品	1,400個	1,100個

3 個別原価計算を採用している東北工業株式会社の下記の資料によって，次の各問いに答えなさい。

(1) 6月30日①と⑦の取引の仕訳を示しなさい。

(2) 消費賃金勘定・製造間接費勘定・第1製造部門費勘定に必要な記入をおこない，締め切りなさい。なお，勘定記入は日付・相手科目・金額を示すこと。

(3) A製品（製造指図書＃1）とB製品（製造指図書＃2）の原価計算表を作成しなさい。

ただし，i 前月繰越高は，次のとおりである。

素　　材　200個　@¥1,620　¥ 324,000
工場消耗品　650〃　〃〃　70　¥　45,500
仕 掛 品（製造指図書＃1）　¥2,640,000（原価計算表に記入済み）

ii 素材の消費高の計算は移動平均法，工場消耗品の消費数量の計算は棚卸計算法によっている。

iii 賃金の消費高の計算には，作業時間1時間につき ¥1,150 の予定賃率を用いている。

iv 製造間接費は部門別計算をおこない，直接作業時間を配賦基準として予定配賦している。

	第1製造部門	第2製造部門
年間製造間接費予定額（予算額）	¥7,280,000	¥4,340,000
年間予定直接作業時間（基準操業度）	13,000時間	12,400時間

取　　引

6月 6日 素材および工場消耗品を次のとおり買い入れ，代金は掛けとした。

素　　材　600個　@¥1,640　¥984,000
工場消耗品　2,200〃　〃〃　70　¥154,000

11日 B製品（製造指図書＃2）の注文を受け，素材500個を消費して製造を開始した。

25日 賃金を次のとおり小切手を振り出して支払った。

賃 金 総 額　¥2,868,000
うち，控除額　所 得 税 ¥247,000　健康保険料 ¥156,000

30日 ① 工場消耗品の月末棚卸数量は450個であった。よって，消費高を計上した。（間接材料）

② 当月の賃金予定消費高を次の作業時間によって計上した。ただし，消費賃金勘定を設けている。

製造指図書＃1　1,200時間　製造指図書＃2　1,100時間　間接作業　200時間

③ 健康保険料の事業主負担分 ¥156,000 を計上した。

④ 当月の製造経費消費高を次のとおり計上した。

電 力 料 ¥188,000　保 険 料 ¥65,000
減価償却費 ¥218,000　雑　　費 ¥15,000

⑤ 当月の直接作業時間は次のとおりであった。よって，製造部門費を予定配賦した。

		第1製造部門	第2製造部門
直接作業時間	製造指図書＃1	400時間	800時間
	製造指図書＃2	750時間	350時間

⑥ 製造間接費を次のとおり各部門に配分した。

第1製造部門 ¥428,000　第2製造部門 ¥306,000
動 力 部 門 ¥234,000　修 繕 部 門 ¥ 72,000

⑦ 補助部門費を次の配賦基準によって，直接配賦法で各製造部門に配賦した。

	配 賦 基 準	第1製造部門	第2製造部門
動力部門費	kW数×運転時間数	40kW×500時間	20kW×300時間
修繕部門費	修 繕 回 数	5回	3回

⑧ A製品（製造指図書＃1）80個が完成した。

⑨ 当月の賃金実際消費高 ¥2,920,000 を計上した。

⑩ 賃金の予定消費高と実際消費高との差額を，賃率差異勘定に振り替えた。

⑪ 第1製造部門費および第2製造部門費の配賦差異を，製造部門費配賦差異勘定に振り替えた。

4 下記の取引の仕訳を示しなさい。ただし，勘定科目は，次のなかから最も適当なものを使用すること。

1 級 製 品	2 級 製 品	3 級 製 品	A 組 製 品
B 組 製 品	消 費 材 料	売 上 原 価	従業員賞与手当
仕 損 費	仕 掛 品	A 組 仕 掛 品	B 組 仕 掛 品
組 間 接 費	材料消費価格差異	本 社	工 場

a．単純総合原価計算を採用している三条工業株式会社は，月末に工場の従業員に対する賞与の月割額を計上した。なお，半年分の賞与の支払予定額は ¥4,320,000 である。

b．高島産業株式会社の素材に関する資料は次のとおりであった。よって，予定価格による消費高と実際価格による消費高との差額を消費材料勘定から材料消費価格差異勘定に振り替えた。ただし，素材の予定価格は@¥360 であり，実際消費単価の計算は総平均法によっている。

前月繰越高	400個	@¥340	¥136,000
当月仕入高	1,200〃	〃〃380	¥456,000
当月消費数量	1,000〃		

c．等級別総合原価計算を採用している神戸製作所は，月末に等級別総合原価計算表を次のとおり作成し，等級別に製造原価を計上した。

等級別総合原価計算表

令和○年9月分

等級別製品	重　量	等価係数	完成品数量	積　数	等級別製造原価	製品単価
1級製品	130g	1.3	600個	780	1,170,000	¥1,950
2級製品	100〃	1.0	1,200〃	1,200	1,800,000	〃1,500
3級製品	70〃	0.7	600〃	420	630,000	〃1,050
				2,400	3,600,000	

d．工場会計が独立している山梨工業株式会社の本社は，さきに得意先長野商店に売り渡した製品について，月末に製造原価は ¥1,500,000 であったと工場から報告を受け，売上製品の原価を計上した。ただし，売上原価勘定は本社に，製品に関する勘定は工場に設けてある。(本社の仕訳)

e．個別原価計算を採用している静岡産業株式会社は，補修指図書#2-1に集計された製造原価 ¥5,000 を仕損費勘定に計上していたが，本日，これを製造指図書#2に賦課した。

第3回　簿記実務検定1級模擬試験問題　原価計算

解答上の注意

1　解答にあたえられた時間は90分です。試験開始後の途中退室はできません。

2　問題は全部で4問あります。

3　解答はすべて別紙解答用紙に記入しなさい。　解答用紙　p.105

●学習振り返りシート（模擬問題を解いた後に記入して，チェックボックス（□）に印をつけましょう。）

第1問　適語選択・計算の問題

小分類	出題内容・つまずいたポイント	点　数	チェック
(1)		点	□
(2)		点	□
(3)		点	□
(4)		点	□

第2問　総合原価計算の問題

小分類	出題内容・つまずいたポイント	点　数	チェック
			□
			□
		点	□

第3問　個別原価計算の問題

小分類	出題内容・つまずいたポイント	点　数	チェック
			□
			□
			□
			□
			□
		点	□

第4問　仕訳の問題

小分類	出題内容・つまずいたポイント	点　数	チェック
a.		点	□
b.		点	□
c.		点	□
d.		点	□
e.		点	□

合　計　点　数
（　　　　／100　）

1 次の各問いに答えなさい。

(1) 埼玉製作所の下記の資料により，製造原価報告書に記載する次の金額を求めなさい。

a．当期材料費　　b．当期労務費　　c．当期製品製造原価

資　　料

① 素　　材　期首棚卸高 ¥286,000　当期仕入高 ¥1,823,000　期末棚卸高 ¥265,000
② 工場消耗品　期首棚卸高 ¥ 68,000　当期仕入高 ¥ 329,000　期末棚卸高 ¥ 56,000
③ 消耗工具器具備品　当期消費高 ¥172,000
④ 賃　　金　前期未払高 ¥246,000　当期支払高 ¥1,546,000　当期未払高 ¥225,000
⑤ 給　　料　当期消費高 ¥847,000
⑥ 健康保険料　当期消費高 ¥154,000
⑦ 水 道 料　基 本 料 金 ¥ 13,000
　当期使用料 ¥□（当期使用量 2,050㎥　単価／㎥あたり ¥120）
　水道料の計算方法は，基本料金に当期使用料を加算して求める。
⑧ 減価償却費　当期消費高 ¥186,000
⑨ 仕 掛 品　期首棚卸高 ¥655,000　期末棚卸高 ¥ 815,000

(2) 宮城製作所では，直接原価計算をおこない利益計画をたてている。当月における下記の資料から，次の金額または数量を求めなさい。

a．損益分岐点の売上高　　b．目標営業利益 ¥850,000 を達成するための販売数量

c．販売数量は当月のままで，変動販売費を25％減少させた場合の営業利益

資　　料

① 販 売 数 量　1,200個
② 販 売 単 価　¥2,000
③ 変動製造費　¥700（製品／個あたり）
④ 変 動 販 売 費　¥300（製品／個あたり）
⑤ 固定製造間接費　¥450,000
⑥ 固定販売費及び一般管理費　¥250,000

(3) 標準原価計算を採用している藤田製作所の当月における下記の資料から，

① 次の金額を求めなさい。

a．月末仕掛品の標準原価　　　b．予 算 差 異

ただし，i　直接材料は製造着手のときにすべて投入されるものとする。

ii　解答欄の（　　）のなかに不利差異の場合は（不利），有利差異の場合は（有利）と記入すること。

② 次の文の｛　　｝のなかから，いずれか適当なものを選び，その番号を記入しなさい。

直接材料費差異は，材料消費価格差異と材料消費数量差異に分けて分析することができる。このうち，材料消費数量差異は ¥35,000 の　c｛1．不利差異　2．有利差異｝である。この差異は製造現場において管理　d｛3．できる　4．できない｝要因によって発生することが多い。

資　　　料

i　標準原価カード

A製品　　標準原価カード

	標準消費数量	標準単価	金　　額
直接材料費	6kg	¥　350	¥2,100
	標準直接作業時間	標準賃率	
直接労務費	3時間	¥　850	¥2,550
	標準直接作業時間	標準配賦率	
製造間接費	3時間	¥1,000	¥3,000
	製品1個あたりの標準原価		¥7,650

ii　生 産 デ ー タ

月初仕掛品	200個	（加工進捗度40％）
当月投入	1,200個	
合　計	1,400個	
月末仕掛品	400個	（加工進捗度50％）
完成品	1,000個	

iii　実際直接材料費

実際消費数量　7,300kg

実　際　単　価　¥380

iv　実際直接労務費

実際直接作業時間　3,380時間

実　際　賃　率　¥870

v　製造間接費実際発生額　¥3,410,000

vi　製造間接費予算（公式法変動予算）

変　動　費　率　¥600

固定費予算額　¥1,360,000

基準操業度（直接作業時間）　3,400時間

(4) 単純総合原価計算を採用してB製品を製造している利根製作所の次の資料から，月末仕掛品原価を求めなさい。

ただし，i　素材は製造着手のときに投入され，加工費は製造の進行に応じて消費されるものとする。

ii　月末仕掛品原価の計算は先入先出法による。

iii　正常仕損は製造工程の始点ですべて当月投入分より発生しており，正常仕損費は完成品と月末仕掛品の両方に負担させる。また，仕損品の評価額は ¥15,000（主として原料の価値）である。

資　　　料

① 生 産 デ ー タ

月初仕掛品	500kg	（加工進捗度60％）
当月投入	4,430kg	
合　計	4,930kg	
月末仕掛品	400kg	（加工進捗度50％）
正常仕損	30kg	
完成品	4,500kg	

② 月初仕掛品原価

素　材　費　¥271,000

加　工　費　¥196,000

③ 当月製造費用

素　材　費　¥2,479,000

加　工　費　¥1,980,000

2 浜松工業株式会社は，単純総合原価計算を採用し，A製品を製造している。下記の資料と仕掛品勘定によって，

(1) 単純総合原価計算表を完成しなさい。

(2) 仕掛品勘定の特許権使用料（アの金額）を求めなさい。

ただし，i 素材は製造着手のときにすべて投入され，加工費は製造の進行に応じて消費されるものとする。

ii 月末仕掛品原価の計算は平均法による。

資　料

a．生産データ

月初仕掛品	900個	（加工進捗度50％）
当月投入	3,900個	
合　計	4,800個	
月末仕掛品	500個	（加工進捗度40％）
完成品	4,300個	

b．月初仕掛品原価

素材費	¥1,332,000
加工費	¥ 495,000

c．当月製造費用

素材費	¥5,868,000
加工費	¥4,275,000

仕　掛　品

前月繰越	（　　　）	製　品	（　　　）
素　材	（　　　）	次月繰越	（　　　）
工場消耗品	726,000		
賃　金	2,180,000		
従業員賞与手当	650,000		
健康保険料	230,000		
特許権使用料	（　ア　）		
減価償却費	218,000		
電力料	86,000		
雑　費	45,000		
	（　　　）		（　　　）

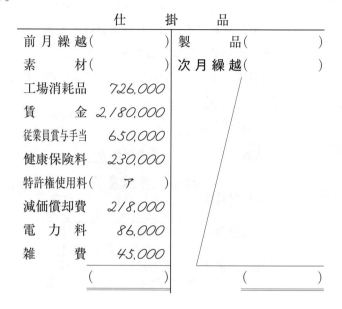

3 個別原価計算を採用している中部製作所の下記の資料によって，次の各問いに答えなさい。

(1) 1月31日⑨の取引の仕訳を示しなさい。

(2) 素材勘定・製造間接費勘定・第1製造部門費勘定に必要な記入をおこない，締め切りなさい。なお，勘定記入は日付・相手科目・金額を示すこと。

(3) A製品（製造指図書＃1）の原価計算表を作成しなさい。

(4) 部門費振替表を相互配賦法によって完成しなさい。

(5) 1月末の賃金未払高を求めなさい。

ただし，i 前月繰越高は，次のとおりである。

素　　材	210個	@¥3,300	¥ 693,000
工場消耗品	250〃	〃〃 140	¥ 35,000
仕 掛 品（製造指図書＃1）			¥3,280,600（原価計算表に記入済み）
賃　　金（未払高）			¥1,427,000

ii 素材の消費高の計算は先入先出法，工場消耗品の消費数量の計算は棚卸計算法によっている。

iii 賃金の消費高の計算には，作業時間1時間につき ¥1,400 の予定賃率を用いている。

iv 製造間接費は部門別計算をおこない，直接作業時間を配賦基準として予定配賦している。

予定配賦率　第1製造部門 ¥940　第2製造部門 ¥650

取　　　引

1月 6日 素材および工場消耗品を次のとおり買い入れ，代金は掛けとした。

素　　材	680個	@¥3,400	¥2,312,000
工場消耗品	850〃	〃〃 140	¥ 119,000

14日 B製品（製造指図書＃2）の注文を受け，素材700個を消費して製造を開始した。

25日 本月分の賃金 ¥3,752,000 について，所得税額 ¥286,000 および健康保険料 ¥265,000 を控除した正味支払額を小切手を振り出して支払った。

28日 A製品（製造指図書＃1）50個が完成した。なお，A製品の賃金予定消費高と製造部門費予定配賦高を，次の作業時間によって計算し，原価計算表に記入した。ただし，賃金予定消費高と製造部門費予定配賦高を計上する仕訳は，月末におこなっている。

製造指図書＃1　1,200時間（第1製造部門360時間　第2製造部門840時間）

31日 ① 工場消耗品の月末棚卸数量は200個であった。よって，消費高を計上した。（間接材料）

② 当月の賃金予定消費高を次の作業時間によって計上した。ただし，消費賃金勘定を設けている。

		合計＼内訳	第1製造部門	第2製造部門
直接作業時間	製造指図書＃1	1,200時間	360時間	840時間
	製造指図書＃2	1,120時間	940時間	180時間
間接作業時間		400時間		

③ 上記②の直接作業時間によって，製造部門費を予定配賦した。

④ 健康保険料の事業主負担分 ¥265,000 を計上した。

⑤ 当月の製造経費消費高を計上した。

電 力 料 ¥489,000　保 険 料 ¥120,000　減価償却費 ¥328,000

⑥ 製造間接費を次のように各部門に配分した。

第1製造部門 ¥854,000　第2製造部門 ¥452,000

動 力 部 門 ¥312,000　修 繕 部 門 ¥270,000

⑦ 補助部門費を次の配賦基準によって，各製造部門に配賦した。

	配賦基準	第1製造部門	第2製造部門	動力部門	修繕部門
動力部門費	kW数×運転時間数	40kW×400時間	25kW×320時間	――	10kW×200時間
修繕部門費	修 繕 回 数	5回	3回	1回	――

⑧ 当月の賃金実際消費高 ¥3,820,000 を計上した。

⑨ 賃金の予定消費高と実際消費高との差額を，賃率差異勘定に振り替えた。

⑩ 第1製造部門費の配賦差異を，製造部門費配賦差異勘定に振り替えた。

⑪ 第2製造部門費の配賦差異を，製造部門費配賦差異勘定に振り替えた。

4 下記の取引の仕訳を示しなさい。ただし，勘定科目は，次のなかからもっとも適当なものを使用すること。

当座預金	売掛金	製品	A組製品
B組製品	第1工程半製品	作業くず	素材
買掛金	賃金	棚卸減耗損	売上
売上原価	仕掛品	A組仕掛品	B組仕掛品
第1工程仕掛品	第2工程仕掛品	本社	工場

a．個別原価計算を採用している鳥取工業株式会社の4月末における素材の実地棚卸数量は380kgであった。よって，次の素材に関する4月の資料にもとづいて，素材勘定の残高を修正し，棚卸減耗損勘定に計上した。ただし，消費数量は2,590kgである。なお，消費単価の計算は総平均法によっている。

4月 1日	前月繰越	450kg	1kgにつき¥400	¥180,000
12日	仕　入	1,200〃	〃　〃420	¥504,000
23日	仕　入	1,350〃	〃　〃440	¥594,000

b．組別総合原価計算を採用している群馬産業株式会社は，月末に組別総合原価計算表を次のとおり作成し，各組の完成品原価を計上した。

組別総合原価計算表（一部）
令和○年5月分

摘要	A組	B組
組直接費　素材費	1,580,000	1,160,000
〜〜〜	〜〜〜	〜〜〜
完成品原価	5,160,000	4,050,000
完成品数量	2,000個	1,800個
製品単価	¥　2,580	¥　2,250

c．工程別総合原価計算を採用している大分製作所は，月末に工程別総合原価計算表を作成し，各工程の完成品原価を次のとおり計上した。ただし，各工程の完成品はすべていったん倉庫に保管しており，当月中に倉庫から第2工程（最終工程）に投入した第1工程の完成品原価は ¥2,170,000 である。なお，当社では第1工程の完成品原価をすべて第1工程半製品勘定に振り替えている。

第1工程　¥1,650,000　　第2工程　¥2,940,000

d．単純総合原価計算を採用している香川工業株式会社の工場は，本社の指示により製造原価 ¥2,680,000 の製品を得意先城崎製作所に発送した。ただし，工場会計は本社会計から独立しており，売上勘定と売上原価勘定は本社に，製品に関する勘定は工場に設けてある。（工場の仕訳）

e．個別原価計算を採用している豊橋製作所では，製造指図書#6の製造中に作業くずが発生した。よって，これを ¥38,000 と評価し，製造指図書#6の製造原価から差し引いた。

第４回　簿記実務検定１級模擬試験問題　原価計算

解答上の注意

1　解答にあたえられた時間は90分です。試験開始後の途中退室はできません。

2　問題は全部で４問あります。

3　解答はすべて別紙解答用紙に記入しなさい。　解答用紙　p.109

●学習振り返りシート（模擬問題を解いた後に記入して，チェックボックス（□）に印をつけましょう。）

第１問　適語選択・計算の問題

小分類	出題内容・つまずいたポイント	点　数	チェック
(1)		点	□
(2)		点	□
(3)		点	□
(4)		点	□
(5)		点	□

第２問　総合原価計算の問題

小分類	出題内容・つまずいたポイント	点　数	チェック
			□
			□
		点	□

第３問　個別原価計算の問題

小分類	出題内容・つまずいたポイント	点　数	チェック
			□
			□
			□
			□
			□
		点	□

第４問　仕訳の問題

小分類	出題内容・つまずいたポイント	点　数	チェック
a.		点	□
b.		点	□
c.		点	□
d.		点	□
e.		点	□

合　計　点　数
（　　　　／100　）

1 次の各問いに答えなさい。

(1) 吉田製作所における次の等級別総合原価計算表の（ ア ）に入る金額を求めなさい。ただし，等価係数は，各製品の1個あたりの重量を基準としている。

等級別総合原価計算表

令和○年1月分

等級別製品	重　量	等価係数	完成品数量	積　数	等級別製造原価	製品単価
1級製品	850g	1.0	2,500 個	（　　）	（　　）	¥（　　）
2級製品	680〃	0.8	3,000 〃	（　　）	（　　）	〃（　　）
3級製品	510〃	（　　）	4,000 〃	（　　）	（　　）	〃（ ア ）
				（　　）	4,380,000	

(2) 下田工業株式会社では，直接原価計算をおこない利益計画をたてている。当月における下記の資料から，次の金額または数量を求めなさい。

a．販売数量が4,500個のときの営業利益　　b．損益分岐点の売上高

c．目標営業利益 ¥3,850,000 を達成するための販売数量

資　　料

① 販売単価 ¥3,000

② 製造費用

変動製造費（製品1個あたり） ¥1,200

固定製造間接費 ¥1,450,000

③ 販売費及び一般管理費

変動販売費（製品1個あたり） ¥300

固定販売費及び一般管理費 ¥850,000

(3) 標準原価計算を採用している中村工業株式会社の当月における下記の資料から，次の金額を求めなさい。

a．完成品の標準原価　　b．直接材料費差異　　c．能 率 差 異

ただし，i 直接材料は製造着手のときにすべて投入されるものとする。

ii 能率差異は，変動費能率差異と固定費能率差異を合計すること。

iii 解答欄の（　　）のなかに不利差異の場合は（不利），有利差異の場合は（有利）と記入すること。

資　　料

① 標準原価カード

A製品　　標準原価カード

	標準消費数量	標準単価	金　額
直接材料費	6kg	¥ 600	¥3,600
	標準直接作業時間	標準賃率	
直接労務費	2時間	¥1,500	¥3,000
	標準直接作業時間	標準配賦率	
製造間接費	2時間	¥1,200	¥2,400
	製品1個あたりの標準原価		¥9,000

② 生 産 デ ー タ

月初仕掛品　300個（加工進捗度50％）

当月投入　1,700個

合　計　2,000個

月末仕掛品　500個（加工進捗度40％）

完成品　1,500個

③ 実際直接材料費

実際消費数量　10,300kg

実際単価　¥590

④ 実際直接労務費

実際直接作業時間　3,150時間

実際賃率　¥1,530

⑤ 製造間接費予算（公式法変動予算）

変動費率　¥400

固定費予算額　¥2,640,000

基準操業度(直接作業時間)　3,300時間

(4) 高原製作所の下記の勘定記録と資料により，次の金額を求めなさい。ただし，会計期間は原価計算期間と一致している。なお，製造間接費配賦差異勘定は売上原価に振り替える。

a．製造直接費　　b．製造間接費の実際発生額　　c．売上原価

仕　掛　品

前期繰越	735,000	製　品	7,248,000
素　材	(　　)	次期繰越	(　　)
賃　金	2,896,000		
外注加工賃	(　　)		
製造間接費	(　　)		
	(　　)		(　　)

製　造　間　接　費

工場消耗品	168,000	仕掛品	(　　)
賃　金	(　　)		
給　料	346,000		
電力料	(　　)		
減価償却費	190,000		
製造間接費配賦差異	5,000		
	(　　)		(　　)

資　料

①	素　材	期首棚卸高	¥356,000	当期仕入高	¥2,568,000
		期末棚卸高	¥407,000		
②	賃　金	前期未払高	¥286,000	当期支払高	¥3,140,000
		当期未払高	¥329,000		
③	外注加工賃	前期前払高	¥ 82,000	当期支払高	¥ 263,000
		当期未払高	¥ 68,000		
④	電力料	当期支払高	¥165,000	当期測定高	¥ 167,000
⑤	製　品	期首棚卸高	¥780,000	期末棚卸高	¥ 630,000

(5) 次の文の［　　］のなかに，下記の語群のなかから，もっとも適当なものを選び，その番号を記入しなさい。

製造原価を計算する手続きの第1段階は，原価要素を材料費・労務費・経費に分けて製品を製造するためにそれぞれいくら消費したかを計算する。これを原価の［　　］という。

1．費目別計算　　2．部門別計算　　3．製品別計算

2 島田製作所は，組別総合原価計算を採用し，A組製品とB組製品を製造している。次の資料によって，組別総合原価計算表とB組仕掛品勘定および組間接費勘定を完成しなさい。

ただし，ⅰ　組間接費は直接材料費を基準として配賦する。

ⅱ　素材は製造着手のときにすべて投入され，加工費は製造の進行に応じて消費されるものとする。

ⅲ　月末仕掛品原価の計算は先入先出法による。

資　　料

a．当月製造費用

	A　組	B　組	組間接費
材料費	¥4,650,000	¥3,100,000	¥1,700,000
労務費	¥1,283,000	¥ 756,000	¥ 864,000
経　費	¥ 547,000	¥ 529,000	¥ 536,000

b．生産データ

	A　組		B　組	
月初仕掛品	300個	（加工進捗度55％）	500個	（加工進捗度40％）
当月投入	3,100個		5,000個	
合　計	3,400個		5,500個	
月末仕掛品	400個	（加工進捗度60％）	500個	（加工進捗度50％）
完成品	3,000個		5,000個	

3 個別原価計算を採用している西山工業株式会社の下記の資料によって，次の各問いに答えなさい。

(1) 1月31日①と⑨の取引の仕訳を示しなさい。

(2) 素材勘定・仕掛品勘定・第2製造部門費勘定に必要な記入をおこない，締め切りなさい。なお，勘定記入は日付・相手科目・金額を示すこと。

(3) A製品（製造指図書＃1）とB製品（製造指図書＃2）の原価計算表を作成しなさい。

(4) 1月中の実際平均賃率を求めなさい。

ただし，ⅰ 前月繰越高は，次のとおりである。

素　　材　100個　@¥5,600　¥ 560,000

工場消耗品　180〃　〃〃 150　¥ 27,000

仕　掛　品（製造指図書＃1）　¥1,909,000（原価計算表に記入済み）

ⅱ 素材の消費高の計算は移動平均法，工場消耗品の消費数量の計算は棚卸計算法によっている。

ⅲ 賃金の消費高は，作業時間1時間につき ¥1,350 の予定賃率を用いて計算し，消費賃金勘定を設けて記帳している。

ⅳ 製造間接費は部門別計算をおこない，直接作業時間を配賦基準として予定配賦している。

	第1製造部門	第2製造部門
年間製造間接費予定額（予算額）	¥6,240,000	¥5,040,000
年間予定直接作業時間（基準操業度）	13,000時間	14,000時間

取　　　引

1月 6日 素材および工場消耗品を次のとおり買い入れ，代金は掛けとした。

素　　材　400個　@¥5,500　¥2,200,000

工場消耗品　600〃　〃〃 150　¥ 90,000

11日 B製品（製造指図書＃2）の注文を受け，素材350個を消費して製造を開始した。

25日 A製品（製造指図書＃1）80個が完成した。なお，A製品の賃金予定消費高と製造部門費予定消費高を，次の作業時間によって計算し，原価計算表に記入した。ただし，賃金予定消費高と製造部門費予定消費高を計上する仕訳は，月末におこなっている。

製造指図書＃1　1,300時間（第1製造部門500時間　第2製造部門800時間）

31日 ① 工場消耗品の月末棚卸数量は300個であった。よって，消費高を計上した。（間接材料）

② 当月の作業時間は，次のとおりであった。よって，当月の賃金予定消費高を計上した。

		合計　内訳	第1製造部門	第2製造部門
直接作業時間	製造指図書＃1	1,300時間	500時間	800時間
	製造指図書＃2	800時間	600時間	200時間
間接作業時間		200時間		

③ 上記②の直接作業時間によって，製造部門費を予定配賦した。

④ 健康保険料の事業主負担分 ¥97,000 を計上した。

⑤ 当月の製造経費消費高を次のとおり計上した。

電　力　料　¥136,000　保　険　料　¥74,000　減価償却費　¥302,000

⑥ 製造間接費を次のように各部門に配分した。

第1製造部門　¥477,000　第2製造部門　¥344,000

動　力　部　門　¥ 80,000　修　繕　部　門　¥ 50,000

⑦ 補助部門費を次の配賦基準によって，直接配賦法で各製造部門に配賦した。

	配賦基準	第1製造部門	第2製造部門
動力部門費	kW数×運転時間数	20kW×350時間	10kW×300時間
修繕部門費	修繕回数	2回	3回

⑧ 当月の賃金実際消費高 ¥3,174,000 を計上した。

⑨ 賃金の予定消費高と実際消費高との差額を，賃率差異勘定に振り替えた。

⑩ 第1製造部門費の配賦差異を，製造部門費配賦差異勘定に振り替えた。

⑪ 第2製造部門費の配賦差異を，製造部門費配賦差異勘定に振り替えた。

4 下記の取引の仕訳を示しなさい。ただし，勘定科目は，次のなかからもっとも適当なものを使用すること。

当座預金	製品	1級製品	2級製品
第1工程半製品	副産物	仕損品	健康保険料預り金
売上原価	減価償却費	仕損費	仕掛品
製造間接費	第1製造部門費	第2製造部門費	動力部門費
工場事務部門費	材料消費価格差異	本社	工場

a．単純総合原価計算を採用している那須工業株式会社は，月末に工場の機械に対する減価償却費の月割額を消費高として計上した。ただし，1年分の減価償却費は ¥288,000 である。

b．個別原価計算を採用している横手工業株式会社では，補助部門費を次の配賦基準によって各製造部門に配賦した。ただし，部門費配分表に集計された補助部門費の金額は，動力部門費 ¥612,000 工場事務部門費 ¥264,000 であった。

	配賦基準	第1製造部門	第2製造部門
動力部門費	kW数×運転時間数	50kW×400時間	20kW×500時間
工場事務部門費	従業員数	5人	3人

c．工場会計が独立している奄美産業株式会社の本社は，工場の従業員に対する健康保険料 ¥754,000 を小切手を振り出して支払った。ただし，健康保険料のうち半額は事業主負担分であり，半額は従業員負担分である。なお，健康保険料預り金勘定は本社にのみ設けてある。(本社の仕訳)

d．白川製作所は，会計期末にあたり，材料消費価格差異勘定の残高を売上原価勘定に振り替えた。なお，材料消費価格差異勘定の前月繰越高は ¥17,000（借方）であり，当月の素材の実際消費高は予定消費高より ¥5,000 少なく，この額は材料消費価格差異勘定に振り替えられている。

e．個別原価計算を採用している白州製作所は，補修指図書＃7-1に集計された製造原価 ¥156,000 を仕損費勘定に計上していたが，本日，これを製造指図書＃7に賦課した。

第５回　簿記実務検定１級模擬試験問題　原価計算

解答上の注意

1　解答にあたえられた時間は90分です。試験開始後の途中退室はできません。

2　問題は全部で４問あります。

3　解答はすべて別紙解答用紙に記入しなさい。　解答用紙　p.113

●学習振り返りシート（模擬問題を解いた後に記入して，チェックボックス（□）に印をつけましょう。）

第１問　適語選択・計算の問題

小分類	出題内容・つまずいたポイント	点　数	チェック
(1)		点	□
(2)		点	□
(3)		点	□
(4)		点	□

第２問　総合原価計算の問題

小分類	出題内容・つまずいたポイント	点　数	チェック
			□
			□
		点	□

第３問　個別原価計算の問題

小分類	出題内容・つまずいたポイント	点　数	チェック
			□
			□
			□
			□
			□
		点	□

第４問　仕訳の問題

小分類	出題内容・つまずいたポイント	点　数	チェック
a.		点	□
b.		点	□
c.		点	□
d.		点	□
e.		点	□

合　計　点　数
（　　　　　／100　）

1 次の各問いに答えなさい。

(1) 標準原価計算を採用している中澤工業株式会社の当月における下記の資料から，次の金額を求めなさい。

a．月末仕掛品の標準原価　　b．材料消費数量差異　　c．賃率差異　　d．能率差異

ただし，i　直接材料は製造着手のときにすべて投入されるものとする。

ii　能率差異は，変動費能率差異と固定費能率差異を合計すること。

iii　解答欄の（　　）のなかに不利差異の場合は（不利），有利差異の場合は（有利）と記入すること。

資　　料

① 標準原価カード

A製品　　標準原価カード

	標準消費数量	標準単価	金額
直接材料費	4kg	¥500	¥2,000
	標準直接作業時間	標準賃率	
直接労務費	4時間	¥800	¥3,200
	標準直接作業時間	標準配賦率	
製造間接費	4時間	¥700	¥2,800
	製品1個あたりの標準原価		¥8,000

② 生産データ

月初仕掛品	400個	（加工進捗度50％）
当月投入	1,300個	
合計	1,700個	
月末仕掛品	500個	（加工進捗度40％）
完成品	1,200個	

③ 実際直接材料費

実際消費数量	5,100kg
実際単価	¥490

④ 実際直接労務費

実際直接作業時間	4,900時間
実際賃率	¥820

⑤ 製造間接費予算（公式法変動予算）

変動費率	¥300
固定費予算額	¥1,980,000
基準操業度(直接作業時間)	4,950時間

(2) 小山工業株式会社において，G製品を販売価格 @¥1,200 で500個製造・販売したときの直接原価計算による損益計算書は下記のとおりである。よって，次の金額または数量を求めなさい。

a．販売数量が2倍になったときの営業利益　　b．損益分岐点の売上高

c．目標営業利益 ¥420,000 を達成するための販売数量

小山工業株式会社　　損益計算書

Ⅰ 売上高		600,000
Ⅱ 変動売上原価		240,000
変動製造マージン		360,000
Ⅲ 変動販売費		120,000
貢献利益		240,000
Ⅳ 固定費		
1．固定製造間接費	120,000	
2．固定販売費及び一般管理費	60,000	180,000
営業利益		60,000

(3) 島根製作所における下記の資料により，製造原価報告書に記載する次の金額を求めなさい。

a．当期労務費　　b．当 期 経 費　　c．当期製品製造原価

資　　料

① 素　　材　当期予定消費高 ¥□　当期実際消費高 ¥703,000
予定価格を用いており，材料消費価格差異 ¥6,000（貸方残高）がある。

② 工場消耗品　期首棚卸高 ¥ 28,000　当期仕入高 ¥250,000　期末棚卸高 ¥ 32,000

③ 賃　　金　前期未払高 ¥ 24,000　当期支払高 ¥620,000　当期未払高 ¥ 60,000

④ 給　　料　当期消費高 ¥160,000

⑤ 外注加工賃　前期前払高 ¥ 42,000　当期支払高 ¥230,000　当期前払高 ¥ 40,000

⑥ 電 力 料　当期支払高 ¥191,000　当期測定高 ¥194,000

⑦ 減価償却費　当期消費高 ¥260,000

⑧ 仕 掛 品　期首棚卸高 ¥200,000　期末棚卸高 ¥230,000

⑨ 当期中に副産物が発生し，その評価額 ¥40,000 は製造原価から差し引く。

(4) 単純総合原価計算を採用している岩田工業株式会社の次の資料から，月末仕掛品原価を求めなさい。

ただし，i　素材は製造着手のときにすべて投入され，加工費は製造の進行に応じて消費されるものとする。

ii　月末仕掛品原価の計算は先入先出法による。

iii　正常減損は製造工程の終点で発生しており，正常減損費は完成品のみに負担させる。

資　　料

① 生 産 デ ー タ

月初仕掛品　500kg（加工進捗度50%）
当 月 投 入　3,100kg
合　計　3,600kg
月末仕掛品　450kg（加工進捗度40%）
正 常 減 損　□kg
完 成 品　3,100kg

② 月初仕掛品原価

素 材 費　¥ 538,000
加 工 費　¥ 630,000

③ 当月製造費用

素 材 費　¥4,650,000
加 工 費　¥8,624,000

2 岩手製作所は工程別総合原価計算を採用し，A製品を製造している。下記の資料によって，

(1) 工程別総合原価計算表を完成しなさい。

(2) 第2工程の月末仕掛品原価に含まれる前工程費を答えなさい。

(3) 第1工程半製品勘定を完成しなさい。

ただし，i　第1工程の完成品原価は，すべて第1工程半製品勘定に振り替えている。

ii　素材は製造着手のときにすべて投入され，第1工程の完成品は第2工程の始点で投入されるものとする。

iii　加工費は第1工程・第2工程ともに製造の進行に応じて消費されるものとする。

iv　月末仕掛品原価の計算は平均法による。

資　　料

a．生 産 デ ー タ

	第1工程		第2工程	
月初仕掛品	400個	（加工進捗度50％）	500個	（加工進捗度50％）
当月投入	2,100個		1,700個	
合　計	2,500個		2,200個	
月末仕掛品	500個	（加工進捗度40％）	300個	（加工進捗度60％）
完成品	2,000個		1,900個	

b．当月製造費用

① 工程個別費および補助部門個別費

費　目	第1工程	第2工程	補助部門
素 材 費	¥5,425,000	―――	―――
労 務 費	¥2,650,000	¥3,870,000	¥913,000
経　　費	¥　386,000	¥　658,000	¥　67,000

② 部門共通費を次のとおり配賦する。

第1工程　¥485,000　　第2工程　¥796,000　　補助部門　¥80,000

③ 補助部門費を第1工程に40％，第2工程に60％の割合で配賦する。

c．月初仕掛品原価

第1工程　¥1,420,000（素 材 費　¥1,075,000　　加 工 費　¥345,000）

第2工程　¥3,264,000（前工程費　¥2,360,000　　加 工 費　¥904,000）

d．当月中に第1工程半製品1,700個を次工程に引き渡し，300個を外部に販売した。なお，払出単価（原価）は ¥4,500 である。

3 個別原価計算を採用している大分製作所の下記の資料によって，次の各問いに答えなさい。

(1) 1月31日の①と⑩の取引の仕訳を示しなさい。

(2) 素材勘定・製造間接費勘定・第2製造部門費勘定に必要な記入をおこない，締め切りなさい。なお，勘定記入は日付・相手科目・金額を示すこと。

(3) A製品（製造指図書#1）とB製品（製造指図書#2）の原価計算表を作成しなさい。

ただし，i 前月繰越高は，次のとおりである。

素　　材　　60個　＠¥5,600　¥ 336,000
工場消耗品　200〃　〃〃 250　¥ 50,000
仕　掛　品（製造指図書#1）　¥2,051,000（原価計算表に記入済み）

ii 素材の消費高の計算は先入先出法，工場消耗品の消費数量の計算は棚卸計算法によっている。

iii 賃金の消費高は，作業時間1時間につき ¥1,200 の予定賃率を用いて計算し，消費賃金勘定を設けて記帳している。

iv 製造間接費は部門別計算をおこない，直接作業時間を配賦基準として予定配賦している。

	第1製造部門	第2製造部門
年間製造間接費予定額（予算額）	¥6,336,000	¥4,480,000
年間予定直接作業時間（基準操業度）	13,200時間	14,000時間

取　　引

1月 6日 素材および工場消耗品を次のとおり買い入れ，代金は現金で支払った。

素　　材　　450個　＠¥5,500　¥2,475,000
工場消耗品　600〃　〃〃 250　¥ 150,000

11日 B製品（製造指図書#2）の注文を受け，素材400個を消費して製造を開始した。

25日 賃金を次のとおり小切手を振り出して支払った。

賃金総額　¥3,280,000
うち，控除額　所得税 ¥227,000　健康保険料 ¥187,000

26日 電力料 ¥145,000 を現金で支払った。

31日 ① 工場消耗品の月末棚卸数量は300個であった。よって，消費高を計上した。（間接材料）

② 当月の賃金予定消費高を次の作業時間によって計上した。

製造指図書#1　1,600時間　製造指図書#2　1,100時間　間接作業　250時間

③ 健康保険料の事業主負担分 ¥187,000 を計上した。

④ 当月の製造経費消費高を次のとおり計上した。

電力料 ¥138,000　保険料 ¥75,000　減価償却費 ¥232,000

⑤ 当月の直接作業時間は次のとおりであった。よって，製造部門費を予定配賦した。

		第1製造部門	第2製造部門
直接作業時間	製造指図書#1	400時間	1,200時間
	製造指図書#2	800時間	300時間

⑥ 製造間接費を次のように各部門に配分した。

第1製造部門 ¥472,000　第2製造部門 ¥415,000
動力部門 ¥110,000　修繕部門 ¥ 60,000

⑦ 補助部門費を次の配賦基準によって，直接配賦法で各製造部門に配賦した。

	配賦基準	第1製造部門	第2製造部門
動力部門費	kW数×運転時間数	20kW×300時間	10kW×200時間
修繕部門費	修繕回数	2回	3回

⑧ A製品（製造指図書#1）40個が完成した。

⑨ 当月の賃金実際消費高を計上した。これにより，当月の実際平均賃率は作業時間1時間につき ¥1,220 となった。

⑩ 予定賃率による消費高と実際平均賃率による消費高との差額を，賃率差異勘定に振り替えた。

⑪ 第1製造部門費の配賦差異を，製造部門費配賦差異勘定に振り替えた。

⑫ 第2製造部門費の配賦差異を，製造部門費配賦差異勘定に振り替えた。

4 下記の取引の仕訳を示しなさい。ただし，勘定科目は，次のなかからもっとも適当なものを使用すること。

売掛金	製品	1級製品	2級製品
A組製品	B組製品	副産物	買入部品
建物	建物減価償却累計額	売上	売上原価
減価償却費	棚卸減耗損	仕掛品	A組仕掛品
B組仕掛品	製造間接費	本社	工場

a．個別原価計算を採用している徳島工業株式会社の月末における買入部品の実地棚卸数量は350個であった。よって，次の買入部品に関する当月の資料にもとづいて，買入部品勘定の残高を修正した。ただし，消費単価の計算は総平均法によっている。

前月繰越高	500個	@¥2,400	¥1,200,000
当月仕入高	1,500〃	〃〃2,800	¥4,200,000
当月消費数量	1,630〃		

b．組別総合原価計算を採用している高原製作所における9月分の原価計算表の金額は，次のとおりであった。よって，各組の完成品原価を計上した。

	A　組	B　組
当月製造費用	¥6,500,000	¥4,200,000
月初仕掛品原価	¥　480,000	¥　368,000
月末仕掛品原価	¥　724,000	¥　536,000

c．等級別総合原価計算を採用している山城工業株式会社の3月分の製品の販売に関する資料は，次のとおりであった。よって，売上高および売上原価を計上した。

	1級製品	2級製品
売上高（掛け）	¥1,120,000	¥　560,000
売上製品原価	¥　782,000	¥　380,000

d．工場会計が独立している栃木工業株式会社の本社は，決算にさいし，建物の減価償却費 ¥1,350,000 を計上した。ただし，このうち ¥620,000 は工場の建物に対するものであり，建物減価償却累計額勘定は本社のみに設けてある。（本社の仕訳）

e．単純総合原価計算を採用している千葉産業株式会社において，製品の完成とともに副産物が発生した。ただし，総合原価は ¥2,180,000 であり，そのうち副産物の評価額は ¥260,000 であった。

第6回　簿記実務検定1級模擬試験問題　原価計算

解答上の注意

1　解答にあたえられた時間は90分です。試験開始後の途中退室はできません。

2　問題は全部で4問あります。

3　解答はすべて別紙解答用紙に記入しなさい。　解答用紙　p.117

●学習振り返りシート（模擬問題を解いた後に記入して，チェックボックス（□）に印をつけましょう。）

第1問　適語選択・計算の問題

小分類	出題内容・つまずいたポイント	点　数	チェック
(1)		点	□
(2)		点	□
(3)		点	□
(4)		点	□

第2問　総合原価計算の問題

小分類	出題内容・つまずいたポイント	点　数	チェック
			□
			□
		点	□

第3問　個別原価計算の問題

小分類	出題内容・つまずいたポイント	点　数	チェック
			□
			□
			□
			□
			□
		点	□

第4問　仕訳の問題

小分類	出題内容・つまずいたポイント	点　数	チェック
a.		点	□
b.		点	□
c.		点	□
d.		点	□
e.		点	□

合　計　点　数
（　　　　／100　）

1 次の各問いに答えなさい。

(1) 個別原価計算を採用している横浜製作所は，製造間接費について公式法変動予算により予算を設定し，予定配賦をおこなっている。下記の資料によって，次の文の [　　] のなかにあてはまる金額を示すとともに { 　 } のなかからいずれか適当な語を選び，その番号を記入しなさい。

当月の実際操業度における操業度差異は ¥ [a] の　b {1．借方差異　2．貸方差異} となる。

資　　料

① 月間の基準操業度（直接作業時間） 2,400時間

② 月間の製造間接費予算額 ¥2,760,000（変動費率 ¥500　固定費予算額 ¥1,560,000）

③ 当月の実際直接作業時間 2,300時間

④ 当月の実際製造間接費発生額 ¥2,780,000

(2) 横田製作所では，A製品を1個あたり ¥1,500 で販売している。この製品を3,000個製造・販売したときの全部原価計算および直接原価計算における損益計算書は下記のとおりである。よって，直接原価計算による次の金額または数量を求めなさい。ただし，月初・月末の仕掛品および製品はなかった。

a．損益分岐点の売上高　　　b．営業利益を2倍にするための販売数量

c．変動製造マージン（ア）の金額

資　　料

（全部原価計算による）

横田製作所　損益計算書　（単位：円）

Ⅰ 売　上　高	4,500,000
Ⅱ 売 上 原 価	2,860,000
売上総利益	1,640,000
Ⅲ 販売費及び一般管理費	1,412,000
営 業 利 益	228,000

（直接原価計算による）

横田製作所　損 益 計 算 書　（単位：円）

Ⅰ 売　上　高		4,500,000
Ⅱ 変動売上原価		(　　　)
変動製造マージン		(　ア　)
Ⅲ 変 動 販 売 費		(　　　)
貢 献 利 益		1,710,000
Ⅳ 固　定　費		
1．固定製造間接費	1,240,000	
2．固定販売費及び一般管理費	242,000	1,482,000
営 業 利 益		228,000

(3) 三田工業株式会社の下記の勘定記録と資料により，次の金額を求めなさい。ただし，会計期間は原価計算期間と一致しているものとする。なお，製造間接費配賦差異は売上原価に振り替える。

a．材料の実際消費高　　b．間接労務費の実際発生額　　c．売上原価

仕　掛　品

前期繰越	377,000	製品	10,107,000
素材	(　　　)	次期繰越	(　　　)
賃金	3,600,000		
外注加工賃	352,000		
製造間接費	(　　　)		
	(　　　)		(　　　)

製　造　間　接　費

素材	228,000	仕掛品	(　　　)
工場消耗品	(　　　)	製造間接費配賦差異	(　　　)
賃金	(　　　)		
給料	1,270,000		
退職給付費用	354,000		
健康保険料	136,000		
水道料	(　　　)		
減価償却費	164,000		
	(　　　)		(　　　)

資　　料

① 素　材　期首棚卸高 ¥ 600,000　当期仕入高 ¥3,500,000　期末棚卸高 ¥ 642,000

② 工場消耗品　期首棚卸高 ¥ 28,000　当期仕入高 ¥ 249,000　期末棚卸高 ¥ 32,000

③ 賃　金　実際平均賃率　作業時間/時間につき ¥900

直接作業時間4,000時間　間接作業時間320時間

④ 水道料　基本料金 ¥ 13,000

当期使用量 1,800m³　単価/m³あたり¥130

水道料の計算方法は，基本料金に当期使用料を加算して求める。

⑤ 仕掛品　期首棚卸高 ¥ 377,000　期末棚卸高 ¥ 372,000

⑥ 製　品　期首棚卸高 ¥ 851,000　期末棚卸高 ¥ 922,000

⑦ 製造間接費配賦額は，直接作業時間/時間につき ¥730 の予定配賦率を用いている。

(4) 標準原価計算を採用している中村工業株式会社の当月における下記の資料から，次の金額を求めなさい。

a．完成品の標準原価　　b．材料消費価格差異　　c．作業時間差異

ただし，i　直接材料は製造着手のときにすべて投入されるものとする。

ii　解答欄の（　　）のなかに不利差異の場合は（不利），有利差異の場合は（有利）と記入すること。

資　　料

① 標準原価カード

A製品　標準原価カード

	標準消費数量	標準単価	金額
直接材料費	3kg	¥ 600	¥1,800
	標準直接作業時間	標準賃率	
直接労務費	2時間	¥1,000	¥2,000
	標準直接作業時間	標準配賦率	
製造間接費	2時間	¥1,200	¥2,400
	製品/個あたりの標準原価		¥6,200

② 生産データ

月初仕掛品	200個	(加工進捗度50%)
当月投入	1,500個	
合計	1,700個	
月末仕掛品	100個	(加工進捗度60%)
完成品	1,600個	

③ 実際直接材料費

実際消費数量　4,600kg

実際単価　¥ 620

④ 実際直接労務費

実際直接作業時間　3,200時間

実際賃率　¥1,050

2 浜松製作所は，単純総合原価計算によって総合原価を計算したあと，等級別製品の原価を計算している。下記の資料によって，次の各問いに答えなさい。

(1) 仕掛品勘定を完成しなさい。

(2) 等級別総合原価計算表を完成しなさい。

(3) 2級製品勘定を完成しなさい。

ただし，i　等級別製品は，1級製品・2級製品・3級製品を製造している。

ii　等価係数は，各製品の1個あたりの重量による。

iii　等級別製品の払出単価の計算方法は，先入先出法による。

資　　料

a．月初仕掛品原価　　素材費　¥820,000　　加工費　¥342,000

b．当月製造費用（一部）

修繕料　　前月未払高　¥5,000　　当月支払高　¥73,000　　当月未払高　¥7,000

c．当月完成品総合原価　　¥7,600,000

d．等級別製品データ

製品	1個あたりの重量	当月完成品数量	当月販売数量	月初製品棚卸高		月末製品棚卸高	
				数　量	単　価	数　量	単　価
1級製品	400 g	3,500個	3,200個	600個	¥760	900個	¥(　　)
2級製品	200 g	5,000個	4,900個	1,000個	¥450	1,100個	¥(　　)
3級製品	100 g	14,000個	16,000個	3,200個	¥180	1,200個	¥(　　)

3 個別原価計算を採用している新潟製作所の下記の取引（一部）によって，次の各問いに答えなさい。

(1) 6月30日①の取引の仕訳を示しなさい。

(2) 消費賃金勘定・仕掛品勘定・製造間接費勘定に必要な記入をおこない，締め切りなさい。なお，勘定記入は日付・相手科目・金額を示すこと。

(3) A製品（製造指図書＃1）の原価計算表を作成しなさい。

ただし，i　前月繰越高は，次のとおりである。

素　　材	200個	@¥2,800	¥ 560,000	
工場消耗品	250〃	〃〃 60	¥ 15,000	
仕　掛　品（製造指図書＃1）			¥2,155,000	（原価計算表に記入済み）

ii　素材の消費高の計算は移動平均法，工場消耗品の消費数量の計算は棚卸計算法によっている。

iii　賃金の消費高の計算には，作業時間1時間につき ¥1,500 の予定賃率を用いて計算し，消費賃金勘定を設けて記帳している。

iv　製造間接費は直接作業時間を配賦基準として予定配賦している。

年間製造間接費予定額（予算額）	¥12,000,000
年間予定直接作業時間（基準操業度）	30,000時間

v　製造間接費勘定を設けている。

(4) 製造間接費配賦差異における次の資料から，予算差異の金額を求めなさい。なお，解答欄の（　　）のなかは借方差異の場合は借方，貸方差異の場合は貸方を○で囲むこと。

資　　料

a．製造間接費については公式法変動予算により予算を設定して予定配賦をおこなっている。

b．月間の基準操業度（直接作業時間）は2,500時間である。

c．月間の製造間接費予算額は ¥1,000,000（変動費率¥280　固定費予算額¥300,000）である。

d．当月の実際直接作業時間は2,400時間であった。

e．当月の実際製造間接費発生額は ¥942,000 であった。

取　　引（一部）

6月 6日　素材および工場消耗品を次のとおり買い入れ，代金は掛けとした。

素　　材	600個	@¥3,000	¥1,800,000
工場消耗品	800〃	〃〃 60	¥ 48,000

11日　B製品（製造指図書＃2）の注文を受け，素材600個を消費して製造を開始した。

25日　賃金を次のとおり小切手を振り出して支払った。

賃金総額　¥3,880,000

うち，控除額　所得税　¥245,000　健康保険料　¥136,000

26日　A製品（製造指図書＃1）250個が完成した。なお，A製品の賃金予定消費高と製造間接費予定配賦高を，次の作業時間によって計算し，原価計算表に記入した。ただし，賃金予定消費高と製造間接費予定配賦高を計上する仕訳は，月末におこなっている。

製造指図書＃1　1,300時間

30日　① 工場消耗品の月末棚卸数量は200個であった。よって，消費高を計上した。（間接材料）

② 当月の賃金予定消費高を次の作業時間によって計上した。ただし，消費賃金勘定を設けている。

製造指図書＃1　1,300時間　製造指図書＃2　1,100時間　間接作業　200時間

③ 健康保険料の事業主負担分 ¥136,000 を計上した。

④ 当月の製造経費消費高を次のとおり計上した。

外注加工賃	¥154,000（製造指図書＃2）	電　力　料	¥168,000
減価償却費	¥263,000	雑　　費	¥ 24,000

⑤ 上記②の直接作業時間によって，製造間接費を予定配賦した。

⑥ 当月の賃金実際消費高 ¥3,925,000 を計上した。

⑦ 賃金の予定消費高と実際消費高との差額を，賃率差異勘定に振り替えた。

⑧ 製造間接費の予定配賦高と実際発生額との差額を，製造間接費配賦差異勘定に振り替えた。

4 下記の取引の仕訳を示しなさい。ただし，勘定科目は，次のなかからもっとも適当なものを使用すること。

当座預金	製品	A組製品	B組製品
仕損品	第1工程半製品	素材	所得税預り金
健康保険料預り金	従業員賞与手当	仕損費	仕掛品
A組仕掛品	B組仕掛品	第1工程仕掛品	第2工程仕掛品
組間接費	売上原価	本社	工場

a．単純総合原価計算を採用している新橋産業株式会社は，月末に工場の従業員に対する賞与の月割額を計上した。なお，半年分の賞与の支払予定額は ¥2,880,000 である。

b．組別総合原価計算を採用している富山製作所は，組間接費を各組の組直接費を基準として配賦率を求め，A組とB組に配賦した。なお，当月の製造費用は次のとおりである。

	A組直接費	B組直接費	組間接費
材料費	¥ 400,000	¥ 680,000	¥ 140,000
労務費	¥2,240,000	¥3,420,000	¥ 520,000
経費	¥ 120,000	¥ 140,000	¥ 740,000

c．工程別総合原価計算を採用している広島製作所は，月末に工程別総合原価計算表を作成し，各工程の完成品原価を次のとおり計上した。ただし，各工程の完成品はすべていったん倉庫に保管しており，当月中に倉庫から第2工程（最終工程）に投入した第1工程の完成品原価は ¥2,060,000 である。なお，当社では，第1工程の完成品原価をすべて第1工程半製品勘定に振り替えている。

第1工程　¥4,280,000　　第2工程　¥3,470,000

d．工場会計が独立している山梨工業株式会社の本社は，工場の従業員の賃金 ¥1,850,000 について，所得税額 ¥136,000 および健康保険料 ¥73,000 を控除した正味支払額を小切手を振り出して支払った。ただし，所得税預り金勘定および健康保険料預り金勘定は本社のみに設けてある。（本社の仕訳）

e．個別原価計算を採用している山形製作所において，製造指図書＃12の製品全部が仕損じとなり，新たに製造指図書＃12-1を発行し代品の製造を開始したので，本日，仕損費を計上した。ただし，製造指図書＃12に集計された製造原価は ¥750,000 であり，仕損品の評価額は ¥63,000 である。

第７回　簿記実務検定１級模擬試験問題　原価計算

解答上の注意

1　解答にあたえられた時間は90分です。試験開始後の途中退室はできません。

2　問題は全部で４問あります。

3　解答はすべて別紙解答用紙に記入しなさい。　解答用紙　p.121

●学習振り返りシート（模擬問題を解いた後に記入して，チェックボックス（□）に印をつけましょう。）

第１問　適語選択・計算の問題

小分類	出題内容・つまずいたポイント	点　数	チェック
(1)		点	□
(2)		点	□
(3)		点	□
(4)		点	□
(5)		点	□

第２問　総合原価計算の問題

小分類	出題内容・つまずいたポイント	点　数	チェック
			□
			□
		点	□

第３問　個別原価計算の問題

小分類	出題内容・つまずいたポイント	点　数	チェック
			□
			□
			□
			□
			□
		点	□

第４問　仕訳の問題

小分類	出題内容・つまずいたポイント	点　数	チェック
a.		点	□
b.		点	□
c.		点	□
d.		点	□
e.		点	□

合　計　点　数
（　　　　／100　）

1 次の各問いに答えなさい。

(1) 山形製作所の下記の資料により，製造原価報告書および損益計算書に記載する次の金額を求めなさい。なお，材料消費価格差異および賃率差異は売上原価に振り替える。

a．当期材料費　　b．当 期 経 費　　c．期末仕掛品棚卸高　　d．売 上 原 価

資　　料

① 素　　材　当期予定消費高　¥1,450,000
　　　　　　期首棚卸高　¥　123,000　当期仕入高　¥1,474,000　期末棚卸高　¥143,000
② 工場消耗品　期首棚卸高　¥　28,000　当期仕入高　¥　245,000　期末棚卸高　¥　37,000
③ 賃　　金　当期予定消費高　¥2,480,000
　　　　　　予定賃率を用いており，賃率差異¥11,000（貸方残高）がある。
④ 給　　料　当期消費高　¥　270,000
⑤ 外注加工賃　前期未払高　¥　28,000　当期支払高　¥　143,000　当期未払高　¥　33,000
⑥ 電 力 料　当期支払高　¥　345,000　当期測定高　¥　355,000
⑦ 減価償却費　当期消費高　¥　420,000
⑧ 仕 掛 品　期首棚卸高　¥　860,000　期末棚卸高　¥□
⑨ 当期製品製造原価　¥5,264,000
⑩ 製　　品　期首棚卸高　¥1,480,000　期末棚卸高　¥1,360,000

(2) 神戸工業株式会社は，直接原価計算をおこない利益計画をたてている。下記の資料から，次の金額を求めなさい。

a．販売数量が1,500個のときの貢献利益　　b．損益分岐点の売上高
c．目標営業利益 ¥584,000 を達成するための売上高

資　　料

① 販 売 価 格　@¥800
② 変動売上原価　@¥480
③ 変動販売費　@¥ 64
④ 固　定　費　¥216,000

(3) 標準原価計算を採用している沼津工業株式会社の当月における下記の資料から，次の金額を求めなさい。

a．月末仕掛品の標準原価　　b．材料消費価格差異　　c．作業時間差異

ただし，i　直接材料は製造着手のときにすべて投入されるものとする。

ii　解答欄の（　　）のなかに不利差異の場合は（不利），有利差異の場合は（有利）と記入すること。

資　　料

① 標準原価カード

A製品　　標準原価カード

	標準消費数量	標準単価	金　額
直接材料費	3kg	¥ 600	¥1,800
	標準直接作業時間	標準賃率	
直接労務費	3時間	¥1,200	¥3,600
	標準直接作業時間	標準配賦率	
製造間接費	3時間	¥1,000	¥3,000
	製品1個あたりの標準原価		¥8,400

② 生産データ

月初仕掛品	500個	（加工進捗度40％）
当月投入	1,500個	
合　計	2,000個	
月末仕掛品	400個	（加工進捗度50％）
完成品	1,600個	

③ 実際直接材料費　¥2,668,000

実際消費数量　4,600kg

実際単価　¥580

④ 実際直接労務費

実際直接作業時間　4,900時間

(4) 次の各文の［　　　］のなかに，下記の語群のなかから，もっとも適当なものを選び，その番号を記入しなさい。

a．経費は，消費高の計算方法の違いによって，その月の支払高を消費高とする支払経費，総額を月数で割って計算した額を消費高とする月割経費，計量器などで測定した額を消費高とする［　ア　］の3つに分けられる。

b．製造直接費は，特定の製品を製造するためにだけ消費され，その製品の原価として直接集計することができる。なお，製造直接費を特定の製品に集計する手続きを［　イ　］という。

1．配　　賦　　2．測定経費　　3．計測経費　　4．賦　　課　　5．間接経費

(5) 日田製作所における次の等級別総合原価計算表の（ア）と（イ）に入る金額を求めなさい。ただし，等価係数は，各製品の1個あたりの重量を基準としている。

等級別総合原価計算表

令和○年1月分

等級別製品	重　量	等価係数	完成品数量	積　数	等級別製造原価	製品単価
1級製品	200g	（　）	400個	（　）	（ア）	¥（　）
2級製品	160〃	4	（　）〃	（　）	（　）	〃 1,200
3級製品	120〃	3	（　）〃	（　）	180,000	〃（イ）
				3,800	1,140,000	

2 福井工業株式会社は，組別総合原価計算を採用し，A組製品とB組製品を製造している。次の資料によって，組別総合原価計算表とA組仕掛品勘定および組間接費勘定を完成しなさい。

ただし，i　組間接費は直接作業時間を基準として配賦する。

ii　素材は製造着手のときにすべて投入され，加工費は製造の進行に応じて消費されるものとする。

iii　月末仕掛品原価の計算は先入先出法による。

iv　仕損じは製造工程の終点で発生しており，仕損費は完成品のみに負担させる。なお，仕損品の評価額は零（0）である。

資　　料

a．月初仕掛品原価

A組　¥1,255,000（素材費　¥858,000　　加工費　¥397,000）

B組　¥　588,000（素材費　¥330,000　　加工費　¥258,000）

b．当月製造費用

	A　組	B　組	組間接費
素　材　費	¥3,445,000	¥4,014,000	¥　150,000
労　務　費	¥3,050,000	¥2,758,000	¥　270,000
経　　費	¥　460,000	¥　350,000	¥　380,000

c．生産データ

	A　組	B　組
月初仕掛品	1,200個（加工進捗度50％）	600個（加工進捗度50％）
当月投入	5,300個	4,460個
合　　計	6,500個	5,060個
月末仕掛品	1,000個（加工進捗度60％）	500個（加工進捗度40％）
仕　損　じ	—　個	60個
完　成　品	5,500個	4,500個

d．直接作業時間

A組　1,700時間　　　　B組　2,300時間

3 個別原価計算を採用している大宮製作所の下記の資料によって，次の各問いに答えなさい。

(1) 1月12日と27日の取引の仕訳を示しなさい。

(2) 消費賃金勘定・製造間接費勘定・第2製造部門費勘定に必要な記入をおこない，締め切りなさい。なお，勘定記入は日付・相手科目・金額を示すこと。

(3) A製品（製造指図書＃1）の原価計算表を作成しなさい。

(4) 部門費振替表を相互配賦法によって完成しなさい。

ただし，i 前月繰越高は，次のとおりである。

素　　材　220個　@¥2,300　¥ 506,000

工場消耗品　300〃　〃〃 110　¥ 33,000

仕　掛　品（製造指図書＃1）　¥4,560,000（原価計算表に記入済み）

ii 素材の消費高の計算は先入先出法，工場消耗品の消費数量の計算は棚卸計算法によっている。

iii 賃金の消費高の計算には，作業時間1時間につき¥1,360の予定賃率を用いている。

iv 製造間接費は部門別計算をおこない，直接作業時間を配賦基準として予定配賦している。

	第1製造部門	第2製造部門
年間製造間接費予定額（予算額）	¥13,065,000	¥10,700,000
年間予定直接作業時間（基準操業度）	20,100時間	21,400時間

取　　　引

1月 6日 素材および工場消耗品を次のとおり買い入れ，代金は掛けとした。

素　　材　1,600個　@¥2,400　¥3,840,000

工場消耗品　1,800〃　〃〃 110　¥ 198,000

12日 B製品（製造指図書＃2）の注文を受け，素材1,500個を消費して製造を開始した。

25日 賃金を次のとおり小切手を振り出して支払った。

賃金総額　¥4,740,000

うち，控除額　所得税　¥482,000　健康保険料　¥294,000

27日 A製品（製造指図書＃1）50個が完成した。なお，A製品の賃金予定消費高と製造部門費予定配賦高を，次の作業時間によって計算し，原価計算表に記入した。ただし，賃金予定消費高と製造部門費予定配賦高を計上する仕訳は，月末におこなっている。

製造指図書＃1　2,500時間（第1製造部門1,200時間　第2製造部門1,300時間）

31日 ① 工場消耗品の月末棚卸数量は200個であった。よって，消費高を計上した。（間接材料）

② 当月の作業時間は次のとおりであった。よって，当月の賃金予定消費高を計上した。

		合計＼内訳	第1製造部門	第2製造部門
直接作業時間	製造指図書＃1	2,500時間	1,200時間	1,300時間
	製造指図書＃2	900時間	580時間	320時間
間接作業時間		300時間		

③ 上記②の直接作業時間によって，製造部門費を予定配賦した。

④ 健康保険料の事業主負担分 ¥294,000 を計上した。

⑤ 当月の製造経費消費高を計上した。

電力料　¥436,000　保険料　¥298,000　減価償却費　¥309,000

⑥ 製造間接費を次のように各部門に配分した。

第1製造部門　¥836,500　第2製造部門　¥613,500

動力部門　¥270,000　修繕部門　¥234,000

⑦ 補助部門費を次の配賦基準によって，各製造部門に配賦した。

	配賦基準	第1製造部門	第2製造部門	動力部門	修繕部門
動力部門費	kW数×運転時間数	20kW×400時間	25kW×200時間	――	10kW×200時間
修繕部門費	修繕回数	5回	3回	1回	――

⑧ 当月の賃金実際消費高 ¥5,070,000 を計上した。

⑨ 賃金の予定消費高と実際消費高との差額を，賃率差異勘定に振り替えた。

⑩ 第1製造部門費の配賦差異を，製造部門費配賦差異勘定に振り替えた。

⑪ 第2製造部門費の配賦差異を，製造部門費配賦差異勘定に振り替えた。

4 下記の取引の仕訳を示しなさい。ただし，勘定科目は，次のなかからもっとも適当なものを使用すること。

当座預金	売掛金	製品	A組製品
B組製品	素材	建物減価償却累計額	売上
売上原価	外注加工賃	特許権使用料	棚卸減耗損
減価償却費	仕掛品	A組仕掛品	B組仕掛品
組間接費	材料消費価格差異	本社	工場

a．単純総合原価計算を採用している裾野工業株式会社では，月末に特許権使用料の月割額を計上した。ただし，1年分の特許権使用料は ¥4,560,000 である。

b．個別原価計算を採用している大津産業株式会社は，次の製品を発注元に発送した。よって，売上高および売上原価を計上した。

	A製品（製造指図書#21）	B製品（製造指図書#22）
売上高（掛け）	¥6,800,000	¥450,000
製造原価	¥4,250,000	¥228,000

c．山城工業株式会社の3月末における素材の実地棚卸高は360kgであった。よって，次の素材に関する3月の資料にもとづいて，素材勘定の残高を修正した。ただし，消費数量は2,000kgである。なお，消費単価の計算は総平均法によっている。

3月1日	前月繰越	400kg	1kgにつき	¥1,550
8日	仕入	600〃	〃	〃1,560
22日	仕入	1,400〃	〃	〃1,580

d．工場会計が独立している福山製作所の本社は，決算にさいし，建物の減価償却費 ¥3,500,000 を計上した。ただし，このうち ¥2,200,000 は工場の建物に対するものであり，建物減価償却累計額勘定は，本社のみに設けてある。（本社の仕訳）

e．最上製作所は，会計期末にあたり，材料消費価格差異勘定の残高を売上原価勘定に振り替えた。なお，材料消費価格差異勘定の前月繰越高は，¥7,000（貸方）であり，当月の素材の実際消費高は予定消費高より ¥9,000 多く，この額は材料消費価格差異勘定に振り替えられている。

第８回　簿記実務検定１級模擬試験問題　原価計算

解答上の注意

1　解答にあたえられた時間は90分です。試験開始後の途中退室はできません。

2　問題は全部で４問あります。

3　解答はすべて別紙解答用紙に記入しなさい。　解答用紙　p.125

●学習振り返りシート（模擬問題を解いた後に記入して，チェックボックス（□）に印をつけましょう。）

第１問　適語選択・計算の問題

小分類	出題内容・つまずいたポイント	点　数	チェック
(1)		点	□
(2)		点	□
(3)		点	□
(4)		点	□

第２問　総合原価計算の問題

小分類	出題内容・つまずいたポイント	点　数	チェック
			□
			□
		点	□

第３問　個別原価計算の問題

小分類	出題内容・つまずいたポイント	点　数	チェック
			□
			□
			□
			□
			□
		点	□

第４問　仕訳の問題

小分類	出題内容・つまずいたポイント	点　数	チェック
a.		点	□
b.		点	□
c.		点	□
d.		点	□
e.		点	□

合　計　点　数
（　　　　／100　）

1 次の各問いに答えなさい。

(1) 標準原価計算を採用している茨城製作所の当月における下記の資料と仕掛品勘定から，次の金額を求めなさい。なお，仕掛品勘定への記入方法は，パーシャルプランによっている。

a．仕掛品勘定の労務費（アの金額）　　b．仕掛品勘定の次月繰越（イの金額）

c．予 算 差 異

ただし，i　直接材料は製造着手のときにすべて投入されるものとする。

ii　解答欄の（　　　）のなかに不利差異の場合は（不利），有利差異の場合は（有利）と記入すること。

資　　料

① 標準原価カード

A製品　**標準原価カード**

	標準消費数量	標準単価	金　額
直接材料費	4kg	¥ 550	¥2,200
	標準直接作業時間	標準賃率	
直接労務費	3時間	¥1,000	¥3,000
	標準直接作業時間	標準配賦率	
製造間接費	3時間	¥1,100	¥3,300
	製品1個あたりの標準原価		¥8,500

仕　掛　品

前月繰越	1,196,000	製　品	(　　　)
材　料	(　　　)	諸　口	53,000
労務費	(　ア　)	次月繰越	(　イ　)
製造間接費	(　　　)		
	(　　　)		(　　　)

② 生産データ

月初仕掛品	200個	（加工進捗度60%）
当月投入	900個	
合　計	1,100個	
月末仕掛品	400個	（加工進捗度50%）
完成品	700個	

③ 実際直接材料費

実際消費数量	3,700kg
実際単価	¥530

④ 実際直接労務費

実際直接作業時間	2,300時間
実際賃率	¥1,020

⑤ 製造間接費実際発生額　¥2,640,000

⑥ 製造間接費予算（公式法変動予算）

変動費率	¥600
固定費予算額	¥1,200,000
基準操業度(直接作業時間)	2,400時間

(2) 二枚橋工業株式会社は，直接原価計算をおこない利益計画をたてている。下記の資料から，次の金額または数量を求めなさい。

a．販売数量が5,000個のときの営業利益　　b．損益分岐点の貢献利益

c．目標営業利益 ¥600,000 を達成するための販売数量

資　　料

① 販売価格　@¥2,500

② 製造費用

変動製造費	@¥600
固定製造間接費	¥2,500,000

③ 販売費及び一般管理費

変動販売費	@¥300
固定販売費及び一般管理費	¥1,300,000

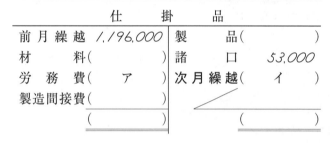

(3)　山口工業株式会社は，等級別総合原価計算を採用し，1級製品と2級製品を製造している。なお，同社では，単純総合原価計算によって，総合原価を計算した後，等級別製品の計算をおこなっている。下記の資料によって，次の金額を求めなさい。ただし，等価係数は，各製品の重量による。

　a．当月完成品総合原価　　　b．2級製品製造原価

資　　料

　i　月初仕掛品原価　　¥1,212,600

　ii　当月製造費用

　①　材　料　費

　　素　　　材　　月初棚卸高 ¥816,000　当月仕入高 ¥5,148,000　月末棚卸高 ¥639,000

　　工場消耗品　　月初棚卸高 ¥124,800　当月仕入高 ¥　336,000　月末棚卸高 ¥134,400

　②　労　務　費

　　賃　　　金　　前月未払高 ¥771,000　当月支払高 ¥5,172,000　当月未払高 ¥555,000

　　従業員賞与手当　当月月割高 ¥144,000

　③　経　　　費　　当月消費高 ¥968,000

　iii　月末仕掛品原価　　¥2,692,000

　iv　各製品の重量と等級別完成品数量

等級別製品	1個あたりの重量	完成品数量
1　級　製　品	180 g	1,600個
2　級　製　品	120 g	800個

(4)　次の文の［　　　］にあてはまるもっとも適当な語を，下記の語群のなかから選び，その番号を記入しなさい。

　標準原価計算において，各原価要素の勘定で差異を認識する方法を［　ア　］という。この方法を採用した場合，各原価要素の勘定から仕掛品勘定への振り替えは［　イ　］でおこなう。これに対して，仕掛品勘定で差異を認識する方法を［　ウ　］という。この方法を採用した場合，各原価要素の勘定から仕掛品勘定への振り替えは［　エ　］でおこなう。

　1．パーシャルプラン　　2．シングルプラン　　3．実際原価　　4．標準原価

2 伊豆工業株式会社は，単純総合原価計算を採用し，A製品を製造している。下記の資料と仕掛品勘定によって，

(1) 単純総合原価計算表を完成しなさい。

(2) 仕掛品勘定の退職給付費用（アの金額）を求めなさい。

ただし，i 素材は製造着手のときにすべて投入され，加工費は製造の進行に応じて消費されるものとする。

ii 月末仕掛品原価の計算は先入先出法による。

iii 正常減損は製造工程の始点で発生しており，正常減損費は完成品と月末仕掛品に負担させる。

資　　料

a．生産データ

月初仕掛品	400kg	（加工進捗度50％）
当月投入	3,900kg	
合　計	4,300kg	
月末仕掛品	500kg	（加工進捗度40％）
正常減損	100kg	
完成品	3,700kg	

b．月初仕掛品原価

素材費 ¥ 2,270,000

加工費 ¥ 489,500

c．当月製造費用

素材費 ¥11,020,000

加工費 ¥ 5,975,500

仕　掛　品

前月繰越	(　　　)	製　品	(　　　)
素　材	(　　　)	次月繰越	(　　　)
工場消耗品	526,000		
賃　金	2,680,000		
給　料	1,125,000		
退職給付費用	(　ア　)		
健康保険料	260,000		
減価償却費	425,000		
電力料	82,000		
雑　費	58,500		
	(　　　)		(　　　)

3 個別原価計算を採用している藤枝製作所の下記の資料によって，次の各問いに答えなさい。

(1) 1月11日の取引の仕訳を示しなさい。

(2) 消費賃金勘定・製造間接費勘定・第1製造部門費勘定・製造部門費配賦差異勘定に必要な記入をおこない，締め切りなさい。なお，勘定記入は日付・相手科目・金額を示すこと。

(3) A製品（製造指図書#1）とB製品（製造指図書#2）の原価計算表を完成しなさい。

ただし，i 前月繰越高は，次のとおりである。

素　　材	250個	@¥2,660	¥ 665,000
工場消耗品	450〃	〃〃 60	¥ 27,000
仕　掛　品（製造指図書#1）			¥2,840,000（原価計算表に記入済み）
製造部門費配賦差異			¥ 7,000（借方）

ii 素材の消費高の計算は移動平均法，工場消耗品の消費数量の計算は棚卸計算法によっている。

iii 賃金の消費高の計算には，作業時間1時間につき ¥1,200 の予定賃率を用いている。

iv 製造間接費は部門別計算をおこない，直接作業時間を配賦基準として予定配賦している。

	第1製造部門	第2製造部門
年間製造間接費予定額（予算額）	¥8,450,000	¥8,280,000
年間予定直接作業時間（基準操業度）	13,000時間	18,400時間

取　　　　引

1月 6日 素材および工場消耗品を次のとおり買い入れ，代金は掛けとした。

素　　材	450個	@¥2,800	¥1,260,000
工場消耗品	2,600〃	〃〃 60	¥ 156,000

11日 B製品（製造指図書#2）の注文を受け，素材600個を消費して製造を開始した。

25日 賃金を次のとおり小切手を振り出して支払った。

賃 金 総 額　¥3,468,000

うち，控除額　所 得 税 ¥267,000　健康保険料 ¥136,000

31日 ① 工場消耗品の月末棚卸数量は750個であった。よって，消費高を計上した。（間接材料）

② 当月の賃金予定消費高を次の作業時間によって計上した。ただし，消費賃金勘定を設けている。

製造指図書#1　1,300時間　製造指図書#2　1,200時間　間接作業　500時間

③ 健康保険料の事業主負担分 ¥136,000 を計上した。

④ 当月の製造経費消費高を次のとおり計上した。

電 力 料 ¥158,000　保 険 料 ¥25,000

減価償却費 ¥233,000　雑　　費 ¥13,000

⑤ 当月の直接作業時間は次のとおりであった。よって，製造部門費を予定配賦した。

		第1製造部門	第2製造部門
直接作業時間	製造指図書#1	100時間	1,200時間
	製造指図書#2	800時間	400時間

⑥ 製造間接費を次のとおり各部門に配分した。

第1製造部門 ¥431,000　第2製造部門 ¥616,000

動 力 部 門 ¥136,000　修 繕 部 門 ¥120,000

⑦ 補助部門費を次の部門費振替表によって各製造部門に配賦した。

部　門　費　振　替　表

令和○年1月分

部 門 費	配 賦 基 準	金　　額	製造部門 第1部門	製造部門 第2部門	補助部門 動力部門	補助部門 修繕部門
部門費合計		1,303,000	431,000	616,000	136,000	120,000
配賦額合計		256,000	160,000	96,000		
製造部門費合計		1,303,000	591,000	712,000		

⑧ A製品（製造指図書#1）50個が完成した。

⑨ 当月の賃金実際消費高 ¥3,615,000 を計上した。

⑩ 賃金の予定消費高と実際消費高との差額を，賃率差異勘定に振り替えた。

⑪ 第1製造部門費および第2製造部門費の配賦差異を，製造部門費配賦差異勘定に振り替えた。

4 下記の取引の仕訳を示しなさい。ただし，勘定科目は，次のなかからもっとも適当なものを使用すること。

当座預金	売掛金	製品	第1工程半製品
副産物	作業くず	仕損品	素材
健康保険料預り金	売上	売上原価	仕掛品
健康保険料	棚卸減耗損	第1工程仕掛品	第2工程仕掛品
賃率差異	本社	工場	

a．個別原価計算を採用している西山製作所では，製造指図書#1の製造中に作業くずが発生した。よって，これを ¥16,000 と評価し，製造指図書#1の製造原価から差し引いた。

b．神山製作所は，会計期末にあたり，賃率差異勘定の残高を売上原価勘定に振り替えた。なお，賃率差異勘定の前月繰越高は ¥6,000（貸方）であり，当月の賃金の実際消費高は予定消費高より少なく，この差額の ¥4,000 は賃率差異勘定に振り替えられている。

c．個別原価計算を採用している清水工業株式会社の5月末における素材の実地棚卸数量は250kgであった。よって，次の素材に関する5月の資料にもとづいて，素材勘定の残高を修正した。なお，消費単価の計算は先入先出法によっている。

5月 1日	前月繰越	500kg	1kgにつき	¥1,500	¥750,000
12日	受　入	400〃	〃	〃1,550	¥620,000
15日	払　出	700〃			
21日	受　入	600〃	〃	〃1,520	¥912,000
26日	払　出	540〃			

d．工場会計が独立している大阪製作所の工場は，本社から工場の従業員に対する健康保険料 ¥480,000 を支払ったとの通知を受けた。ただし，健康保険料 ¥480,000 のうち半額は事業主負担分であり，半額は従業員負担分である。なお，健康保険料預り金勘定は本社のみに設けてある。（工場の仕訳）

e．工程別総合原価計算を採用している金沢産業株式会社は，倉庫に保管してある第1工程完成品の一部を ¥1,580,000 で売り渡し，代金は掛けとした。ただし，売り上げた半製品の原価は ¥1,250,000 であり，売上のつど売上原価に計上する。なお，当社では第1工程の完成品原価はすべて第1工程半製品勘定に振り替えている。

第９回　簿記実務検定１級模擬試験問題　原価計算

解答上の注意

1　解答にあたえられた時間は90分です。試験開始後の途中退室はできません。

2　問題は全部で４問あります。

3　解答はすべて別紙解答用紙に記入しなさい。　解答用紙　p.129

●学習振り返りシート（模擬問題を解いた後に記入して，チェックボックス（□）に印をつけましょう。）

第１問　適語選択・計算の問題

小分類	出題内容・つまずいたポイント	点　数	チェック
(1)		点	□
(2)		点	□
(3)		点	□
(4)		点	□
(5)		点	□

第２問　総合原価計算の問題

小分類	出題内容・つまずいたポイント	点　数	チェック
			□
			□
		点	□

第３問　個別原価計算の問題

小分類	出題内容・つまずいたポイント	点　数	チェック
			□
			□
			□
			□
			□
		点	□

第４問　仕訳の問題

小分類	出題内容・つまずいたポイント	点　数	チェック
a.		点	□
b.		点	□
c.		点	□
d.		点	□
e.		点	□

合　計　点　数
（　　　　／100　）

1 次の各問いに答えなさい。

(1) 次の ＿＿＿ にあてはまるもっとも適当な語を，下記の語群のなかから選び，その番号を記入しなさい。

製造活動において，材料の不良や機械の故障，従業員の不注意などの理由で，加工に失敗し合格品とならなかったものを［ ア ］という。また，それを補修するために指図書を集計された製造原価を［ イ ］という。

1．仕　掛　品　　2．仕　損　品　　3．仕　損　費　　4．製造間接費

(2) 青森製作所における当期（令和○年1月1日から令和○年12月31日）の勘定記録・製造原価報告書・損益計算書（一部）・貸借対照表（一部）により，（ ア ）から（ ウ ）に入る金額を求めなさい。ただし，会計期間は原価計算期間と一致しているものとする。

仕　掛　品

前期繰越	(　　　)	製　　品	(　　　)
素　　材	2,820,000	次期繰越	(　　　)
賃　　金	(　　　)		
外注加工賃	640,000		
製造間接費	(　　　)		
	(　　　)		(　　　)

製　造　間　接　費

工場消耗品	449,000	仕　掛　品	(　　　)
賃　　金	304,000		
給　　料	536,000		
減価償却費	(ア)		
電　力　料	578,000		
雑　　費	67,000		
	(　　　)		(　　　)

製　　品

前期繰越	(　　　)	売上原価	(　　　)
仕　掛　品	(　　　)	次期繰越	(　　　)
	9,342,000		9,342,000

製造原価報告書

青森製作所　令和○年1月1日から令和○年12月31日　(単位：円)

Ⅰ 材　料　費	(　　　)
Ⅱ 労　務　費	3,193,000
Ⅲ 経　　　費	2,212,000
当期製造費用	(　　　)
期首仕掛品棚卸高	420,000
合　　計	(　　　)
期末仕掛品棚卸高	460,000
当期製品製造原価	(イ)

損益計算書（一部）

青森製作所　令和○年1月1日から令和○年12月31日　(単位：円)

Ⅰ 売　上　高	10,226,000
Ⅱ 売上原価	(　　　)
売上総利益	(ウ)

貸借対照表（一部）

青森製作所　令和○年12月31日　(単位：円)

製　　品	820,000	
仕　掛　品	(　　　)	

(3) 福井製作所では，直接原価計算をおこない利益計画をたてている。当月における下記の資料から，次の金額または数量を求めなさい。

a．販売数量が2,500個のときの営業利益　　b．損益分岐点の売上高

c．目標営業利益 ¥3,268,000 を達成するための販売数量

資　　料

① 販売単価 ¥3,800

② 製造費用

変動製造費（製品1個あたり） ¥1,820

固定製造間接費 ¥1,290,000

③ 販売費及び一般管理費

変動販売費（製品1個あたり） ¥460

固定販売費及び一般管理費 ¥762,000

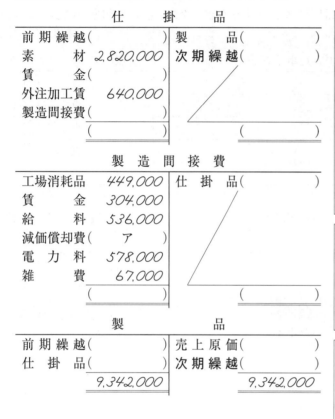

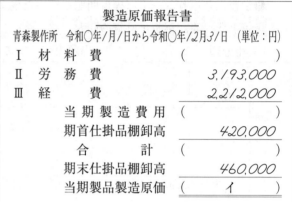

(4) 単純総合原価計算を採用している奈良製作所の次の資料から，完成品単価を求めなさい。

ただし，i　素材は製造着手のときに投入され，加工費は製造の進行に応じて消費されるものとする。

ii　月末仕掛品原価の計算は平均法による。

iii　正常減損は製造工程の終点で発生しており，正常減損費は完成品のみに負担させる。

資　　　料

① 生 産 デ ー タ

月初仕掛品	800kg	（加工進捗度50％）
当月投入	4,800kg	
合　　計	5,600kg	
月末仕掛品	500kg	（加工進捗度60％）
正常減損	100kg	
完 成 品	5,000kg	

② 月初仕掛品原価

素 材 費	¥ 440,000
加 工 費	¥ 460,000

③ 当月製造費用

素 材 費	¥6,000,000
加 工 費	¥6,830,000

(5) 標準原価計算を採用している静岡製作所の当月における下記の資料から，次の金額を求めなさい。

a．月末仕掛品の標準原価　　b．材料消費価格差異　　c．作業時間差異　　d．操業度差異

ただし，i　直接材料は製造着手のときにすべて投入されるものとする。

ii　解答欄の（　　）のなかに不利差異の場合は（不利），有利差異の場合は（有利）と記入すること。

資　　　料

① 標準原価カード

A製品　　標準原価カード

	標準消費数量	標準単価	金　額
直接材料費	5kg	¥ 400	¥2,000
	標準直接作業時間	標準賃率	
直接労務費	4時間	¥1,000	¥4,000
	標準直接作業時間	標準配賦率	
製造間接費	4時間	¥ 600	¥2,400
	製品1個あたりの標準原価		¥8,400

② 生 産 デ ー タ

月初仕掛品	600個	（加工進捗度50％）
当月投入	1,300個	
合　　計	1,900個	
月末仕掛品	400個	（加工進捗度40％）
完 成 品	1,500個	

③ 実際直接材料費　¥2,574,000

実際消費数量	6,600kg
実 際 単 価	¥390

④ 実際直接労務費　¥6,050,000

実際直接作業時間	5,500時間
実 際 賃 率	@¥1,100

⑤ 製造間接費予算（変動公式予算）

変 動 費 率	¥200
固定費予算額	¥2,240,000
基準操業度(直接作業時間)	5,600時間

2 神戸製作所は，組別総合原価計算を採用し，A組製品とB組製品を製造している。下記の資料によって，

(1) 組別総合原価計算表を完成しなさい。

(2) A組仕掛品勘定を完成しなさい。

ただし，i 組間接費は直接労務費を基準として配賦する。

ii 素材は製造着手のときにすべて投入され，加工費は製造の進行に応じて消費されるものとする。

iii 月末仕掛品原価の計算は先入先出法による。

資　　料

a．月初仕掛品原価

A組 ¥1,495,000（素材費 ¥897,000　加工費 ¥598,000）

B組 ¥ 315,000（素材費 ¥207,000　加工費 ¥108,000）

b．当月製造費用

	A組直接費	B組直接費	組間接費
材料費	¥3,990,000	¥1,890,000	¥259,000
労務費	¥1,500,000	¥ 900,000	¥453,000
経費	¥ 425,000	¥ 210,000	¥128,000

c．生産データ

	A組	B組
月初仕掛品	1,000個（加工進捗度40%）	500個（加工進捗度60%）
当月投入	3,800個	2,100個
合計	4,800個	2,600個
月末仕掛品	1,800個（加工進捗度50%）	800個（加工進捗度50%）
完成品	3,000個	1,800個

3 個別原価計算を採用している宮城製作所の下記の取引（一部）によって，次の各問いに答えなさい。

(1) 5月31日①の取引の仕訳を示しなさい。

(2) 消費賃金勘定・仕掛品勘定・製造間接費勘定に必要な記入をおこない，締め切りなさい。なお，勘定記入は日付・相手科目・金額を示すこと。

(3) A製品（製造指図書#1）の原価計算表を作成しなさい。

ただし，i 前月繰越高は，次のとおりである。

素　　材　　300個　@¥3,215　¥ 964,500
工場消耗品　240 〃　〃 〃　80　¥ 19,200
仕 掛 品（製造指図書#1）　¥2,710,000（原価計算表に記入済み）

ii 素材の消費高の計算は移動平均法，工場消耗品の消費数量の計算は棚卸計算法によっている。

iii 賃金の消費高の計算には，作業時間1時間につき ¥1,300 の予定賃率を用いて計算し，消費賃金勘定を設けて記帳している。

iv 製造間接費は直接作業時間を配賦基準として予定配賦している。

年間製造間接費予定額（予算額）	¥13,932,000
年間予定直接作業時間（基準操業度）	32,400時間

v 製造間接費勘定を設けている。

(4) 製造間接費配賦差異における次の資料から，予算差異の金額を求めなさい。なお，解答欄の（　　）のなかは借方差異の場合は借方，貸方差異の場合は貸方を○で囲むこと。

資　　料

a．製造間接費については公式法変動予算により予算を設定して予定配賦をおこなっている。
b．月間の基準操業度（直接作業時間）は2,700時間である。
c．月間の製造間接費予算額　¥1,161,000（変動費率　¥230　固定費予算額　¥540,000）である。
d．当月の実際直接作業時間は2,600時間であった。
e．当月の実際製造間接費発生額は ¥1,094,000 であった。

取　　引（一部）

5月 9日　素材および工場消耗品を次のとおり買い入れ，代金は掛けとした。

素　　材　　600個　@¥3,200　¥1,920,000
工場消耗品　1,100 〃　〃 〃　80　¥ 88,000

13日　B製品（製造指図書#2）の注文を受け，素材400個を消費して製造を開始した。

26日　賃金を次のとおり小切手を振り出して支払った。

賃 金 総 額　¥3,440,000
うち，控除額　所　得　税　¥264,000　健康保険料　¥137,000

27日　A製品（製造指図書#1）300個が完成した。なお，A製品の賃金予定消費高と製造間接費予定配賦高を，次の作業時間によって計算し，原価計算表に記入した。ただし，賃金予定消費高と製造間接費予定配賦高を計上する仕訳は，月末におこなっている。

製造指図書#1　1,600時間

31日　① 工場消耗品の月末棚卸数量は190個であった。よって，消費高を計上した。（間接材料）

② 当月の賃金予定消費高を次の作業時間によって計上した。ただし，消費賃金勘定を設けている。

製造指図書#1　1,600時間　製造指図書#2　1,000時間　間接作業　300時間

③ 健康保険料の事業主負担分　¥137,000 を計上した。

④ 当月の製造経費消費高を計上した。

外注加工賃　¥189,000（製造指図書#2）　電　力　料　¥198,000
減価償却費　¥243,000　雑　　費　¥ 34,000

⑤ 上記②の直接作業時間によって，製造間接費を予定配賦した。

⑥ 当月の賃金実際消費高 ¥3,791,000 を計上した。

⑦ 賃金の予定消費高と実際消費高との差額を，賃率差異勘定に振り替えた。

⑧ 製造間接費の予定配賦高と実際発生額との差額を，製造間接費配賦差異勘定に振り替えた。

4 下記の取引の仕訳を示しなさい。ただし，勘定科目は，次のなかからもっとも適当なものを使用すること。

当座預金	製品	1級製品	2級製品
副産物	仕損品	健康保険料預り金	健康保険料
仕損費	仕掛品	第1工程仕掛品	第2工程仕掛品
第1製造部門費	第2製造部門費	動力部門費	工場事務部門費
本社	工場		

a．個別原価計算を採用している京都製作所では，補助部門費を次の配賦基準によって各製造部門に配賦した。ただし，部門費配分表に集計された補助部門費の金額は，動力部門費 ¥364,000 工場事務部門費 ¥192,000 であった。

	配賦基準	第1製造部門	第2製造部門
動力部門費	kW数×運転時間数	40kW×500時間	20kW×400時間
工場事務部門費	従業員数	8人	4人

b．等級別総合原価計算を採用している甲府工業株式会社において，1級製品800個と2級製品900個が完成するとともに副産物が発生した。ただし，総合原価は ¥8,990,000 であり，そのうち副産物の評価額は ¥140,000 であった。なお，等価係数は次の各製品1個あたりの重量を基準としている。

1級製品 280g　　2級製品 210g

c．工場会計が独立している大阪製作所の本社は，工場の従業員に対する健康保険料 ¥756,000 を小切手を振り出して支払った。ただし，健康保険料のうち半額は事業主負担分であり，半額は従業員負担分である。なお，健康保険料預り金勘定は本社にのみ設けてある。(本社の仕訳)

d．工程別総合原価計算を採用している鳥取製作所は，月末に工程別総合原価計算表を次のとおり作成し，各工程の完成品原価を計上した。なお，第1工程の完成品はすべて第2工程（最終工程）に引き渡している。

工程別総合原価計算表 (一部)
令和○年9月分

摘要		第1工程	第2工程
工程個別費	素材費	1,573,000	――
	前工程費	――	4,800,000
工程完成品原価		4,800,000	6,000,000
工程完成品数量		3,000個	2,500個
工程単価		¥ 1,600	¥ 2,400

e．個別原価計算を採用している高知工業株式会社は，補修指図書#23-1に集計された製造原価 ¥134,000 を仕損費勘定に計上していたが，本日，これを製造指図書#23に賦課した。

第10回　簿記実務検定１級模擬試験問題　原価計算

解答上の注意

1　解答にあたえられた時間は90分です。試験開始後の途中退室はできません。

2　問題は全部で４問あります。

3　解答はすべて別紙解答用紙に記入しなさい。　解答用紙　p.133

●学習振り返りシート（模擬問題を解いた後に記入して，チェックボックス（□）に印をつけましょう。）

第１問　適語選択・計算の問題

小分類	出題内容・つまずいたポイント	点　数	チェック
(1)		点	□
(2)		点	□
(3)		点	□
(4)		点	□
(5)		点	□

第２問　総合原価計算の問題

小分類	出題内容・つまずいたポイント	点　数	チェック
			□
			□
		点	□

第３問　個別原価計算の問題

小分類	出題内容・つまずいたポイント	点　数	チェック
			□
			□
			□
			□
			□
		点	□

第４問　仕訳の問題

小分類	出題内容・つまずいたポイント	点　数	チェック
a.		点	□
b.		点	□
c.		点	□
d.		点	□
e.		点	□

合　計　点　数
（　　　　／100　）

1 次の各問いに答えなさい。

(1) 次の［　　］にあてはまるもっとも適当な語を，下記の語群のなかから選び，その番号を記入しなさい。

原価計算をおこなうにあたり，特定の製品との関連が明確な消費高を指図書ごとに集約することを［ア］という。また，その製品の製造に共通に消費され，特定の製品原価に集約できない原価要素を［イ］という。

1．配　　賦　　2．賦　　課　　3．製造直接費　　4．製造間接費

(2) 奈良産業株式会社の下記の資料により，製造原価報告書に記載する次の金額を求めなさい。

a．当期材料費　　b．当期労務費　　c．当期製品製造原価

資　　料

①	素　　材	期首棚卸高	¥418,000	当期仕入高	¥2,374,000	期末棚卸高	¥338,000
②	工場消耗品	期首棚卸高	¥ 85,000	当期仕入高	¥ 432,000	期末棚卸高	¥ 90,000
③	消耗工具器具備品	当期消費高	¥262,000				
④	賃　　金	前期未払高	¥261,000	当期支払高	¥2,073,000	当期未払高	¥274,000
⑤	給　　料	当期消費高	¥773,000				
⑥	健康保険料	当期消費高	¥193,000				
⑦	水 道 料	基 本 料 金	¥ 28,000				
		当期使用料	¥［　　］	（当期使用量　2,600㎥　単価/㎥あたり　¥140）			
		水道料の計算方法は，基本料金に当期使用料を加算して求める。					
⑧	減価償却費	当期消費高	¥157,000				
⑨	仕 掛 品	期首棚卸高	¥449,000	期末棚卸高	¥ 498,000		

(3) 和歌山産業株式会社は，直接原価計算をおこない利益計画をたてている。当月における下記の資料から，次の金額または数量を求めなさい。なお，目標営業利益は当月と比べて20％増加させた金額とする。

a．損益分岐点の売上高　　b．目標営業利益を達成するための販売数量

c．変動製造費が製品/個あたり ¥160 増加した場合の損益分岐点の売上高

資　　料

① 販売数量　2,800個

② 販売単価　¥4,000

③ 変動製造費（製品/個あたり）¥1,800

④ 変動販売費（製品/個あたり）¥　240

⑤ 固定製造間接費　¥1,204,000

⑥ 固定販売費及び一般管理費　¥560,000

(4)　滋賀製作所は，等級別総合原価計算を採用し，1級製品と2級製品を製造している。次の資料によって，2級製品の製品単価を求めなさい。ただし，等価係数は，各製品の1個あたりの重量を基準としている。

資　　　料

i　当月完成品総合原価　¥6,930,000

ii　製品1個あたりの重量　1級製品　720g　2級製品　540g

iii　完成品数量　1級製品　2,500個　2級製品　1,800個

(5)　標準原価計算を採用している島根製作所の当月における下記の資料から，次の金額を求めなさい。

a．月末仕掛品の標準原価　b．作業時間差異　c．操業度差異　d．材料消費価格差異

ただし，i　直接材料は製造着手のときにすべて投入されるものとする。

ii　操業度差異は基準操業度と実際操業度を比較して把握している。

iii　解答欄の（　　）のなかに不利差異の場合は（不利），有利差異の場合は（有利）と記入すること。

資　　　料

① 標準原価カード

A製品	標準原価カード		
	標準消費数量	標準単価	金　額
直接材料費	8kg	¥200	¥1,600
	標準直接作業時間	標準賃率	
直接労務費	3時間	¥800	¥2,400
	標準直接作業時間	標準配賦率	
製造間接費	3時間	¥700	¥2,100
	製品1個あたりの標準原価		¥6,100

② 生産データ

月初仕掛品	800個	（加工進捗度40%）
当月投入	2,700個	
合　計	3,500個	
月末仕掛品	400個	（加工進捗度50%）
完成品	3,100個	

③ 実際直接材料費

実際消費数量　21,500kg

実際単価　¥208

④ 実際直接労務費

実際直接作業時間　8,900時間

実際賃率　¥790

⑤ 製造間接費実際発生額　¥6,412,000

⑥ 製造間接費予算（公式法変動予算）

変動費率　¥400

固定費予算額　¥2,730,000

基準操業度(直接作業時間)　9,100時間

2 佐賀産業株式会社は工程別総合原価計算を採用し，A製品を製造している。下記の資料によって，

(1) 工程別総合原価計算表を完成しなさい。

(2) 第2工程の月末仕掛品原価に含まれる前工程費を答えなさい。

(3) 第1工程半製品勘定を完成しなさい。

ただし，i 第1工程の完成品原価は，すべて第1工程半製品勘定に振り替えている。

ii 素材は製造着手のときにすべて投入され，第1工程の完成品は第2工程の始点で投入されるものとする。

iii 加工費は第1工程・第2工程ともに製造の進行に応じて消費されるものとする。

iv 月末仕掛品原価の計算は平均法による。

資　　料

a．生産データ

	第1工程	第2工程
月初仕掛品	600個（加工進捗度50％）	400個（加工進捗度50％）
当月投入	2,400個	2,200個
合　計	3,000個	2,600個
月末仕掛品	500個（加工進捗度40％）	200個（加工進捗度50％）
完成品	2,500個	2,400個

b．当月製造費用

① 工程個別費および補助部門個別費

	第1工程	第2工程	補助部門
素材費	¥6,336,000	――	――
労務費	¥3,602,000	¥5,879,000	¥896,000
経　費	¥ 729,000	¥1,103,000	¥172,000

② 部門共通費を次のとおり配賦する。

第1工程 ¥505,000　第2工程 ¥959,000　補助部門 ¥72,000

③ 補助部門費を第1工程に40％，第2工程に60％の割合で配賦する。

c．月初仕掛品原価

第1工程 ¥2,379,000（素材費 ¥1,704,000　加工費 ¥675,000）

第2工程 ¥2,535,000（前工程費 ¥1,660,000　加工費 ¥875,000）

d．当月中に第1工程半製品2,200個を次工程へ引き渡し，300個を外部に販売した。なお，払出単価(原価）は ¥4,800 である。

3 個別原価計算を採用している岡山製作所の下記の取引によって，次の各問いに答えなさい。

(1) 10月31日⑨の取引の仕訳を示しなさい。

(2) 素材勘定・製造間接費勘定・第1製造部門費勘定に必要な記入をおこない，締め切りなさい。なお，勘定記入は日付・相手科目・金額を示すこと。

(3) A製品（製造指図書＃1）の原価計算表を作成しなさい。

(4) 部門費振替表を相互配賦法によって完成しなさい。

(5) 10月末の賃金未払高を求めなさい。

ただし，i 前月繰越高は，次のとおりである。

素　　材　300個　@¥3,100　¥ 930,000

工場消耗品　320〃　〃〃 140　¥ 44,800

仕 掛 品（製造指図書＃1）　¥3,013,000（原価計算表に記入済み）

賃　　金（未払高）　¥1,385,000

ii 素材の消費高の計算は先入先出法，工場消耗品の消費数量の計算は棚卸計算法によっている。

iii 賃金の消費高の計算には，作業時間1時間につき ¥1,600 の予定賃率を用いている。

iv 製造間接費は部門別計算をおこない，直接作業時間を基準として予定配賦している。

予定配賦率　第1製造部門 ¥850　第2製造部門 ¥700

取　　　引

10月 9日 素材および工場消耗品を次のとおり買い入れ，代金は掛けとした。

素　　材　850個　@¥3,400　¥2,890,000

工場消耗品　950〃　〃〃 140　¥ 133,000

12日 B製品（製造指図書＃2）の注文を受け，素材800個を消費して製造を開始した。

26日 本月分の賃金 ¥3,649,000 について，所得税額 ¥267,000 および健康保険料 ¥238,000 を控除した正味支払額を小切手を振り出して支払った。

28日 A製品（製造指図書＃1）80個が完成した。なお，A製品の賃金予定消費高と製造部門費予定配賦高を次の作業時間によって計算し，原価計算表に記入した。ただし，賃金予定消費高と製造部門費予定配賦高を計上する仕訳は，月末におこなっている。

製造指図書＃1　1,350時間（第1製造部門　440時間　第2製造部門　910時間）

31日 ① 工場消耗品の月末棚卸数量は170個であった。よって，消費高を計上した。（間接材料）

② 当月の賃金予定消費高を次の作業時間によって計上した。ただし，消費賃金勘定を設けている。

		合計＼内訳	第1製造部門	第2製造部門
直接作業時間	製造指図書＃1	1,350時間	440時間	910時間
	製造指図書＃2	1,120時間	940時間	180時間
間接作業時間		330時間		

③ 上記②の直接作業時間によって，製造部門費を予定配賦した。

④ 健康保険料の事業主負担分 ¥238,000 を計上した。

⑤ 当月の製造経費消費高を計上した。

電 力 料 ¥496,000　保 険 料 ¥108,000　減価償却費 ¥378,000

⑥ 製造間接費を次のように各部門に配分した。

第1製造部門 ¥932,400　第2製造部門 ¥603,600

動 力 部 門 ¥222,000　修 繕 部 門 ¥144,000

⑦ 補助部門費を次の配賦基準によって，各製造部門に配賦した。

	配賦基準	第1製造部門	第2製造部門	動力部門	修繕部門
動力部門費	kW数×運転時間数	12kW×500時間	10kW×400時間	―――	10kW×200時間
修繕部門費	修 繕 回 数	3回	2回	1回	―――

⑧ 当月の賃金実際消費高 ¥4,515,000 を計上した。

⑨ 賃金の予定消費高と実際消費高との差額を，賃率差異勘定に振り替えた。

⑩ 第1製造部門費の配賦差異を，製造部門費配賦差異勘定に振り替えた。

⑪ 第2製造部門費の配賦差異を，製造部門費配賦差異勘定に振り替えた。

4 下記の取引の仕訳を示しなさい。ただし，勘定科目は，次のなかからもっとも適当なものを使用すること。

売掛金	製品	A組製品	B組製品
素材	買入部品	建物減価償却累計額	売上
売上原価	外注加工賃	特許権使用料	棚卸減耗損
減価償却費	仕掛品	A組仕掛品	B組仕掛品
組間接費	材料消費価格差異	本社	工場

a．単純総合原価計算を採用している新潟製作所では，月末に特許権使用料の月割額を計上した。ただし，1年分の特許権使用料は ¥5,040,000 である。

b．神奈川製作所の2月末における素材の実地棚卸数量は580kgであった。よって，次の素材に関する2月の資料にもとづいて，素材勘定の残高を修正した。ただし，消費数量は2,400kgである。なお，消費単価の計算は総平均法によっている。

2月 2日	前月繰越	700kg	1kgにつき ¥1,320
7日	仕　入	900 〃	〃 〃1,340
19日	仕　入	1,400 〃	〃 〃1,380

c．組別総合原価計算を採用している福井工業株式会社は，組間接費 ¥960,000 を機械運転時間を基準にA組とB組に配賦した。なお，当月の機械運転時間はA組2,750時間　B組2,250時間であった。

d．工場会計が独立している山梨産業株式会社の本社は，決算にさいし，建物の減価償却費 ¥2,260,000 を計上した。ただし，このうち ¥1,180,000 は工場の建物に対するものであり，建物減価償却累計額勘定は，本社のみに設けてある。(本社の仕訳)

e．札幌工業株式会社は，会計期末にあたり，材料消費価格差異勘定の残高を売上原価勘定に振り替えた。なお，材料消費価格差異勘定の前月繰越高は，¥5,000（貸方）であり，当月の素材の実際消費高は予定消費高より ¥8,000 多く，この額は材料消費価格差異勘定に振り替えられている。

第11回　簿記実務検定１級模擬試験問題　原価計算

解答上の注意

1　解答にあたえられた時間は90分です。試験開始後の途中退室はできません。

2　問題は全部で４問あります。

3　解答はすべて別紙解答用紙に記入しなさい。　解答用紙　p.137

●学習振り返りシート（模擬問題を解いた後に記入して，チェックボックス（□）に印をつけましょう。）

第１問　適語選択・計算の問題

小分類	出題内容・つまずいたポイント	点　数	チェック
(1)		点	□
(2)		点	□
(3)		点	□
(4)		点	□
(5)		点	□

第２問　総合原価計算の問題

小分類	出題内容・つまずいたポイント	点　数	チェック
			□
			□
		点	□

第３問　個別原価計算の問題

小分類	出題内容・つまずいたポイント	点　数	チェック
			□
			□
			□
			□
			□
		点	□

第４問　仕訳の問題

小分類	出題内容・つまずいたポイント	点　数	チェック
a.		点	□
b.		点	□
c.		点	□
d.		点	□
e.		点	□

合　計　点　数
（　　　　／100　）

1 次の各問いに答えなさい。

(1) 次の ＿＿＿＿ にあてはまるもっとも適当な語を，下記の語群のなかから選び，その番号を記入しなさい。

同種製品を連続して大量生産している製造業では，一般的には［ ア ］を採用している。仕掛品勘定の借方に，各原価要素の実際発生額を記入し，貸方に標準原価で計算した完成品原価と月末仕掛品原価の金額を記入する。そのため借方と貸方で差額が生じる。この差額が［ イ ］となる。

1．シングルプラン　　2．パーシャルプラン　　3．原価差異　　4．月末仕掛品

(2) 山口製作所における当期（令和○年1月1日から令和○年12月31日まで）の勘定記録・製造原価報告書・損益計算書（一部）・貸借対照表（一部）により，（ ア ）から（ ウ ）に入る金額を求めなさい。ただし，会計期間は原価計算期間と一致しているものとする。

仕　掛　品

前期繰越	(　　　)	製　　品	(　　　)
素　　材	1,952,000	次期繰越	(　　　)
買入部品	423,000		
賃　　金	(　ア　)		
外注加工賃	681,000		
製造間接費	(　　　)		
	(　　　)		(　　　)

製　造　間　接　費

工場消耗品	293,000	仕　掛　品	(　　　)
賃　　金	615,000		
給　　料	470,000		
健康保険料	142,000		
減価償却費	602,000		
電　力　料	(　　　)		
雑　　費	57,000		
	(　　　)		(　　　)

製　　品

前期繰越	(　　　)	売上原価	(　　　)
仕　掛　品	(　　　)	次期繰越	(　　　)
	8,097,000		8,097,000

製造原価報告書

山口製作所　令和○年1月1日から令和○年12月31日まで　(単位：円)

Ⅰ	材　料　費	(　　　)
Ⅱ	労　務　費	2,961,000
Ⅲ	経　　費	1,833,000
	当期製造費用	(　　　)
	期首仕掛品棚卸高	451,000
	合　　計	(　　　)
	期末仕掛品棚卸高	524,000
	当期製品製造原価	(　イ　)

損益計算書（一部）

山口製作所　令和○年1月1日から令和○年12月31日まで　(単位：円)

Ⅰ	売　上　高	9,431,000
Ⅱ	売上原価	(　　　)
	売上総利益	(　ウ　)

貸借対照表（一部）

山口製作所　令和○年12月31日　(単位：円)

製　　品	795,000	
仕　掛　品	(　　　)	

(3) 佐賀製作所では，直接原価計算をおこない利益計画をたてている。当月における下記の資料から，次の金額または数量を求めなさい。

a．当月の営業利益

b．損益分岐点の売上高

c．目標営業利益 ¥7,392,000 を達成するための販売数量

資　　料

① 販売数量　2,600個

② 販売単価　¥4,800

③ 製造費用　変動費（製品1個あたり）¥1,400　固定費 ¥1,031,000

④ 販売費及び一般管理費　変動費（製品1個あたり）¥ 400　固定費 ¥ 217,000

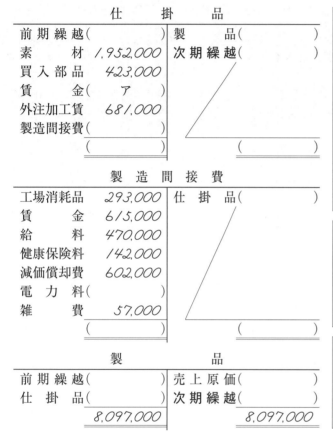

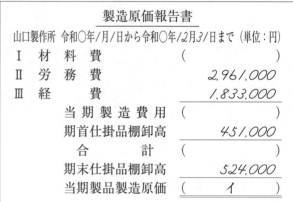

(4) 組別総合原価計算を採用している岩手製作所では，A組製品とB組製品を製造している。下記の資料によって，次の金額を求めなさい。

a．A組の組間接費配賦額　　b．B組の月末仕掛品原価に含まれる素材費

ただし，i　組間接費は直接材料費を基準として配賦する。

ii　素材は製造着手のときにすべて投入され，加工費は製造の進行に応じて消費されるものとする。

iii　月末仕掛品原価の計算は平均法による。

資　料

① 生産データ　A組　完成品3,600個　　月末仕掛品600個（加工進捗度50％）

　　　　　　　B組　〃　3,200個　　〃　500個（　〃　60％）

　　　　　　　なお，どちらの組も仕損および減損は発生していない。

② 月初仕掛品原価　A組　¥3,780,000（素材費　¥2,369,000　　加工費　¥1,411,000）

　　　　　　　　　B組　¥2,819,000（素材費　¥1,789,000　　加工費　¥1,030,000）

③ 当月製造費用　組直接費　A組　¥15,116,000（うち素材費　¥9,475,000）

　　　　　　　　　　　　　B組　¥11,284,000（うち素材費　¥7,165,000）

　　　　　　　　組間接費　¥6,656,000

(5) 標準原価計算を採用している栃木製作所の当月における下記の資料から，次の金額を求めなさい。

a．完成品の標準原価　　b．直接材料費差異　　c．作業時間差異　　d．予 算 差 異

ただし，i　直接材料は製造着手のときにすべて投入されるものとする。

ii　解答欄の（　　）のなかに不利差異の場合は（不利），有利差異の場合は（有利）と記入すること。

資　料

① 標準原価カード

A製品	標準原価カード		
	標準消費数量	標準単価	金　　額
直接材料費	6kg	¥ 300	¥ 1,800
	標準直接作業時間	標準賃率	
直接労務費	5時間	¥1,400	¥ 7,000
	標準直接作業時間	標準配賦率	
製造間接費	5時間	¥1,200	¥ 6,000
	製品1個あたりの標準原価		¥14,800

② 生産データ

月初仕掛品	300個	（加工進捗度30％）
当月投入	750個	
合　計	1,050個	
月末仕掛品	200個	（加工進捗度40％）
完成品	850個	

③ 実際直接材料費　¥1,382,000

④ 実際直接労務費

　実際直接作業時間　4,250時間

　実 際 賃 率　¥1,350

⑤ 製造間接費実際発生額　¥5,184,000

⑥ 製造間接費予算

　変 動 費 率　¥500

　固 定 費 予 算　¥3,045,000

　基 準 操 業 度　4,350時間

2 石川製作所は，単純総合原価計算を採用し，A製品を製造している。下記の資料と仕掛品勘定によって，

(1) 単純総合原価計算表を完成しなさい。

(2) 仕掛品勘定の減価償却費（アの金額）を求めなさい。

ただし，ⅰ 素材は製造着手のときにすべて投入され，加工費は製造の進行に応じて消費されるものとする。

ⅱ 月末仕掛品原価の計算は先入先出法による。

ⅲ 正常減損は製造工程の始点で発生しており，正常減損費は完成品と月末仕掛品に負担させる。

資　　料

a．生産データ

月初仕掛品	800kg	（加工進捗度50％）
当月投入	2,900kg	
合　計	3,700kg	
月末仕掛品	600kg	（加工進捗度50％）
正常減損	100kg	
完成品	3,000kg	

b．月初仕掛品原価

素材費 ¥2,545,000

加工費 ¥ 726,000

c．当月製造費用

素材費 ¥9,338,000

加工費 ¥5,394,000

仕　掛　品

前月繰越	（　　）	製品	（　　）
素材	（　　）	次月繰越	（　　）
工場消耗品	294,000		
賃金	2,278,000		
給料	1,142,000		
退職給付費用	878,000		
健康保険料	120,000		
減価償却費	（ ア ）		
電力料	101,000		
雑費	53,000		
	（　　）		（　　）

3 個別原価計算を採用している鳥取製作所の下記の取引によって，次の各問いに答えなさい。

(1) 10月14日の取引の仕訳を示しなさい。

(2) 消費賃金勘定・仕掛品勘定・製造間接費勘定に必要な記入をおこない，締め切りなさい。なお，勘定記入は日付・相手科目・金額を示すこと。

(3) A製品（製造指図書＃1）の原価計算表を作成しなさい。

ただし，i 前月繰越高は，次のとおりである。

素　　材　800個　@¥2,900　¥2,320,000
工場消耗品　750〃　〃〃　40　¥　30,000
仕　掛　品（製造指図書＃1）　¥　913,000（原価計算表に記入済み）
保　険　料（前払高7か月分）　¥　238,000

ii 素材の消費高の計算は移動平均法，工場消耗品の消費数量の計算は棚卸計算法によっている。

iii 賃金の消費高の計算には，作業時間1時間につき ¥1,100 の予定賃率を用いて計算し，消費賃金勘定を設けて記帳している。

iv 製造間接費は直接作業時間を配賦基準として予定配賦している。なお，年間製造間接費予定額は ¥9,300,000 であり，年間予定直接作業時間（基準操業度）は18,600時間である。

(4) 製造間接費配賦差異における次の資料から，操業度差異の金額を求めなさい。なお，解答欄の（　　）のなかは借方差異の場合は借方，貸方差異の場合は貸方を○で囲むこと。

資　　料

a．製造間接費については，公式法変動予算により予算を設定して予定配賦をおこなっている。

b．月間の基準操業度（直接作業時間）は1,550時間である。

c．月間の製造間接費予算は，変動費率 ¥300　固定費予算額 ¥310,000 である。

d．当月の実際直接作業時間は1,530時間であった。

e．当月の実際製造間接費発生額は ¥756,000 であった。

(5) 保険料勘定の次月繰越高を求めなさい。

取　　引

10月 3日 B製品（製造指図書＃2）の注文を受け，素材200個を消費して製造を開始した。

7日 素材および工場消耗品を次のとおり買い入れ，代金は掛けとした。

素　　材　900個　@¥2,950　¥2,655,000
工場消耗品　2,350〃　〃〃　40　¥　94,000

10日 A製品（製造指図書＃1）100個が完成した。なお，A製品の賃金予定消費高と製造間接費予定配賦高を，次の作業時間によって計算し，原価計算表に記入した。ただし，賃金予定消費高と製造間接費予定配賦高を計上する仕訳は，月末におこなっている。

製造指図書＃1　280時間

14日 C製品（製造指図書＃3）の注文を受け，素材400個を消費して製造を開始した。

31日 ① 工場消耗品の月末棚卸数量は950個であった。よって，消費高を計上した。（間接材料）

② 当月の賃金予定消費高を次の作業時間によって計上した。

製造指図書＃1　280時間　　製造指図書＃2　710時間
製造指図書＃3　540時間　　間　接　作　業　250時間

③ 健康保険料の事業主負担分 ¥64,000 を計上した。

④ 当月の製造経費消費高を計上した。

電　力　料　当月支払高 ¥73,000　　当月測定高 ¥76,000
保　険　料　1か月分
減価償却費　年間見積高 ¥2,652,000

⑤ 上記②の直接作業時間によって，製造間接費を予定配賦した。

⑥ 当月の賃金実際消費高 ¥1,974,800 を計上した。

⑦ 賃金の予定消費高と実際消費高との差額を，賃率差異勘定に振り替えた。

⑧ 製造間接費の予定配賦額と実際発生額との差額を，製造間接費配賦差異勘定に振り替えた。

4 下記の取引の仕訳を示しなさい。ただし，勘定科目は，次のなかからもっとも適当なものを使用すること。

当座預金	製品	1級製品	2級製品
第1工程半製品	素材	消費材料	所得税預り金
健康保険料預り金	賃金	従業員賞与手当	健康保険料
仕掛品	第1工程仕掛品	第2工程仕掛品	第1製造部門費
第2製造部門費	材料消費価格差異	本社	工場

a．個別原価計算を採用している仙台製作所は，製造間接費について部門別計算をおこなっている。次の資料により，製造部門費の当月分を予定配賦した。ただし，直接作業時間を基準として予定配賦している。

	年間製造間接費予算額	年間予定直接作業時間	当月実際直接作業時間
第1製造部門	¥ 5,940,000	18,000時間	1,600時間
第2製造部門	¥10,080,000	24,000時間	1,900時間

b．宮崎製作所の素材に関する資料は次のとおりであった。よって，予定価格による消費高と実際価格による消費高との差額を消費材料勘定から材料消費価格差異勘定に振り替えた。ただし，素材の予定価格は1個につき ¥2,660 であり，実際消費単価の計算は総平均法によっており，当月消費数量は2,200個であった。

7月 1日	前月繰越	300個	1個につき	¥2,600	¥ 780,000
12日	受け入れ	1,200 〃	〃	〃2,620	¥3,144,000
23日	受け入れ	1,500 〃	〃	〃2,664	¥3,996,000

c．等級別総合原価計算を採用している岡山工業株式会社において，1級製品5,200個と2級製品4,800個が完成した。ただし，この完成品の総合原価は ¥8,280,000 であり，等価係数は次の各製品1個あたりの重量を基準としている。

1級製品 420 g　　2級製品 350 g

d．工程別総合原価計算を採用している福島工業株式会社は，月末に工程別総合原価計算表を作成し，各工程の完成品原価を次のとおり計上した。ただし，各工程の完成品はすべていったん倉庫に保管しており，当月中に倉庫から第2工程（最終工程）に投入した第1工程の完成品原価は ¥1,556,000 である。なお，当社では第1工程の完成品原価をすべて第1工程半製品勘定に振り替えている。

第1工程 ¥2,136,000　　第2工程 ¥2,862,000

e．工場会計が独立している宇都宮工業株式会社の本社は，工場の従業員に対する健康保険料 ¥914,000 を小切手を振り出して支払った。ただし，健康保険料のうち半額は事業主負担分であり，半額は従業員負担分である。なお，健康保険料預り金勘定は本社のみに設けてある。（本社の仕訳）

第12回　簿記実務検定１級模擬試験問題　原価計算

解答上の注意

1　解答にあたえられた時間は90分です。試験開始後の途中退室はできません。

2　問題は全部で４問あります。

3　解答はすべて別紙解答用紙に記入しなさい。　解答用紙　p.141

●学習振り返りシート（模擬問題を解いた後に記入して，チェックボックス（□）に印をつけましょう。）

第１問　適語選択・計算の問題

小分類	出題内容・つまずいたポイント	点　数	チェック
(1)		点	□
(2)		点	□
(3)		点	□
(4)		点	□
(5)		点	□

第２問　総合原価計算の問題

小分類	出題内容・つまずいたポイント	点　数	チェック
			□
			□
		点	□

第３問　個別原価計算の問題

小分類	出題内容・つまずいたポイント	点　数	チェック
			□
			□
			□
			□
			□
		点	□

第４問　仕訳の問題

小分類	出題内容・つまずいたポイント	点　数	チェック
a.		点	□
b.		点	□
c.		点	□
d.		点	□
e.		点	□

合　計　点　数
(　　　　／100　)

1 次の各問いに答えなさい。

(1) 次の ＿＿＿＿ にあてはまるもっとも適当な語を，下記の語群のなかから選び，その番号を記入しなさい。

製品1単位あたりの原価を計算するにあたり，まず原価の三要素である材料費・労務費・経費の原価要素別に計算する。これを ［　ア　］ という。次に発生場所ごとに集計し原価を計算することを ［　イ　］ という。

1．費目別計算　　2．製品別計算　　3．部門別計算　　4．原価管理

(2) 清水製作所における次の勘定記録・製造原価報告書・損益計算書（一部）により，（ア）から（ウ）に入る金額を求めなさい。ただし，会計期間は原価計算期間と一致しているものとする。

製造間接費

借方		貸方	
素材	21,000	仕掛品	( )
工場消耗品	(ア)		
賃金	52,000		
給料	290,000		
健康保険料	76,500		
退職給付費用	113,000		
減価償却費	360,000		
電力料	138,000		
保管料	72,000		
棚卸減耗損	16,500		
	( )		( )

仕掛品

借方		貸方	
前期繰越	( )	製品	( )
素材	3,659,000	次期繰越	298,000
賃金	1,531,000		
外注加工賃	( )		
製造間接費	1,228,000		
	( )		( )

製品

借方		貸方	
前期繰越	169,000	売上原価	( )
仕掛品	( )	次期繰越	314,000
	( )		( )

製造原価報告書

清水製作所　令和○年1月1日から令和○年12月31日まで（単位：円）

Ⅰ 材料費	3,769,000
Ⅱ 労務費	( )
Ⅲ 経費	(イ)
当期製造費用	6,726,000
期首仕掛品棚卸高	259,000
合計	( )
期末仕掛品棚卸高	( )
当期製品製造原価	( )

損益計算書（一部）

清水製作所　令和○年1月1日から令和○年12月31日まで（単位：円）

Ⅰ 売上高		9,328,000
Ⅱ 売上原価		
1．期首製品棚卸高	( )	
2．当期製品製造原価	( )	
合計	( )	
3．期末製品棚卸高	( )	( )
売上総利益		(ウ)

(3) 香川工業株式会社は，単純総合原価計算によって総合原価を計算したあと，等級別製品の原価を計算している。次の資料によって，1級製品の製品単価（単位原価）を求めなさい。

ただし，ⅰ 等価係数は，各製品の1個あたりの重量を基準としている。

ⅱ 素材は製造着手のときにすべて投入され，加工費は製造の進行に応じて消費されるものとする。

ⅲ 月末仕掛品原価の計算は平均法による。

資料

① 生産データ

月初仕掛品	8,000 g	（加工進捗度50％）
当月投入	24,000 g	
合計	32,000 g	
月末仕掛品	6,000 g	（加工進捗度40％）
完成品	26,000 g	

② 月初仕掛品原価　素材費 ¥2,288,000　加工費 ¥ 836,000

③ 当月製造費用　素材費 ¥6,192,000　加工費 ¥4,276,000

④ 製品1個あたりの重量

1級製品　20 g

2級製品　8 g

⑤ 完成品数量

1級製品　1,000個

2級製品　750個

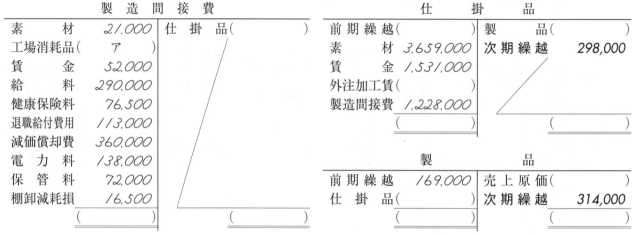

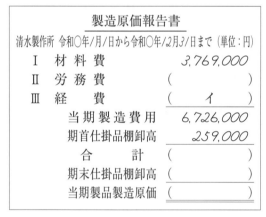

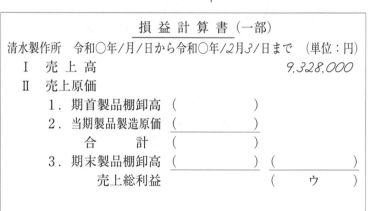

(4) 松山製作所では，直接原価計算をおこない利益計画をたてている。当月における下記の資料から，次の金額を求めなさい。ただし，月初・月末の仕掛品はなかった。

a．変動売上原価　　　　　b．損益分岐点の売上高

c．販売単価を20％引き下げ，当月の販売数量を維持したとき，目標営業利益 ¥220,000 を達成するための製品1個あたりの変動費を削減する金額

資　　　料

① 全部原価計算による損益計算書

松山製作所　損益計算書　（単位：円）

Ⅰ	売　上　高	3,000,000
Ⅱ	売 上 原 価	2,000,000
	売上総利益	1,000,000
Ⅲ	販売費及び一般管理費	780,000
	営 業 利 益	220,000

② 製品の販売データ

月初製品棚卸高	0個
当月完成品数量	800個
合　　計	800個
月末製品棚卸高	0個
当 月 販 売 数 量	800個

③ 固定製造間接費 ¥540,000

④ 固定販売費及び一般管理費 ¥440,000

⑤ 貢 献 利 益 率 40％

(5) 標準原価計算を採用している高松製作所の当月における下記の資料から，次の金額を求めなさい。

a．月末仕掛品の標準原価　　b．材料消費価格差異　　c．能 率 差 異　　d．作業時間差異

ただし，i 素材は製造着手のときにすべて投入され，加工費は製造の進行に応じて消費されるものとする。

ii 能率差異は，変動費能率差異と固定費能率差異を合計すること。

iii 解答欄の（　　）のなかに不利差異の場合は（不利），有利差異の場合は（有利）と記入すること。

資　　　料

① 標準原価カード

A製品　標準原価カード

	標準消費数量	標準単価	金　　額
直接材料費	4kg	¥ 600	¥2,400
	標準直接作業時間	標準配賦率	
直接労務費	2時間	¥1,300	¥2,600
	標準直接作業時間	標準配賦率	
製造間接費	2時間	¥ 900	¥1,800
	製品1個あたりの標準原価		¥6,800

② 生 産 デ ー タ

月初仕掛品	300個	（加工進捗度40％）
当 月 投 入	3,400個	
合　　計	3,700個	
月末仕掛品	400個	（加工進捗度50％）
完　成　品	3,300個	

③ 実際直接材料費

実 際 消 費 数 量	14,000kg
実　際　単　価	¥610

④ 実際直接作業時間　6,850時間

実 際 直 接 労 務 費	¥8,768,000
実際直接作業時間	¥6,850
実　際　賃　率	¥1,280

⑤ 製造間接費実際発生額　¥6,263,000

⑥ 製造間接費予算（公式法変動予算）

変　動　費　率	¥300
固　定　費　予　算	¥4,170,000
基準操業度(直接作業時間)	6,950時間

2 岐阜製作所は，組別総合原価計算を採用し，A組製品とB組製品を製造している。次の資料によって，組別総合原価計算表とB組仕掛品勘定を完成しなさい。

ただし，i　組間接費は直接作業時間を基準として配賦する。

　　　　ii　素材は製造着手のときにすべて投入され，加工費は製造の進行に応じて消費されるものとする。

　　　　iii　月末仕掛品原価の計算は先入先出法による。

　　　　iv　正常減損は製造工程の終点で発生しており，正常減損費は完成品のみに負担させる。

資　　料

a．月初仕掛品原価

A組　¥632,000（素材費　¥476,000　　加工費　¥156,000）

B組　¥825,000（素材費　¥591,000　　加工費　¥234,000）

b．当月製造費用

	A組直接費	B組直接費	組間接費
材　料　費	¥2,520,000	¥2,872,000	¥286,000
労　務　費	¥3,683,000	¥4,987,000	¥537,000
経　　　費	¥　925,000	¥1,090,000	¥297,000

c．生産データ

	A　組	B　組
月初仕掛品	500個（加工進捗度40％）	600個（加工進捗度50％）
当月投入	1,500個	1,600個
合　計	2,000個	2,200個
月末仕掛品	300個（加工進捗度50％）	400個（加工進捗度60％）
正常減損	100個	—　個
完成品	1,600個	1,800個

d．直接作業時間　　A組　2,400時間　　B組　1,600時間

3 個別原価計算を採用しているさいたま製作所の下記の取引によって，次の各問いに答えなさい。

(1) 8月28日の取引の仕訳を示しなさい。

(2) 素材勘定・製造間接費勘定・第1製造部門費勘定に必要な記入をおこない，締め切りなさい。なお，勘定記入は日付・相手科目・金額を示すこと。

(3) A製品（製造指図書＃1）の原価計算表を作成しなさい。

(4) 部門費振替表を相互配賦法によって完成しなさい。

(5) 実際平均賃率を求めなさい。

ただし，i 前月繰越高は，次のとおりである。

素　　材　300個　@¥3,800　¥1,140,000

工場消耗品　430〃　〃〃　60　¥　25,800

仕　掛　品（製造指図書＃1）　¥3,121,000（原価計算表に記入済み）

ii 素材の消費高の計算は移動平均法，工場消耗品の消費数量の計算は棚卸計算法によっている。

iii 賃金の消費高は作業時間法による予定賃率を用いて計算し，消費賃金勘定を用いて記帳している。

1年間の予定賃金総額 ¥44,640,000　1年間の予定総作業時間36,000時間

iv 製造間接費は部門別計算をおこない，直接作業時間を配賦基準として予定配賦している。

予定配賦率　第1製造部門 ¥680　第2製造部門 ¥380

取　　引

8月 7日 素材および工場消耗品を次のとおり買い入れ，代金は掛けとした。

素　　材　700個　@¥3,600　¥2,520,000

工場消耗品　2,100〃　〃〃　60　¥　126,000

13日 B製品（製造指図書＃2）の注文を受け，素材800個を消費して製造を開始した。

26日 賃金を次のとおり小切手を振り出して支払った。

賃 金 総 額　¥3,820,000

うち，控除額　所　得　税 ¥273,000　健康保険料 ¥197,000

28日 A製品（製造指図書＃1）70個が完成した。なお，A製品の賃金予定消費高と製造部門費予定配賦高を，次の作業時間によって計算し，原価計算表に記入した。ただし，賃金予定消費高と製造部門費予定配賦高を計上する仕訳は，月末におこなっている。

製造指図書＃1　1,200時間（第1製造部門640時間　第2製造部門560時間）

31日 ① 工場消耗品の月末棚卸数量は230個であった。よって，消費高を計上した。（間接材料）

② 当月の作業時間は，次のとおりであった。よって，当月の賃金予定消費高を計上した。

		内訳／合計	第1製造部門	第2製造部門
直接作業時間	製造指図書＃1	1,200時間	640時間	560時間
	製造指図書＃2	1,400時間	570時間	830時間
間接作業時間		200時間		

③ 上記②の直接作業時間によって，製造部門費を予定配賦した。

④ 健康保険料の事業主負担分 ¥197,000 を計上した。

⑤ 当月の製造経費消費高を計上した。

電 力 料 ¥379,000　保 険 料 ¥89,000　減価償却費 ¥315,000

⑥ 製造間接費を次のように各部門に配分した。

第1製造部門 ¥628,000　第2製造部門 ¥339,000

動 力 部 門 ¥264,000　修 繕 部 門 ¥135,000

⑦ 補助部門費を次の配賦基準によって各製造部門に配賦した。

	配賦基準	第1製造部門	第2製造部門	動力部門	修繕部門
動力部門費	kW数×運転時間数	20kW×500時間	16kW×500時間	―――	10kW×200時間
修繕部門費	修 繕 回 数	5回	3回	2回	―――

⑧ 当月の賃金実際消費高 ¥3,598,000 を計上した。

⑨ 賃金の予定消費高と実際消費高との差額を，賃率差異勘定に振り替えた。

⑩ 第1製造部門費の配賦差異を，製造部門費配賦差異勘定に振り替えた。

⑪ 第2製造部門費の配賦差異を，製造部門費配賦差異勘定に振り替えた。

4 下記の取引の仕訳を示しなさい。ただし，勘定科目は，次のなかからもっとも適当なものを使用すること。

当座預金	売掛金	製品	第1工程半製品
素材	所得税預り金	健康保険料預り金	売上
売上原価	賃金	健康保険料	減価償却費
棚卸減耗損	仕掛品	第1工程仕掛品	第2工程仕掛品
賃率差異	本社	工場	

a．単純総合原価計算を採用している群馬製作所は，月末に機械装置に対する減価償却費の月割額を消費高として計上した。ただし，1年分の減価償却高は ¥2,364,000 である。

b．個別原価計算を採用している千葉製作所の2月末における素材の実地棚卸数量は480kgであった。よって，次の素材に関する2月の資料にもとづいて，素材勘定の残高を修正した。なお，消費単価の計算は先入先出法によっている。

2月 1日	前月繰越	400kg	1kgにつき	¥1,330	¥ 532,000
7日	受　入	1,800〃	〃	〃1,360	¥2,448,000
13日	払　出	1,400〃			
21日	受　入	1,200〃	〃	〃1,420	¥1,704,000
26日	払　出	1,500〃			

c．会計期末にあたり，賃率差異勘定の残高を売上原価勘定に振り替えた。なお，賃率差異勘定の前月繰越高は ¥3,000（貸方）であり，当月の賃金の実際消費高は予定消費高より ¥8,000 少なく，この差額は賃率差異勘定に振り替えられている。

d．工程別総合原価計算を採用している沖縄工業株式会社は，倉庫に保管してある第1工程完成品の一部を ¥1,356,000 で売り渡し，代金は掛けとした。ただし，売り上げた半製品の原価は ¥1,130,000 であり，売り上げのつど売上原価に計上している。なお，当社では第1工程の完成品原価はすべて第1工程半製品勘定に振り替えている。

e．工場会計が独立している埼玉製作所の本社は，工場の従業員の賃金 ¥1,859,000 について，所得税額 ¥122,000 および健康保険料 ¥63,000 を控除した正味支払額を小切手を振り出して支払った。ただし，所得税預り金勘定および健康保険料預り金勘定は本社のみに設けてある。（本社の仕訳）

1級原価計算模擬試験問題 第1回〔解 答 用 紙〕

1

(1)

a	¥	
b		個
c		%

(2)

ア	¥
イ	¥
ウ	¥

(3)

ア	イ

(4)

完 成 品 単 価	¥

(5)

a	月末仕掛品の標準原価	¥	
b	作 業 時 間 差 異	¥	（　　）
c	操 業 度 差 異	¥	（　　）

1 得点	2 得点	3 得点	4 得点	総得点

組	番号	名前

2

(1)

工程別総合原価計算表

令和○年1月分

摘要	第1工程	第2工程
工程個別費　素材費		――
前工程費	――	
労務費		861,200
経費		250,000
部門共通費配賦額	125,000	112,000
補助部門費配賦額		
当月製造費用		
月初仕掛品原価	515,000	694,800
計		
月末仕掛品原価		195,000
工程完成品原価		
工程完成品数量	2,000個	1,900個
工程単価	¥	¥

(2)

第2工程の月末仕掛品原価に含まれる前工程費	¥

(3)

第1工程半製品

前月繰越	750,000	第2工程仕掛品	2,464,000
(　　　)	(　　　)	売上原価	(　　　)
		次月繰越	(　　　)
	(　　　)		(　　　)

2 得点	

3

(1)

	借　　　方	貸　　　方
7月31日⑨		

(2)

仕　掛　品

7/1 前月繰越 2,820,000	

製　造　間　接　費

製造部門費配賦差異

	7/1 前月繰越 7,000

(3)

部　門　費　振　替　表

相互配賦法　　　　令和○年7月分

部門費	配賦基準	金額	製造部門		補助部門	
			第1部門	第2部門	動力部門	修繕部門
部門費合計						
動力部門費	kW数×運転時間数				―――	
修繕部門費	修繕回数					―――
第1次配賦額						
動力部門費	kW数×運転時間数					
修繕部門費	修繕回数					
第2次配賦額						
製造部門費合計						

(4) 製造指図書#1

原　価　計　算　表

直接材料費	直接労務費	製造間接費				集計	
		部門	時間	配賦率	金額	摘要	金額
2,130,000	545,000	第1	250	580	145,000	直接材料費	
						直接労務費	
						製造間接費	
						製造原価	
						完成品数量	個
						製品単価	￥

組	番号	名前

3 得点	

4

	借　　　方	貸　　　方
a		
b		
c		
d		
e		

4 得点	

1級原価計算模擬試験問題　第2回〔解　答　用　紙〕

1

(1)

a	完成品の標準原価	¥
b	材料消費価格差異	¥
c	作業時間差異	¥

(2)

a	損益分岐点の売上高	¥
b	目標営業利益を達成するための販売数量	個
c	変動製造費が製品1個あたり¥120増加した場合の損益分岐点の売上高	¥

(3)

ア	イ

(4)

月末仕掛品原価	¥

(5)

ア	¥
イ	¥
ウ	¥

1 得点		2 得点		3 得点		4 得点		総得点	

組	番　号	名　　前

2

組別総合原価計算表

令和○年1月分

摘要		A組	B組
組直接費	素材費		
	加工費		
組間接費	加工費		
当月製造費用			
月初仕掛品原価	素材費	830,000	430,000
	加工費	591,400	260,600
計			
月末仕掛品原価	素材費		380,000
	加工費	575,000	
完成品原価			
完成品数量		1,400個	1,100個
製品単価		¥	¥

A組仕掛品

前月繰越	1,421,400	( )	( )
素材	( )	次月繰越	( )
賃金	( )		
外注加工賃	( )		
( )	( )		
	( )		( )

組間接費

工場消耗品	( )	諸口	( )
賃金	( )		
健康保険料	( )		
諸口	( )		
	( )		( )

2 得点	

3

(1)

	借　　方	貸　　方
6月30日①		
30日⑦		

(2)

消　費　賃　金

製　造　間　接　費

第 / 製 造 部 門 費

(3)

製造指図書＃/　　　原　価　計　算　表

直接材料費	直接労務費	製造間接費				集計	
		部　門	時　間	配賦率	金　額	摘　要	金　額
1,918,000	414,000	第 /	550	560	308,000	直接材料費	
		第 /				直接労務費	
		第 2				製造間接費	
						製 造 原 価	
						完成品数量	個
						製 品 単 価	¥

製造指図書＃2　　　原　価　計　算　表

直接材料費	直接労務費	製造間接費				集計	
		部　門	時　間	配賦率	金　額	摘　要	金　額
		第 /				直接材料費	
		第 2				直接労務費	

組	番　号	名　前

3 得点	

4

	借　　　　方	貸　　　　方
a		
b		
c		
d		
e		

4 得点	

1級原価計算模擬試験問題　第3回〔解　答　用　紙〕

1

(1)

a	当期材料費	¥
b	当期労務費	¥
c	当期製品製造原価	¥

(2)

a	損益分岐点の売上高	¥
b	目標営業利益 ¥850,000 を達成するための販売数量	個
c	販売数量は当月のままで，変動販売費を25％減少させた場合の営業利益	¥

(3)
①

a	月末仕掛品の標準原価	¥
b	予算差異	¥　　　（　　）

②

c	d

(4)

月末仕掛品原価	¥

1 得点		2 得点		3 得点		4 得点		総得点	

組	番号	名前

2

(1)

単純総合原価計算表

令和○年7月分

摘要	素材費	加工費	合計
材料費			
労務費	———		
経費	———		
計			
月初仕掛品原価			
計			
月末仕掛品原価			
完成品原価			
完成品数量	個	個	個
製品/個あたりの原価	¥	¥	¥

(2)

仕掛品勘定の特許権使用料 (ア の 金 額)	¥

2 得点	

3

(1)

	借　　方	貸　　方
1月31日⑨		

(2)

素　材

1/1 前月繰越　693,000	

製造間接費

第1製造部門費

(3) 製造指図書#1

原価計算表

直接材料費	直接労務費	製造間接費				集計	
		部門	時間	配賦率	金額	摘要	金額
2,204,600	700,000	第1	400	940	376,000	直接材料費	
						直接労務費	
						製造間接費	
						製造原価	
						完成品数量	個
						製品単価	¥

(4)

部門費振替表

相互配賦法　　令和○年1月分

部門費	配賦基準	金額	製造部門		補助部門	
			第1部門	第2部門	動力部門	修繕部門
部門費合計		1,888,000	854,000	452,000	312,000	270,000
動力部門費	kW数×運転時間数				———	
修繕部門費	修繕回数					———
第1次配賦額						
動力部門費	kW数×運転時間数					
修繕部門費	修繕回数					
第2次配賦額						
製造部門費合計						

(5)

¥

組	番号	名前

3 得点	

4

	借　　　　　方	貸　　　　　方
a		
b		
c		
d		
e		

4 得点	

1級原価計算模擬試験問題　第4回〔解　答　用　紙〕

1

(1)

ア	¥

(2)

a	販売数量が 4,500 個のときの営業利益	¥
b	損益分岐点の売上高	¥
c	目標営業利益 ¥3,850,000 を達成するための販売数量	個

(3)

a	完成品の標準原価	¥	
b	直接材料費差異	¥	(　　)
c	能率差異	¥	(　　)

(4)

a	製造直接費	¥
b	製造間接費の実際発生額	¥
c	売上原価	¥

(5)

1 得点		2 得点		3 得点		4 得点		総得点	

組	番号	名前

2

組別総合原価計算表

令和○年/月分

摘要		A組	B組
組直接費	素材費		
	加工費		
組間接費	加工費		
当月製造費用			
月初仕掛品原価	素材費	750,000	250,000
	加工費	198,000	60,000
計			
月末仕掛品原価	素材費		310,000
	加工費	288,000	
完成品原価			
完成品数量		個	個
製品単価		¥	¥

B組仕掛品

前月繰越	310,000	(　　)	(　　)
素材	3,100,000	次月繰越	(　　)
労務費	756,000		
経費	529,000		
(　　)	(　　)		
	(　　)		(　　)

組間接費

素材	(　　)	諸口	(　　)
労務費	(　　)		
経費	(　　)		
	(　　)		(　　)

2 得点	

3

(1)

	借　　方	貸　　方
1月31日①		
31日⑨		

(2)

素　　材

1/1 前月繰越	560,000	

仕　掛　品

1/1 前月繰越	1,909,000	

第2製造部門費

(3)

製造指図書#1　　**原　価　計　算　表**

直接材料費	直接労務費	製造間接費				集計	
		部門	時間	配賦率	金額	摘要	金額
850,000	675,000	第1	800	480	384,000	直接材料費	
						直接労務費	
						製造間接費	
						製造原価	
						完成品数量	個
						製品単価	¥

製造指図書#2　　**原　価　計　算　表**

直接材料費	直接労務費	製造間接費				集計	
		部門	時間	配賦率	金額	摘要	金額
						直接材料費	
						直接労務費	

(4)

1月中の実際平均賃率　¥

組	番号	名前

3 得点	

4

	借　　　　　　方	貸　　　　　　方
a		
b		
c		
d		
e		

4 得点	

1級原価計算模擬試験問題　第５回〔解　答　用　紙〕

1

(1)

a	月末仕掛品の標準原価	¥	
b	材料消費数量差異	¥	(　　)
c	賃率差異	¥	(　　)
d	能率差異	¥	(　　)

(2)

a	販売数量が2倍になったときの営業利益	¥	
b	損益分岐点の売上高	¥	
c	目標営業利益 ¥420,000 を達成するための販売数量		個

(3)

a	当期労務費	¥
b	当期経費	¥
c	当期製品製造原価	¥

(4)

月末仕掛品原価	¥

1 得点		2 得点		3 得点		4 得点		総得点	

組	番号	名前

2

(1)

工程別総合原価計算表

令和○年1月分

摘　要	第1工程	第2工程
工程個別費　素材費		――――
前工程費	――――	
労務費		3,870,000
経費		658,000
部門共通費配賦額	485,000	796,000
補助部門費配賦額		
当月製造費用		
月初仕掛品原価	1,420,000	3,264,000
計		
月末仕掛品原価		1,959,000
工程完成品原価		
工程完成品数量	2,000個	1,900個
工程単価	¥	¥

(2)

第2工程の月末仕掛品原価に含まれる前工程費	¥

(3)

第1工程半製品

借方		貸方	
前月繰越	2,150,000	第2工程仕掛品	7,650,000
(　　　　)	(　　　　)	売上原価	(　　　　)
		次月繰越	(　　　　)
	(　　　　)		(　　　　)

2	
得点	

3

(1)

	借　　方	貸　　方
1月31日①		
31日⑩		

(2)

素　　材

1/1 前月繰越　336,000	

製造間接費

第2製造部門費

(3)

製造指図書#1　　原価計算表

直接材料費	直接労務費	製造間接費				集計	
		部門	時間	配賦率	金額	摘要	金額
1,067,000	600,000	第1	800	480	384,000	直接材料費	
		第1				直接労務費	
		第2				製造間接費	
						製造原価	
						完成品数量	個
						製品単価	¥

製造指図書#2　　原価計算表

直接材料費	直接労務費	製造間接費				集計	
		部門	時間	配賦率	金額	摘要	金額
		第1				直接材料費	
		第2				直接労務費	

組	番号	名前

3 得点	

4

	借　　方	貸　　方
a		
b		
c		
d		
e		

4 得点	

1級原価計算模擬試験問題　第6回〔解答用紙〕

1

(1)

a	b
¥	

(2)

a	損益分岐点の売上高	¥
b	営業利益を2倍にするための販売数量	個
c	変動製造マージン（ア）の金額	¥

(3)

a	材料の実際消費高	¥
b	間接労務費の実際発生額	¥
c	売上原価	¥

(4)

a	完成品の標準原価	¥	
b	材料消費価格差異	¥	（　　）
c	作業時間差異	¥	（　　）

1 得点		2 得点		3 得点		4 得点		総得点	

組	番号	名前

2

(1)

仕	掛	品	
前月繰越	(　　　)	諸口	7,600,000
素材	4,356,000	次月繰越	(　　　)
工場消耗品	260,000		
賃金	1,684,000		
給料	196,000		
健康保険料	79,000		
減価償却費	283,000		
修繕料	(　　　)		
雑費	15,000		
	(　　　)		(　　　)

(2)

等級別総合原価計算表

令和○年1月分

等級別製品	重量	等価係数	完成品数量	積数	等級別製造原価	製品単価
1級製品	400 g		個			¥
2級製品	200 〃		〃			〃
3級製品	100 〃		〃			〃
					7,600,000	

(3)

2	級	製	品
前月繰越	450,000	(　　　)	(　　　)
仕掛品	(　　　)	次月繰越	(　　　)
	(　　　)		(　　　)

2 得点	

3

(1)

	借　　　　方	貸　　　　方
6月30日①		

(2)

消　費　賃　金

仕　　掛　　品

6/ 1 前月繰越　2,155,000	

製　造　間　接　費

(3) 製造指図書#1　　　原　価　計　算　表

直接材料費	直接労務費	製造間接費	集　　計	
			摘　　要	金　　額
1,015,000	900,000	240,000	直接材料費	
			直接労務費	
			製造間接費	
			製造原価	
			完成品数量	個
			製品単価	¥

(4)

予　算　差　異　¥　　　　　（ 借方 ・ 貸方 ）

※（ 借方・貸方 ）のいずれかを○で囲むこと

組	番　号	名　　　　前

3 得点	

4

	借　　方	貸　　方
a		
b		
c		
d		
e		

4 得点	

1級原価計算模擬試験問題　第７回〔解　答　用　紙〕

1

(1)

a	当期材料費	¥
b	当期経費	¥
c	期末仕掛品棚卸高	¥
d	売上原価	¥

(2)

a	販売数量が *1,500* 個のときの貢献利益	¥
b	損益分岐点の売上高	¥
c	目標営業利益 *¥584,000* を達成するための売上高	¥

(3)

a	月末仕掛品の標準原価	¥	
b	材料消費価格差異	¥	(　　)
c	作業時間差異	¥	(　　)

(4)

ア	イ

(5)

ア	¥
イ	¥

1 得点		2 得点		3 得点		4 得点		総得点	

組	番号	名前

2

組別総合原価計算表

令和○年/月分

摘　要		A　組	B　組
組直接費	素材費		
	加工費		
組間接費	加工費		
当月製造費用			
月初仕掛品原価	素材費	858,000	330,000
	加工費	397,000	258,000
計			
月末仕掛品原価	素材費	650,000	
	加工費		160,000
完成品原価			
完成品数量		個	個
製品単価		¥	¥

A　組　仕　掛　品

前月繰越	1,255,000	(　　)	(　　)
素材	3,445,000	次月繰越	(　　)
労務費	3,050,000		
経費	460,000		
(　　)	(　　)		
	(　　)		(　　)

組　間　接　費

素材	(　　)	諸口	(　　)
労務費	(　　)		
経費	(　　)		
	(　　)		(　　)

2 得点	

3

(1)

	借方	貸方
1月12日		
27日		

(2)

消費賃金

製造間接費

第2製造部門費

(3) 製造指図書#1

原価計算表

直接材料費	直接労務費	製造間接費				集計	
		部門	時間	配賦率	金額	摘要	金額
3,380,000	816,000	第1	560	650	364,000	直接材料費	
						直接労務費	
						製造間接費	
						製造原価	
						完成品数量	個
						製品単価	¥

(4)

部門費振替表

相互配賦法　　令和○年1月分

部門費	配賦基準	金額	製造部門		補助部門	
			第1部門	第2部門	動力部門	修繕部門
部門費合計		1,954,000	836,500	613,500	270,000	234,000
動力部門費	kW数×運転時間数				―――	
修繕部門費	修繕回数					―――
第1次配賦額						
動力部門費	kW数×運転時間数					
修繕部門費	修繕回数					
第2次配賦額						
製造部門費合計						

組	番号	名前

3 得点	

4

	借　　　　方	貸　　　　方
a		
b		
c		
d		
e		

4 得点	

1級原価計算模擬試験問題　第8回〔解　答　用　紙〕

1

(1)

a	仕掛品勘定の労務費 (ア　の　金　額)	¥
b	仕掛品勘定の次月繰越 (イ　の　金　額)	¥
c	予　算　差　異	¥　　　　(　　)

(2)

a	販売数量が5,000個 のときの営業利益	¥
b	損益分岐点の貢献利益	¥
c	目標営業利益¥600,000 を達成するための販売数量	個

(3)

a	当月完成品総合原価	¥
b	2級製品製造原価	¥

(4)

ア	イ	ウ	エ

1 得点		2 得点		3 得点		4 得点		総得点	

組	番号	名前

2

(1)

単純総合原価計算表
令和○年7月分

摘要	素材費	加工費	合計
材料費			
労務費	―――		
経費	―――		
計			
月初仕掛品原価			
計			
月末仕掛品原価			
完成品原価			
完成品数量	3,700kg	3,700kg	3,700kg
製品/kgあたりの原価	¥	¥	¥

(2)

¥

2 得点	

3

(1)

	借　　　方	貸　　　方
1月11日		

(2)

消　費　賃　金

製　造　間　接　費

第1製造部門費

製造部門費配賦差異

1/ 1 前月繰越 7,000	

(3)

製造指図書#1

原　価　計　算　表

直接材料費	直接労務費	製造間接費				集　計	
		部　門	時　間	配賦率	金　額	摘　要	金　額
1,467,000	840,000	第　1	820	650	533,000	直接材料費	
		第　1				直接労務費	
		第　2				製造間接費	
						製造原価	
						完成品数量	個
						製品単価	¥

製造指図書#2

原　価　計　算　表

直接材料費	直接労務費	製造間接費				集　計	
		部　門	時　間	配賦率	金　額	摘　要	金　額
		第　1				直接材料費	
		第　2				直接労務費	

組	番　号	名　　前

3 得点	

4

	借　　　方	貸　　　方
a		
b		
c		
d		
e		

4 得点	

1級原価計算模擬試験問題　第9回〔解　答　用　紙〕

1

(1)

ア	イ

(2)

ア	¥
イ	¥
ウ	¥

(3)

a	販売数量が 2,500 個のときの営業利益	¥
b	損益分岐点の売上高	¥
c	目標営業利益 ¥3,268,000 を達成するための販売数量	個

(4)

完成品単価	¥

(5)

a	月末仕掛品の標準原価	¥	
b	材料消費価格差異	¥	(　　)
c	作業時間差異	¥	(　　)
d	操業度差異	¥	(　　)

1 得点		2 得点		3 得点		4 得点		総得点	

組	番号	名前

2

(1)

組別総合原価計算表

令和○年11月分

摘要		A組	B組
組直接費	素材費		
	加工費		
組間接費	加工費		
当月製造費用			
月初仕掛品原価	素材費	897,000	207,000
	加工費	598,000	108,000
計			
月末仕掛品原価	素材費		720,000
	加工費	630,000	
完成品原価			
完成品数量		個	個
製品単価		¥	¥

(2)

A組仕掛品

前月繰越	1,495,000	( )	( )
素材	3,990,000	次月繰越	( )
労務費	( )		
経費	( )		
( )	( )		
	( )		( )

2 得点	

3

(1)

	借　　　方	貸　　　方
5月31日①		

(2)

消　費　賃　金

仕　掛　品

5/ 1	前月繰越	2,710,000	

製　造　間　接　費

(3) 製造指図書#1　　原　価　計　算　表

直接材料費	直接労務費	製造間接費	集計	
			摘　要	金　額
1,845,000	650,000	215,000	直接材料費	
			直接労務費	
			製造間接費	
			製造原価	
			完成品数量	個
			製品単価	¥

(4)

予　算　差　異　¥　　　　　（借方・貸方）

※（借方・貸方）のいずれかを○で囲むこと

組	番　号	名　　前

3 得点	

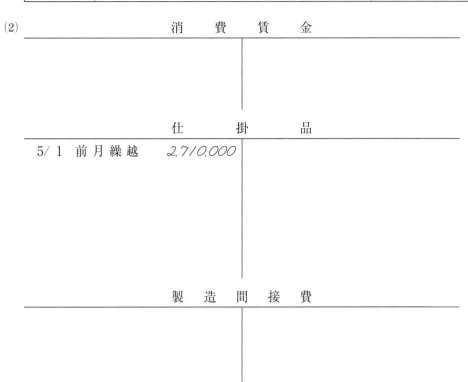

4

	借　　　　　方	貸　　　　　方
a		
b		
c		
d		
e		

4 得点	

1級原価計算模擬試験問題　第10回〔解　答　用　紙〕

1

(1)

ア	イ

(2)

a	当　期　材　料　費	¥
b	当　期　労　務　費	¥
c	当期製品製造原価	¥

(3)

a	損益分岐点の売上高	¥	
b	目標営業利益 を達成するための販売数量		個
c	変動製造費が製品1個あたり¥160 増加した場合の損益分岐点の売上高	¥	

(4)

2級製品の製品単価	¥

(5)

a	月末仕掛品の標準原価	¥	
b	作　業　時　間　差　異	¥	(　　)
c	操　業　度　差　異	¥	(　　)
d	材料消費価格差異	¥	(　　)

1 得点		2 得点		3 得点		4 得点		総得点	

組	番　号	名　　　前

2

(1)

工程別総合原価計算表

令和○年8月分

摘要	第1工程	第2工程
工程個別費　素材費		———
前工程費	———	
労務費		5,879,000
経費		1,103,000
部門共通費配賦額	505,000	959,000
補助部門費配賦額		
当月製造費用		
月初仕掛品原価	2,379,000	2,535,000
計		
月末仕掛品原価		1,320,000
工程完成品原価		
工程完成品数量	2,500個	2,400個
工程単価	¥	¥

(2)

¥

(3)

第1工程半製品

前月繰越	2,175,000	第2工程仕掛品	10,560,000
(　　　)	(　　　)	売上原価	(　　　)
		次月繰越	(　　　)
	(　　　)		(　　　)

2 得点	

3

(1)

	借方	貸方
10月31日⑨		

(2)

素材

10/1 前月繰越 930,000	

製造間接費

第1製造部門費

(3) 製造指図書#1

原価計算表

直接材料費	直接労務費	製造間接費				集計	
		部門	時間	配賦率	金額	摘要	金額
1,641,000	896,000	第1	560	850	476,000	直接材料費	
						直接労務費	
						製造間接費	
						製造原価	
						完成品数量	個
						製品単価	¥

(4)

部門費振替表

相互配賦法　　令和○年10月分

部門費	配賦基準	金額	製造部門		補助部門	
			第1部門	第2部門	動力部門	修繕部門
部門費合計		1,902,000	932,400	603,600	222,000	144,000
動力部門費	kW数×運転時間数				——	
修繕部門費	修繕回数					——
第1次配賦額						
動力部門費	kW数×運転時間数					
修繕部門費	修繕回数					
第2次配賦額						
製造部門費合計						

(5)

¥

組	番号	名前

3 得点	

4

	借　　　方	貸　　　方
a		
b		
c		
d		
e		

4 得点	

１級原価計算模擬試験問題　第11回　〔解　答　用　紙〕

1

(1)

ア	イ

(2)

ア	¥
イ	¥
ウ	¥

(3)

a	当月の営業利益	¥	
b	損益分岐点の売上高	¥	
c	目標営業利益 ¥7,392,000 を達成するための販売数量		個

(4)

a	A組の組間接費配賦額	¥
b	B組の月末仕掛品原価に 含まれる素材費	¥

(5)

a	完成品の標準原価	¥	
b	直接材料費差異	¥	(　　)
c	作業時間差異	¥	(　　)
d	予算差異	¥	(　　)

1 得点		2 得点		3 得点		4 得点		総得点	

組	番号	名前

2

(1)

単純総合原価計算表

令和○年7月分

摘　　　要	素　材　費	加　工　費	合　　　計
材　料　費			
労　務　費	――		
経　　　費	――		
計			
月初仕掛品原価			
計			
月末仕掛品原価			
完成品原価			
完成品数量	3,000kg	3,000kg	3,000kg
製品／kgあたりの原価	¥	¥	¥

(2)

¥

2 得点	

3

(1)

	借　　　　方	貸　　　　方
10月14日		

(2)

消　費　賃　金

仕　　掛　　品

10/ 1 前月繰越　913,000	

製　造　間　接　費

(3)　製造指図書#1　　　　原　価　計　算　表

直接材料費	直接労務費	製造間接費	集計 摘　要	集計 金　額
609,000	209,000	95,000	直接材料費	
			直接労務費	
			製造間接費	
			製造原価	
			完成品数量	個
			製品単価	¥

(4)

¥　　　　　（ 借方 ・ 貸方 ）

※（ 借方・貸方 ）のいずれかを○で囲むこと

(5)

¥

組	番　号	名　　　前

3 得点	

4

	借　方	貸　方
a		
b		
c		
d		
e		

4 得点	

1級原価計算模擬試験問題　第12回　〔解　答　用　紙〕

1

(1)

ア	イ

(2)

ア	¥
イ	¥
ウ	¥

(3)

/級製品の製品単価（単位原価）	¥

(4)

a	変動売上原価	¥
b	損益分岐点の売上高	¥
c	目標営業利益 ¥220,000 を達成するための製品/個あたりの変動費を削減する金額	¥

(5)

a	月末仕掛品の標準原価	¥	
b	材料消費価格差異	¥	(　　)
c	能率差異	¥	(　　)
d	作業時間差異	¥	(　　)

1 得点	2 得点	3 得点	4 得点	総得点

組	番号	名前

2

組別総合原価計算表

令和○年4月分

摘	要	A組	B組
組直接費	素材費		
	加工費		
組間接費	加工費		
当月製造費用			
月初仕掛品原価	素材費	476,000	591,000
	加工費	156,000	234,000
計			
月末仕掛品原価	素材費		718,000
	加工費	480,000	
完成品原価			
完成品数量		個	個
製品単価		¥	¥

B組仕掛品

前月繰越	825,000	(　　　)	(　　　)
素材	2,872,000	次月繰越	(　　　)
労務費	4,987,000		
経費	1,090,000		
(　　　)	(　　　)		
	(　　　)		(　　　)

2 得点	

3

(1)

	借方	貸方
8月28日		

(2)

素材

8/1 前月繰越 1,140,000	

製造間接費

第1製造部門費

(3) 製造指図書#1

原価計算表

直接材料費	直接労務費	製造間接費				集計	
		部門	時間	配賦率	金額	摘要	金額
1,969,000	744,000	第1	600	680	408,000	直接材料費	
						直接労務費	
						製造間接費	
						製造原価	
						完成品数量	個
						製品単価	￥

(4)

部門費振替表

相互配賦法　　　　令和○年8月分

部門費	配賦基準	金額	製造部門		補助部門	
			第1部門	第2部門	動力部門	修繕部門
部門費合計		1,366,000	628,000	339,000	264,000	135,000
動力部門費	kW数×運転時間数				―	
修繕部門費	修繕回数					―
第1次配賦額						
動力部門費	kW数×運転時間数					
修繕部門費	修繕回数					
第2次配賦額						
製造部門費合計						

(5)

￥

組	番号	名前

3 得点

4

	借　　　　方	貸　　　　方
a		
b		
c		
d		
e		

4 得点	